ACCESO GRATIS ***a la Lectura en la Nube***

Para visualizar el libro electrónico en la nube de lectura envíe junto a su nombre y apellidos una fotografía del código de barras situado en la contraportada del libro y otra del ticket de compra a la dirección:

ebooktirant@tirant.com

En un máximo de 72 horas laborales le enviaremos el código de acceso con sus instrucciones.

Elecciones:
Colombia en las urnas en 2022

Procedimiento de selección de originales, ver página web:

www.tirant.net/index.php/editorial/procedimiento-de-seleccion-de-originales

Elecciones: Colombia en las urnas en 2022

Editores
PORFIRIO CARDONA RESTREPO
MANUEL ALCÁNTARA SÁEZ
JAVIER DUQUE DAZA

Con el apoyo de:
Instituto de Iberoamérica
Fundación Manuel Jiménez Abad

Grupo de investigación en Estudios Políticos. Proyecto: Glotopolítica: poder y prácticas discursivas. Radicado del proyecto en el CIDI: 766C-09/22-36

tirant lo blanch
Bogotá D.C., 2024

En caso de erratas y actualizaciones, la Editorial Tirant lo Blanch publicará la pertinente corrección en la página web www.tirant.com.

EDITA: TIRANT LO BLANCH
Calle 11 # 2-16 (Bogotá D.C.)
Telf.: 4660171
Email: tlb@tirant.com
Librería virtual: www.tirant.com/co/
ISBN: 978-84-1197-762-3
Editorial Universidad Pontificia Bolivariana
Correo electrónico: editorial@upb.edu.co
www.upb.edu.co
Medellín - Colombia

Si tiene alguna queja o sugerencia, envíenos un mail a: *atencioncliente@tirant.com*. En caso de no ser atendida su sugerencia, por favor, lea en *www.tirant.net/index.php/empresa/politicas-de-empresa* nuestro procedimiento de quejas.

Responsabilidad Social Corporativa: http://www.tirant.net/Docs/RSCTirant.pdf

Contenido

PRÓLOGO: COLOMBIA 2022: ALCANCES Y LÍMITES DE LA ELECCIÓN DE LA ALTERNANCIA HISTÓRICA

Salvador Romero Ballivián[1]
Director de IDEA Internacional en Paraguay

INTRODUCCIÓN

En 2022 Colombia vivió un giro político inédito en su historia republicana: por primera vez, la izquierda alcanzó la Presidencia y se convirtió en la principal fuerza parlamentaria. Esa corriente política cimentó su victoria en las tres paradas electorales del año. En marzo, el Pacto Histórico (PH), coalición de partidos y movimientos políticos y sociales, se erigió como la primera bancada parlamentaria, si bien en ninguna de las dos Cámaras congresales consiguió la mayoría absoluta. En mayo, Gustavo Petro, líder del PH, consiguió una

---

1 Doctor en Sociología Política en el Instituto de Estudios Políticos de París. Se desempeña como Director de IDEA Internacional en Paraguay desde 2022. Ha ocupado en dos oportunidades la Presidencia y la vocalía del Tribunal Supremo Electoral de Bolivia (2004-2008; 2019-2021), así como la vicepresidencia de la Corte Departamental Electoral de La Paz. Fue el primer director del Instituto Nacional Demócrata en Honduras (2011-2014). Dirigió el Centro de Asesoría y Promoción Electoral del Instituto Interamericano de Derechos Humanos (CAPEL / IIDH). Integró la Misión Electoral Especial, creada por el Acuerdo de paz en Colombia (2017). Se desempeñó como consultor responsable de la división electoral de la Misión de Apoyo contra la Corrupción y la Impunidad en Honduras (MACCIH). En dos ocasiones, fue secretario ejecutivo del acompañamiento técnico al proceso electoral mexicano organizado por CAPEL / IIDH y los organismos electorales (2018, 2021). Entre sus libros destaca *Elecciones en América Latina* (2021), considerada una obra de referencia en la materia. En su bibliografía también figuran: *Diccionario biográfico de parlamentarios: 1979-2019* (2018); *Democracia, elecciones y violencia en América Latina* (2017, director); *Democracia, elecciones y ciudadanía en Honduras* (2014, coordinador), *Atlas electoral latinoamericano* (2007, compilador); *Geografía electoral de Bolivia* (2003). Correo electrónico: salvador.romero.ballivian@hotmail.com

votación que le permitió ganar de forma holgada la primera vuelta y entrar a la ronda decisiva con ventaja. Finalmente, en junio, alcanzó la Presidencia tras superar por un margen corto de 3.1% a Rodolfo Hernández, el inesperado rival, un *outsider* que agrupó en esa vuelta el voto de las fuerzas conservadoras.

Este resultado se sintió como un momento histórico que suscitó en la sociedad expectativas y esperanzas, casi tanto como temores y recelos. Este cambio político no surgió de improviso. Tuvo un terreno largo de preparación, que refleja algunas de las transformaciones recientes de Colombia. La explicación de ese entramado complejo, de sus alcances, sus potencialidades y sus límites, constituye el hilo conductor de *Elecciones: Colombia en las urnas en 2022.*

En nueve capítulos, el libro ofrece las piezas de un rompecabezas que, encajadas una a una, muestra la relevancia política e histórica de la elección de 2022. Ayuda a comprender los factores que propiciaron la victoria del PH y algunas de sus implicaciones para el sistema político. Muestra las inflexiones, pero también subraya las continuidades. Centra la atención en las variables coyunturales que aceleraron y facilitaron el cambio, sin descuidar los fundamentos estructurales e históricos sobre los que se asentaron. Combina metodologías para enriquecer los análisis. La obra no pretende ofrecer un marco único de interpretación por cuanto, en más de una ocasión, los autores divergen en la valoración o el análisis de algunos factores, lo que no desvaloriza los textos, sino que subraya los matices conceptuales e invita al lector a proseguir el debate y la reflexión.

Esta introducción pretende analizar los aportes de los distintos capítulos, combinándolos con una mirada comparativa latinoamericana que contribuya a ubicar la sucesión de comicios colombianos de 2022 en un conjunto más amplio, para destacar singularidades o señalar los rasgos comunes. Ese recorrido empieza con un repaso somero de las condiciones que posibilitaron la primera victoria legislativa y presidencial de la izquierda, luego se enfoca en la campaña y los actores, antes de pasar revista a los resultados de las elecciones. Concluye con un esbozo del nuevo gobierno y sus perspectivas.

1. LAS CONDICIONES PARA LA VICTORIA DE LA IZQUIERDA Y LAS CARACTERÍSTICAS DEL PACTO HISTÓRICO

En América del sur, Colombia constituía un caso cada vez más excepcional de un país que nunca había sido gobernado por una fuerza de izquierda. Es más, cuando se produjo la primera gran ola de éxitos electorales de la izquierda, a principios del siglo XXI, Colombia se singularizó con la elección de Álvaro Uribe, fuertemente confrontado a esa corriente. Los presidentes que le sucedieron llegaron con su aval —aunque Juan Manuel Santos consiguió su reelección en 2014 tras haber roto con el principal referente de la política colombiana de las dos primeras décadas del siglo XX—.

Entre las condiciones de fondo que permitieron el triunfo de la izquierda en 2022, se pueden destacar tres, por mezclar factores estructurales con evoluciones coyunturales. La primera es el Acuerdo de paz suscrito durante el gobierno de Santos con las Fuerzas Armadas Revolucionarias de Colombia (FARC) al cabo de una difícil negociación. Pese a su rechazo en el *referéndum* de 2016 (Basset, 2018, p. 241-265), que obligó a un reajuste en sede parlamentaria antes de iniciar una laboriosa implementación (Rodríguez Raga, 2017: pp. 335-367), y que el Acuerdo no incluyó a todas las organizaciones guerrilleras, permitió que, por primera vez en décadas, guerra y paz no fuesen la obligada prioridad de la campaña. Al mismo tiempo, en términos políticos, levantó la hipoteca que impedía a la izquierda tener opciones serias de ganar la Presidencia. En cierto modo, la consecuencia mayor del Acuerdo de paz fue que "normalizó" la política colombiana, incluida una menor incidencia de la violencia en las campañas, aunque no desapareció.

La segunda condición fue el deterioro de un modelo político y socioeconómico que se tradujo en una ola de sostenidas y aguerridas protestas en las calles que se extendieron entre 2019 y 2021. Si las causas que condujeron a la gente a salir a la calle pudieron ser puntuales y específicas, pronto quedaron desbordadas para expresar un descontento más generalizado con el estado de situación del país. En Colombia, los jóvenes se situaron en la primera línea de la movilización, pero también hubo participación indígena. Movimientos similares ocurrieron en otros países latinoamericanos, que dieron la iniciativa a los actores críticos con el orden establecido y dejaron debilitados a los gobiernos. Las encuestas indicaron simultáneamente un apoyo mayoritario a las protestas y una baja considerable de la popularidad del presidente Iván Duque.

La tercera condición se vinculó con el efecto catalizador de la pandemia del Coronavirus (2020). Más allá de su dimensión sanitaria, su impacto fue severo para la economía. Arrastró a una recesión global que, en América Latina, repercutió sobre la situación social, por cuanto fragilizó a las clases medias y revirtió los progresos para reducir la pobreza y la vulnerabilidad, tanto más que se añadió a años de mediocre rendimiento. Con ese telón de fondo, creció la insatisfacción con la democracia, con el desempeño socioeconómico, disminuyó la tolerancia con la corrupción y con los errores gubernamentales. El escenario electoral para los oficialismos latinoamericanos se tornó muy escarpado (Zovatto, 2023, pp. 19-20). Colombia no fue la excepción.

Esas condiciones prefiguraban perspectivas halagüeñas para la oposición, en particular para la izquierda, articulada alrededor de la candidatura presidencial de Gustavo Petro y de la coalición del Pacto Histórico. Petro, exguerrillero, exparlamentario y exalcalde de Bogotá había sido el principal retador de Duque en la presidencial pasada. El PH amalgamó la "izquierda guerrillera y política", de múltiples vertientes, como ilustra, entre otros de los textos del libro, el capítulo "De la protesta social a la democracia de consenso: el Pacto Histórico en las elecciones en Colombia 2022".

En efecto, juntaba partidos y movimientos políticos de izquierda, ninguno en una posición de nítido predominio, movimientos sociales y sindicatos, colectivos feministas, ambientalistas, afrodescendientes, culturales, universitarios e intelectuales. En el PH consiguió una acumulación de fuerzas políticas y sociales marginadas históricamente de los espacios de decisión y que convergieron con la expectativa de influir, incidir y decidir en las orientaciones de un gobierno de rasgos inéditos. De alguna manera, el PH combinó una agenda clásica de izquierda, orientada a mejorar las condiciones de vida de los sectores populares y disminuir las desigualdades socioeconómicas con un papel activo del Estado, con las nuevas agendas que giran alrededor de nuevas sensibilidades y la reivindicación de la identidad (Fukuyama, 2019). Los eventuales puntos de intersección, como, por ejemplo, que en los sectores de menores ingresos o niveles educativos estén sobrerrepresentadas las poblaciones indígenas o afrodescendientes, no anulaban la especificidad de las demandas de cada colectivo. Esa agregación de agendas fue clave para conseguir apoyos tanto en las principales ciudades como en las zonas rurales periféricas. Sin duda, hay especificidades colombianas, pero esa convergencia de una organización política con las expresiones más dinámicas de la sociedad civil fue igualmente visible en otros países cuando la izquierda alcanzó el poder por primera vez.

El PH tuvo especificidades en el escenario político y el sistema de partidos colombiano. No provenía del grueso tronco del bipartidismo conservador-liberal y Petro fue el primer presidente no formado en ese molde. Como analizan los autores en el capítulo "La evolución del sistema de partidos en Colombia desde su origen hasta la actualidad", el longevo bipartidismo tuvo un funcionamiento atípico pues le costó encontrar las vías para conciliarse con el pluralismo y que funciona, a menudo, sobre la lógica de la exclusión, sea de uno de los dos grandes partidos o de terceras fuerzas, entre ellas, la izquierda, orillada durante largo tiempo a la lucha guerrillera o la marginalidad política.

Desde la Constitución de 1991, en la cual intervino con un peso significativo el M - 19, la rama guerrillera en la que participó Petro, el sistema político procuró abrirse al multipartidismo que derivó, en la práctica, en una fragmentación en facciones de los partidos tradicionales, sin que desaparezcan, la creación de organizaciones frágiles y la búsqueda de plataformas *ad hoc*, lanzadas gracias a firmas ciudadanas, para competir en cada elección. La variopinta alianza del PH y las sucesivas candidaturas presidenciales de Petro (2010, 2018, 2022), con distintas fórmulas, muestran las facetas de un sistema de partidos inestable, pero acompañado de la permanencia del personal político, capaz de cobijarse con siglas distintas, coaliciones de corta duración o proyectos personalistas.

Como se indicó, el PH agrupó a diversos partidos y movimientos de izquierda, pero también atrajo políticos no solo formados en otras tiendas, sino activos hasta hacía poco en partidos contrapuestos a esa coalición. El articulador y cohesionador exclusivo de esta galaxia fue Petro, lo que contrasta con otros partidos de izquierda que llegaron al poder a principios del siglo XXI, que podía tener liderazgos fuertes, pero no una dependencia de esas características con una jefatura personal.

Como prueba el capítulo "Las campañas electorales en los comicios presidenciales en Colombia: profesionalización, personalización y metamorfosis de los partidos políticos". La candidatura de Petro en 2022 empezó a construirse apenas terminada la contienda de 2018. En 2022, se atuvo al libreto estricto del manejo profesional y centralizado de las campañas modernas, a cargo de personal especializado. Si su rival en la segunda vuelta, Rodolfo Hernández, sacó provecho de las redes sociales y las instaló como espacios ineludibles de la política, en realidad, su campaña fue improvisada y nunca alcanzó el nivel de orden, preparación y rigurosidad de la de Petro.

2. LA CAMPAÑA Y LOS ACTORES DE LAS ELECCIONES 2022

Por las razones expuestas, el PH encaró la campaña de 2022 en posición de fuerza, pero con el desafío de superar las resistencias y temores de un viraje inédito hacia la izquierda, que incluso en la contienda de 2018, continuaba siendo acusada de alinearse con el "chavismo" (Pizarro, 2018, pp. 13-23). Mientras la fortaleza del PH y de Petro eran indudables y le aseguraban un lugar en la segunda vuelta, la incertidumbre reinaba sobre cómo se organizaría y definiría el campo contrario, disperso en varias corrientes y candidaturas, cada una con fortalezas y debilidades en caso de que alcanzara a pasar a la instancia decisiva.

El eje de la campaña de Petro fue el cambio. Su mensaje no se dirigía contra el gobierno de turno, englobaba las gestiones de las dos décadas precedentes, marcadas por el predominio de Uribe, e iba incluso más allá, para superar un bipartidismo más que centenario, con la promesa del primer gobierno de izquierda de Colombia. Los rasgos innovadores se subrayaron con la candidatura vicepresidencial de Francia Márquez, su contrincante en las primarias del PH, que obtuvo un resultado mejor de lo esperado: mujer, negra, proveniente de los sectores menos favorecidos y golpeados por el conflicto. Ofrecía un rostro distinto de los dominantes en la política colombiana (y latinoamericana). De hecho, la dificultad de Petro era menos convencer de que podía ejecutar el cambio que de que no sería tan radical como acusaban sus adversarios, por lo que procuró mostrarse conciliador y moderado.

La idea general del cambio se conjugó en algunas líneas centrales que marcaron el tono, los temas y los debates de la campaña, dándole en permanencia la iniciativa frente a rivales que terminaron discutiendo sus planteamientos más que poniendo temas propios. Esos aspectos torales figuraron en el discurso del triunfo, pronunciado en la noche de la segunda vuelta, estudiado en detalle en el capítulo "Análisis del discurso de dos presidentes electos de la izquierda latinoamericana: comparación entre el discurso de Gustavo Petro en Colombia y Gabriel Boric en Chile".

En ese mensaje retomó la idea de dar los pasos adicionales para conseguir una paz más amplia o definitiva, prosiguiendo la ruta abierta por el Acuerdo de paz con las FARC. Insistió en la necesidad de alcanzar la justicia social y atender, desde el Estado, las necesidades de educación y salud de los sectores marginados en un país marcado por brechas profundas de desigualdad y por la existencia de zonas castigadas por décadas de conflicto y violencia. Denunció la corrupción. Sin embargo, no se posicionó contra los sectores favorecidos, a los cuales tendió la mano. Incluso defendió las variantes del capitalismo productivo. En cambio, marcó una crítica radical contra el modelo extractivista, lo llevó a privilegiar, igualmente, la búsqueda de una justicia ambiental, en sintonía con las demandas y reivindicaciones ecologistas de sectores urbanos, así como de poblaciones rurales enfrentadas a la extracción minera o petrolífera. En claro, perfiló un programa que subrayara la fuerza del cambio económico, social y político, sin despertar alarmas en los sectores privilegiados.

El repaso de los programas de gobierno efectuado en el capítulo "El objetivo de desarrollo sostenible, paz, justicia e instituciones sólidas (ODS 16) en los programas de Gobierno de Gustavo Petro y Rodolfo Hernández" muestra que el PH desarrolló, de manera más detallada, sus planteamientos, que contrasta con la presentación más sumaria e imprecisa del programa Hernández. La diferencia reflejó, sin duda, los distintos tiempos de preparación de ambas candidaturas, una gestándose desde hacía años, con incorporación de equipos especializados, otra lanzada a pocos meses de la presidencial, con soportes más reducidos. No obstante, el programa del PH resulta asimismo poco específico sobre los mecanismos de implementación de las propuestas y más aún de los mecanismos de financiamiento. No se trata de una peculiaridad colombiana, sino de un rasgo común en los proyectos de gobierno de los partidos latinoamericanos.

Al frente, el campo de los adversarios hoy del PH se configuró y reconfiguró en numerosas oportunidades a lo largo del año 2022, a medida que se debilitaban o fortalecían candidaturas. Las primarias de marzo dejaron fuera de la competencia a dos fuerzas. Por un lado, al Centro Democrático (CD), el partido oficialista, cuyo candidato no participó en la primaria y que retiró su postulación apenas conocidos los datos de la interna para sumar su respaldo al ganador, el exalcalde de Medellín, Federico Gutiérrez, consolidado como la primera carta de la derecha. Por otro lado, el intento de constituir una alternativa entre el PH y la derecha terminó naufragando por los bajos números que obtuvo Sergio Fajardo, el ganador de la primaria de esa corriente. Tampoco tuvieron mejor fortuna para posicionarse los partidos que resurgieron a partir de las decisiones de la Corte Constitucional que ordenó la restitución de la personalidad jurídica a formaciones extinguidas a finales de la década de los 80 del siglo XX, en un escenario de recrudecida violencia e incursión del narcotráfico. Entre los beneficiarios de la decisión figuraron el Nuevo Liberalismo o el Movimiento Político Colombia Humana, heredero de la Unión Patriótica, como analiza Marta Gutiérrez en el capítulo "La Corte Constitucional y la "apertura democrática" de 2022". El texto ilustra el activismo jurisdiccional que interviene, de manera cada vez más recurrente, en las definiciones de las reglas del juego político.

Si Federico Gutiérrez pretendía polarizar la contienda contra Petro en un duelo de segunda vuelta de visos clásicos entre la izquierda y la derecha, la decisión de los electores que lo desplazó al tercer lugar, cambió el reparto y obligó a un enfrentamiento entre Petro y Hernández, empresario y exalcalde de Bucaramanga. A pesar de acercarse a los 80 años, irrumpió como una figura de corta trayectoria política, que denunció al conjunto de la clase política a partir de un posicionamiento exitoso en las redes sociales. Súbitamente dio otro rostro posible al anhelado "cambio" que buscaban los colombianos. Petro debió lidiar con un candidato que reivindicaba para sí el cambio y buscaba arrinconarlo en la "vieja política".

3. LOS RESULTADOS DE LA ELECCIÓN 2022: PARTICIPACIÓN RÉCORD Y ALTERNANCIA HISTÓRICA

La elección de 2022 registró una participación récord, en tanto que sus resultados dieron, en el plano legislativo, una mayoría al PH, sin mayoría absoluta y, en el campo presidencial, la llegada al gobierno del primer presidente de izquierda. Cada uno de estos elementos requiere explicaciones, matices y complementaciones.

La participación en la primera vuelta presidencial alcanzó 54,9% y, en la segunda, 58%. En ambos casos, son las mayores tasas de participación en más de 35 años. Se trata, por lo tanto, de porcentajes destacados, pero en una perspectiva histórica colombiana. Puestos en comparación con los promedios de América Latina, figuran entre los guarismos menores (Romero Ballivián, 2021, p. 50). Las razones estructurales de la abstención son variadas, y no se limitan al carácter voluntario del sufragio, un factor muchas veces apuntado como el único explicativo de las bajas tasas de concurrencia. Pesan una participación política y social que quedó inhibida por décadas de violencia y exclusión; un juego político reducido, que marginaba a corrientes políticas contestatarias o incitaba a la despolitización (Gutiérrez, 2003: pp. 45-46); el modo clientelista de movilización del electorado, que pone la iniciativa del lado de las maquinarias partidarias antes que de la ciudadanía. Esa suma, conduce a franjas numerosas del electorado a abstenerse, en especial en las zonas periféricas.

Es innegable, la elección de 2022 derivó en una movilización especial del electorado. En la legislativa, jugó a favor la concurrencia con la primaria de tres corrientes políticas, que creó un gusto de presidencial anticipada. En la elección presidencial influyó la polarización política que estimula la participación, así como la posibilidad de una alternancia política de alcances inéditos, escenario al cual contribuyeron, por razones distintas, tanto Petro como Hernández. La perspectiva de que el voto podía cambiar la situación alentó a una mayor movilización electoral.

La elección parlamentaria se saldó de manera favorable para el PH y anticipó su éxito presidencial. Conformó la bancada mayoritaria en el Senado, con un avance considerable con respecto a los comicios precedentes, pero solo logró 20 de los 100 escaños en juego y fue talonado por los históricos partidos Conservador y Liberal. En la Cámara de representantes, el PH fue la segunda fuerza, detrás de los liberales y por delante de los conservadores. El gran derrotado fue el CD, que vio fuertemente reducida su bancada. Los datos subrayaron, por un lado, la fragmentación del sistema de partidos, con 18 formaciones que lograron al menos un escaño, y, por otro lado, la desconexión de sus niveles y escenarios. En efecto, solo el PH resultó competitivo en las distintas canchas. Ni el Partido Liberal ni el Conservador, importantes fuerzas parlamentarias, tuvieron candidatos presidenciales propios, en tanto que la Liga de Gobernantes Anticorrupción, que alcanzó la segunda vuelta presidencial, no logró ni un senador.

La elección legislativa tuvo como novedad la creación de 16 Circunscripciones Transitorias Especiales de Paz (Citrep), aprobadas como parte de la implementación del Acuerdo de paz, y superpuestas a zonas de conflicto. Esta innovación se destinó a favorecer la participación y presencia de los sectores víctimas del conflicto y la violencia. También se aplicó la disposición del Acuerdo de paz para que el partido Comunes, conformado por los antiguos integrantes de las FARC, disponga, de entrada, de 5 senadores y 5 representantes. Se trata de una medida transitoria, de aplicación limitada a tres procesos electorales.

En cambio, la continuidad la marcó la elección de dos curules reservados a la minoría indígena en el Senado y dos a la minoría afrodescendiente y una a la indígena en la Cámara de representantes (independientemente y de manera adicional, los partidos postulan indígenas y afrodescendientes en las otras listas). Este esquema se introdujo en la Constitución de 1991, innovadora al abrir espacios especiales para grupos étnicos minoritarios, en un espíritu general de ampliación de la participación (Murillo y Sánchez, 1993, pp. 105-107). Esta modalidad se extendió, con formatos distintos, por otros países de la región, en especial andina. El capítulo “Minorías étnicas y elecciones en Colombia 2022” escudriña los componentes de esas elecciones de rasgos peculiares, incluida la problemática de que los votos blancos, nulos y las tarjetas no marcadas representan un porcentaje muy significativo en ambos escrutinios: en la circunscripción especial indígena, totalizan 46.3% de los sufragios emitidos; en la circunscripción de comunidades afrodescendientes,

34.6%. Los datos se inscriben en línea con experiencias previas, señal de una relación difícil del electorado de estas comunidades con la oferta política, que asuntos de insuficiente capacitación de los votantes no alcanzan a explicar.

Por su parte, la elección presidencial tuvo dos actos, seguidos en el capítulo "Las elecciones presidenciales en Colombia de 2022: giro a la izquierda y movimientos en el péndulo del poder político". En el primero, Petro consiguió una ventaja cómoda, con la cual se instaló en la ronda decisiva, en tanto que Hernández dio la sorpresa al superar a Gutiérrez por corto margen del 3.1%. La maquinaria de los partidos que lo respaldaron fue insuficiente para limitar el desgaste de un esquema que parecía agotado tras dos décadas.

En el segundo acto, se produjo un vasto reacomodo del tablero político. Los partidos y sectores con identidades claramente marcadas por la izquierda y la derecha no tuvieron mayor inconveniente en realinearse detrás de los candidatos en liza. El efecto fue nítido en el apoyo a Hernández brindado por los grupos que respaldaron a Gutiérrez, en particular CD y Cambio Radical. Por su parte, Petro ya había federado previamente a gran parte de la izquierda y sumó a los componentes más progresistas del Centro Esperanza que respaldó a Fajardo. Para el resto, para los partidos que pretendían jugar cartas de centro, el duelo de la segunda vuelta resultó divisivo. Así, fracciones del Partido Liberal, del Nuevo Liberalismo, incluso de la evangélica coalición Colombia Justa - Libres se hallaron en cada uno de los bandos antagónicos, según las afinidades o intereses de sus distintos componentes.

Si bien Hernández recortó diferencias de manera significativa, al punto de casi duplicar el caudal de aumento de Petro entre la primera y la segunda vuelta, y generar el escenario más apretado en una ronda decisiva, no pudo impedir que se concretara la alternancia histórica hacia la izquierda. El PH ganó gracias al voto joven y urbano, particularmente visible en Bogotá, popular y de los departamentos periféricos de Colombia, los de menor desarrollo, oportunidades. El mapa de su triunfo dibuja casi perfectamente las fronteras de Colombia, y con ellas, las zonas vulnerables y olvidadas por el Estado. Con ese bagaje, Petro ingresó a la Casa de Nariño.

4. EL NUEVO GOBIERNO Y SUS PERSPECTIVAS DE GOBERNABILIDAD

Gustavo Petro asumió la Presidencia de Colombia dotado de un mandato político fuerte, pero en un país polarizado. Contaba a su favor con la expectativa de amplios sectores de la población de que emprendiera el anunciado proyecto de cambio, el apoyo de los movimientos sociales y de los sectores con capacidad de movilización, una posición favorecida en el Congreso. Sin embargo, en el escenario institucional, la gobernabilidad tiene tintes paradójicos.

En los números fríos, el PH no tiene asegurada la mayoría congresal. De hecho, por sí solo, se encuentra lejos de ese umbral. En una situación tan polarizada, no podía darse por descontado que encontrara una oposición condescendiente, dispuesta a facilitarle la aprobación de sus normas. Empero, el gobierno de Petro logró el armado de una vasta coalición que ha ido bastante más allá de los parlamentarios que se identifican con la izquierda y que son minoritarios en el Congreso. Como se desprende del capítulo "Democracia y representación: evidencias desde la Cámara de representantes", construido con los datos del Proyecto de Élites Parlamentarias Latinoamericanas de la Universidad de Salamanca (PELA-USAL), la ideología media de los representantes se desplazó hacia el centro, pero sigue ubicado ligeramente a la derecha, sin rupturas radicales con respecto a las legislaturas precedentes.

El gobierno sumó al bloque oficialista a la mayoría de las formaciones que conformaron el Centro Esperanza, así como al sistema partidario tradicional, incluidas las organizaciones que, *a priori*, podía considerarse que se definirían como opositores, como el Conservador. También se integró el Partido de la U, fundado para respaldar la gestión de Santos. Se trata de una alianza con números holgados, pero también heterogénea, para impulsar la legislación que traduzca las promesas de campaña. Posee puntos de acuerdo sobre el papel que debe asumir el Estado —al menos conceptualmente— o del impulso de nuevos derechos, pero también se trata de un apoyo que puede revelarse dubitativo y precario, pues las líneas de tensión permanecen vivas y cualquier cambio importante de coyuntura puede reducir y condicionar el respaldo en etapas críticas.

El gobierno de Petro ha iniciado su gestión con el inmenso desafío de corresponder las altas expectativas de la alternancia hacia la izquierda, en una región que parece haber virado a la izquierda, pero que, en realidad, sancionó a los oficialismos y ha mostrado una paciencia corta con los gobiernos entrantes. Le corresponde gobernar en un contexto de profundas incertidumbres internacionales y considerables retos internos. Para comprender mejor las potencialidades y dificultades de las líneas profundas de esta coyuntura, el recorrido por los capítulos de *Elecciones: Colombia en las urnas en 2022* constituye una sugerente, rica y variada entrada.

REFERENCIAS

Basset, Y. (2018). *Claves del rechazo del plebiscito para la paz en Colombia. Estudios Políticos,* (52), 241-265.

Gutiérrez, F. (2003). *Les partis politiques et la démocratie en Colombie* (1958-2002): une histoire du vice et de la vertu. *Problèmes d'Amérique Latine,* (49), 44-59.

Fukuyama, F. (2019). *Identidad.* Ariel.

Murillo, G.; Sánchez, R. (1993). Procesos y factores determinantes de la recurrencia de la crisis gubernativa en Colombia. En G. Murillo (editor). *Hacia la consolidación democrática andina (transición o desestabilización),* (85-150). Universidad de los Andes.

Pizarro, E. (2018). Colombia: un tsunami político. *Nueva Sociedad,* (276), 13-23.

Rodríguez R. (2017). Colombia: país del año 2016. *Revista de ciencias políticas, 37*(2), 335-367.

Romero Ballivián, S. (2021). *Elecciones en América Latina.* IDEA Internacional, Tribunal Supremo Electoral.

Zovatto, D. (2023). *Elecciones presidenciales en Latinoamérica. Foreign Affairs, 23*(1), 10-24.

PRESENTACIÓN

PORFIRIO CARDONA RESTREPO /
MANUEL ALCÁNTARA SÁEZ / JAVIER DUQUE DAZA
Editores

Colombia es el segundo país de América Latina, después de Costa Rica, con mayor número de elecciones presidenciales ininterrumpidas. En efecto, desde 1958 hasta 2023 se han celebrado cada cuatro años 17 comicios que sirvieron para la elección de los poderes Ejecutivo y Legislativo. En varias ocasiones se celebraron en medio de un escenario dominado por un clima de violencia e inseguridad notable, con dificultades, a veces, insuperables para que compitieran todas las fuerzas políticas y con tasas de participación que apenas superan el 50% del censo. Los resultados en general fueron aceptados salvo los de las elecciones de 1970 cuyo nivel de rechazo alcanzó altas cotas. Todo ello hizo que el asentamiento de la democracia en el país fuera proceloso, si bien estuvo ausente la interrupción autoritaria que vieron un alto número de países de la región en las décadas de 1960 y siguientes.

En 2008 Colombia se situaba en el puesto undécimo entre 19 países latinoamericanos según el índice de transformación de Bertelsmann[1] puesto que había ascendido al noveno lugar en 2022. Para el mismo periodo, según el índice de democracia del EIU[2], pasó del octavo al quinto lugar. Las modestas mejoras del país en tres de los índices escogidos se reflejan en la tabla adjunta que recoge la variación registrada después de 2017 según esas diferentes mediciones de la democracia que muestran un comportamiento estable ajeno a la tendencia regional que se traduce en un notable descenso de acuerdo con estos índices, lo que ha llegado a denotar un estado de democracia fatigada.

---

1 Integra procesos de transformación hacia la democracia y la economía de mercado. Se realiza cada dos años. Ver https://bti-project.org/en/index/political-transformation

2 Ver https://n9.cl/79y5zc.

Tabla 1: Evolución de diferentes indicadores acerca del estado de la democracia en Colombia en los últimos años

		2017	2018	2019	2020	2021	2022	2023
Freedom House	Derechos políticos/40	29	29	29	29	29	29	31
	Libertades civiles/60	35	36	37	37	36	35	39
	Índice/100	64	65	66	66	65	64	70
V-DEM[3]	Democracia electoral/1	0,67	0,67	0,65	0,64	0,65	0,69	
	Democracia liberal/1	0,54	0,54	0,50	0,48	0,48	0,54	
	Democracia participativa/1	0,47	0,47	0,45	0,42	0,42	0,47	
The Economist Intelligence Unit Democracy Index/10		6,67	6,96	7,13	7,04	6,48	6,72	
Índice de Transformación de Bertelsmann/10		-	6,59	-	6,67	-	6,45	

En 2023 Colombia ocupa el puesto seis, igualado con Ecuador y Perú, en el índice de Freedom House[4] de derechos políticos y libertades civiles. En este escenario comparado es que se dan cita los capítulos del presente libro.

A pesar de los avances de Colombia en algunas variables de estas mediciones internacionales en las que aparece mejor ubicada que muchos países de la región, no se pueden desconocer algunas prácticas cuestionables en su sistema electoral, que hace que todavía no se considere una democracia plena o totalmente consolidada. La democracia electoral colombiana suele ser citada en los estudios comparados por algunas particularidades en las que se subrayan sus límites, algunos de sus déficits y de sus defectos. No se puede ocultar que subsisten modos de obrar que limitan el ejercicio pleno de la ciudadanía política como el clientelismo, la compra de votos y las transacciones políticas. De igual forma, aún tienen eco los vínculos de decenas de políticos locales y nacionales con organizaciones criminales y con el narcotráfico, en lo que subyacen formas ilegales de financiación de las campañas y limitaciones a las libertades de los electores. También,

---

3 Analiza cinco variedades de democracia (electoral, liberal, participativa, igualitaria y deliberativa). Ver https://www.v-dem.net/

4 Ver https://freedomhouse.org/

han sido numerosos los casos de fraude y manipulación de los procesos electorales en elecciones para Congreso y corporaciones públicas locales. Todo lo anterior se refleja en la mala ubicación del país y las bajas puntuaciones en las diferentes mediciones internacionales de las democracias.

La contracara muestra a un país con una larga tradición electoral. En primer lugar suele ser reconocido en América Latina por la continuidad histórica de sus elecciones interrumpidas solo excepcionalmente (como ocurrió durante el breve periodo de la dictadura de Gustavo Rojas Pinilla, entre 1953-1957). En segundo lugar, se suele considerar como un caso particular de una democracia que realiza elecciones periódicas en medio de un prolongado conflicto y de múltiples formas de violencia. Aun, en las zonas de mayor conflictividad, se realizan las elecciones. En tercer lugar, en medio de tensiones y fuertes contrastes de polarización, se ha dado la alternancia entre partidos en la presidencia, con la novedad del reciente triunfo de un candidato de izquierda en las elecciones de 2022 y de coalición mayoritaria de izquierda en el Congreso. En cuarto lugar, los perdedores siempre terminan por aceptar los resultados y se respetan las reglas de juego.

Ambas caras de la democracia electoral denotan el déficit, pero también fortalezas institucionales. Podría sintetizarse este contraste con la inferencia de que, pese a las limitaciones, la democracia electoral colombiana sigue vigente y que los mínimos procedimentales básicos de los regímenes democráticos que están en el país: elecciones universales, periódicas y libres; libertad de asociación; libertades y derechos políticos; fuentes de información plurales y diversas; competencia política con presencia de diversas alternativas partidistas e instituciones que garantizan la funcionalidad de las elecciones.

Este libro da cuenta de la vigencia de la competencia político-electoral en el país y sus capítulos constituyen un registro relevante del proceso y de los resultados del ciclo electoral del año 2022.

Elecciones: Colombia en las urnas en 2022, se encuentra en la línea de otros trabajos académicos similares (particularmente libros). Alcántara Sáez (2020) realiza un trabajo comparado en América Latina (2017-2019) que resulta ilustrativo para observar el comportamiento electoral en la región. Por su parte, los trabajos referidos a los comicios de 2018 en Colombia desde variados análisis y perspectivas: contexto institucional y político, escenarios electorales con nuevos actores, cambios normativos, alianzas, elecciones nacionales, subnacionales, partidos políticos, programas de gobierno, tipologías del electorado, las implicaciones de las Tecnologías de la Información y la Comunicación y su vínculo con las redes sociales virtuales, movientes sociales, entre otros, se encuentran en las publicaciones de la Misión de Observación Electoral —MOE—, 2018; Pérez, 2019; Barrero, 2019; Botero, Wills, Ortega y Pino, 2022; Montilla y Jiménez, 2020, entre otros.

El libro está dividido en cuatro secciones. En la primera se presentan las perspectivas generales e inicia con el capítulo de Rivas y Alcántara quienes utilizan la base de datos del proyecto de élites parlamentarias de la Universidad de Salamanca referida al caso de Colombia. La atención se centra en seis aspectos concretos que sirven para contribuir al conocimiento de la nueva dinámica política establecida en el país tras los comicios de 2022. El elenco analizado contempla cuestiones relacionadas con la democracia, la confianza en las instituciones, el papel del Estado, la ideología, los valores y los problemas que tiene Colombia de acuerdo con el personal legislador entrevistado.

En "De la protesta social a la democracia de consenso: el Pacto Histórico en las elecciones en Colombia 2022", se analiza la incidencia de la protesta social en las elecciones parlamentarias y presidenciales de 2022 a partir del método comparado en ciencia política para explicar la relación entre teoría y práctica de la democracia. Asimismo, el método hermenéutico histórico que posibilitó la comprensión del campo de las elecciones presidenciales. Se incluye, además, la metodología básica estadística que posibilitó hacer análisis de tendencia a partir de datos cualitativos y cuantitativos sobre las transiciones de la democracia, de la representación a la participación. Como fuentes primarias acudió a información de la Registraduría Nacional del Estado Civil, la Misión de Observación Electoral, información suministrada por la Corporación Viva la Ciudadanía, Presidencia de la República de Colombia, Cámara de Representantes y Senado de la República. Concluye que la retórica política de la coalición interpartidista de izquierda "Pacto Histórico" se caracteriza especialmente por el uso de los discursos de múltiples movimientos sociales: indígenas, afrodescendientes, mujeres, jóvenes, sindicalistas, campesinos, que participaron de las protestas sociales en Colombia de 2021. La historia de la democracia en Colombia refleja una competencia electoral que encarna las disputas interpartidistas, la manipulación política de los discursos de los grupos minoritarios y la división territorial por criterios culturales, sociales, económicos y políticos.

Finaliza esta sección Martha Gutiérrez con "La Corte Constitucional y la 'apertura democrática' del 2022". Examina las sentencias SU-257 y SU-316, adoptadas en 2021 en sede de revisión de tutela, en las que la Corte Constitucional colombiana ordenó al Consejo Nacional Electoral reconocer personería jurídica al Partido Nuevo Liberalismo y al Movimiento Político Colombia Humana e insta a la flexibilización de normas sobre personería jurídica de las organizaciones políticas en Colombia, lo que abrió la puerta a otras decisiones de la autoridad electoral en el mismo sentido. Un primer apartado se encarga de la discusión académica sobre el papel de la Corte como actor que, en sede judicial, de protección de derechos fundamentales, adopta decisiones con implicaciones de alcance general para la vida política del país; para pasar luego al análisis de las decisiones de revisión de tutela y unificación de jurisprudencia adoptadas por la máxima instancia constitucional y en las que previamente se habían surtido trámites de diferente naturaleza ante el Consejo de Estado. Finalmente, indaga por las implicaciones de estos fallos en la contienda política del 2022 y el sistema de partidos del país.

La segunda sección contiene los trabajos referidos a las elecciones para el Congreso de la República. En "La evolución del sistema de partidos en Colombia desde su origen hasta la actualidad", los autores consideran que el actual sistema de partidos no es fácil de caracterizar todavía, aunque, sin duda, se acaba de transformar radicalmente con el triunfo de una coalición de izquierdas, tanto en la Presidencia como en el Congreso. Sin embargo, con una reflexión politológica previa sobre las relaciones entre gobernabilidad y sistemas de partidos, analizan el tema desde dos preguntas: ¿Cuál ha sido la evolución de dicho sistema históricamente? ¿Cómo se ha intentado modificar a partir de la llamada ingeniería institucional y cuáles han sido sus resultados? Luego, plantearán posibles lecturas más futurológicas que descriptivas en relación con las que se están haciendo sobre el sistema actual, sin apostar por ninguna de ellas por ser un cambio tan reciente, con alianzas extrañas y probablemente inestables por diferencias ideológicas, y por no haberse dado aún las elecciones regionales.

En "Minorías étnicas y elecciones en Colombia 2022" se sugiere que en 2022, el proceso electoral para el Congreso de la República estuvo marcado por una férrea disputa por partidos tradicionales, partidos independientes y movimientos de ciudadanos que pretendían las curules en juego. Las minorías étnicas de indígenas, comunidades negras, afrocolombianas, raizales y palenqueras, también participaron en dicho evento, con la modalidad de circunscripción especial. El trabajo da cuenta de las minorías étnicas en las elecciones mencionadas. Además, se realiza un análisis de las candidaturas que se lanzaron, los partidos y movimientos que participaron en el debate electoral. Igualmente, presenta un breve balance de los resultados de las votaciones y el alcance de las mismas para los movimientos sociales que representan las minorías étnicas.

La tercera sección congrega los manuscritos relacionados con las elecciones presidenciales. Inicia con el capítulo: "Paz, justicia e instituciones sólidas (ODS 16) en los programas de Gobierno de Gustavo Petro y Rodolfo Hernández". Aducen los autores que un análisis de los programas de Gobierno de los dos candidatos finales a la Presidencia frente al objetivo del ODS 16 resulta crucial por la presencia de factores propios del país como la historia de guerra y violencia generalizada; el aumento de la corrupción, la impunidad y número de homicidios; la desconfianza institucional; la participación ciudadana; altos niveles de pobreza y desigualdad, entre otros. Y que, independientemente del candidato que hubiese sido elegido como presidente, la agenda del nuevo Gobierno deberá dar prioridad a este objetivo en un escenario complejo pospandémico, inflación, elevado precio del dólar, recesión económica y recomposición geopolítica en el mundo, entre otros.

La segunda parte de esta sección titulada: "Las elecciones presidenciales en Colombia de 2022 Giro a la izquierda y movimientos en el péndulo del poder político", tiene como argumento central que Colombia es el más reciente caso de giro a la izquierda en América Latina en el que hubo una ruptura en las pautas históricas de dominio de los partidos Liberal y Conservador y de líderes y agrupaciones nuevas surgidas por escisiones y reagrupaciones de sectores de ambos partidos. Enfatiza que en 2022, por primera vez, ganó un candidato de izquierda, Gustavo Petro Urrego, apoyado en una coalición de partidos de izquierda y el respaldo de diversas organizaciones sociales, sindicatos, personajes públicos y sectores de otros partidos políticos. En las elecciones para Congreso de finales del mes de marzo del mismo año se había dado un remezón inédito en el que la misma coalición logró posicionarse como la agrupación con mayorías relativas.

"Las campañas electorales en los comicios presidenciales en Colombia. Profesionalización, personalización y metamorfosis de los partidos políticos", es el título de la investigación en la que se describe el fenómeno de la profesionalización de las campañas políticas en Colombia y sus implicaciones en términos de la relación con los diferentes actores del sistema político, a partir de los casos de Gustavo Petro y Rodolfo Hernández en las elecciones presidenciales del 2022 en Colombia. El punto de partida de su indagación es el enfoque teórico-metodológico propuesto por autores como Pippa Norris (2002) y Farrell & Webb (2004). Se trata de una investigación descriptiva que se apoya en información de prensa publicada durante el transcurso de la campaña presidencial y en la entrevista a informantes clave como asesores políticos y personal especializado de las dos campañas políticas analizadas.

Cierra esta tercera y, última sección del libro, el trabajo sobre el "Análisis del discurso presidencial de Gustavo Petro en Colombia y Gabriel Boric en Chile". Aseveran que ambos líderes se han caracterizado por ser representantes de la izquierda progresista latinoamericana, con experiencias diferentes en el ejercicio de la política. Metodológicamente, la investigación se despliega a partir del análisis del discurso, con perspectiva multimodal desde la cohesión composicional de los recursos semióticos, al estudiar los elementos comunicativos que conforman el acto discursivo como marcas corporales, puesta en escena, semántica y la pragmática del encuadre que se realiza al contenido, a las relaciones y a las posiciones de los sujetos. Lo anterior, con un enfoque analítico, en la medida que divide en fragmentos un hecho social, en este caso, un discurso. Concluyen los autores que los discursos de ambos presidentes tienen puntos en común como profundizar la democracia, hacer un llamado a un pacto nacional, involucrar el uso del lenguaje inclusivo, tener un mensaje ambientalista y resaltar las emociones de forma explícita como el amor o la felicidad, y de forma implícita como el miedo al exponer la situación de crisis de sus países.

El libro *Elecciones: Colombia en las urnas en 2022* ha congregado a investigadores de la ciencia política provenientes de la Universidad de Salamanca (España), Universidad Nacional de Colombia, Universidad del Valle, Universidad de Bogotá Jorge Tadeo Lozano, Universidad Eafit, Institución Universitaria Colegio Mayor de Antioquia y la Universidad Pontificia Bolivariana.

Ha sido el resultado de varios meses de trabajo colaborativo e interinstitucional que ha contado con la financiación del Centro de Investigación para el Desarrollo y la Innovación —CIDI— de la Universidad Pontificia Bolivariana y la edición a cargo del Sello Editorial de la misma Universidad. Asimismo, con el apoyo de Instituto de Iberoamérica de la Universidad de Salamanca y la Fundación Manuel Jiménez Abad.

Se espera que esta contribución sea un aporte en la memoria histórica de las elecciones en Colombia a partir de distintas reflexiones y escenarios, y con el ánimo de fortalecer la participación democrática tan necesaria en tiempos de desafección, desconfianza institucional y polarización política.

REFERENCIAS

Alcántara Sáez, M. (Dir.). (2020). *América Latina vota: 2017-2019*. Tecnos.

Barrero, F. (Ed). (2019). *Elecciones presidenciales y de Congreso 2018: nuevos acuerdos ante diferentes retos*. Fundación Konrad Adenauer y otros. https://www.kas.de/documents/287914/287963/Elecciones+2018.pdf/83413d89-892f-f502-b54a-56ef97ce79e8?t=1555077234060.

Botero, F.; Wills, L.; Ortega, B., y Pino, J. (2022). *En configuración permanente. Partidos y elecciones nacionales y subnacionales en Colombia, 2018-2019*. Pontificia Universidad Javeriana y Universidad de los Andes.

Farrell, D. M., & Webb, P. (2004). Los partidos políticos como organizadores de campañas. *Zona Abierta*, 108-109, 67-110.

Misión de Observación Electoral -MOE-. (2018). *Resultados electorales Elecciones Presidenciales Primera y segunda vuelta 2018*. https://www.moe.org.co/wp-content/uploads/2018/11/Resultados-Electorales-Elecciones-Presidenciales-2018_Digital.pdf.

Montilla, P. y Jiménez, M. (Eds). (2020). *Elecciones 2018 en Colombia. La competencia política en un escenario de paz.* Universidad Externado de Colombia.

Norris, P. (2002). Campaign Communications. En *Comparing democracies 2: New challenges in the study of elections and voting* (2nd ed.). SAGE.

Pérez, C. (2019). *Elecciones en Colombia 1990-2018.* Universidad Externado de Colombia.

I. PERSPECTIVAS GENERALES

DEMOCRACIA Y REPRESENTACIÓN: EVIDENCIAS DESDE LA CÁMARA DE REPRESENTANTES

JOSÉ MANUEL RIVAS[1]
Universidad de Salamanca

MANUEL ALCÁNTARA SÁEZ[2]
Universidad de Salamanca

INTRODUCCIÓN

Los miembros de los poderes legislativos desempeñan un papel fundamental en el juego político y, por ello, gozan de una notable consideración como informantes clave. Como se ha puesto de relieve en Barragán, Rivas Pérez y Rivas (2020) su importancia es notable por el nivel que alcanzan sus interrelaciones con las instituciones de que proceden (los partidos) y la que supone su punto de llegada (el poder legislativo), sin dejar de lado el tamiz que constituyen los propios procesos electorales y el hecho de estar ubicados en una forma de gobierno presidencial o parlamentaria.

Dado que los representantes en las democracias contemporáneas son elegidos para actuar como tomadores de decisiones, es apropiado que la ciencia política se centre en el estudio de quienes son, qué

---

1 Doctor en Estado de Derecho y Gobernanza Global por la Universidad de Salamanca. Profesor Ayudante Doctor de la Universidad de Salamanca. Sus líneas de investigación son liderazgo político, élites, representación y resolución de conflictos. Correo electrónico: jmrivas@usal.es

2 Doctor en Ciencia Política por la Universidad Complutense de Madrid (1994). Es catedrático y miembro del Instituto de Iberoamérica de la Universidad de Salamanca desde 1993 hasta la actualidad. Es profesor visitante en la UPB (Medellín). Sus principales líneas de investigación en el ámbito de la política comparada con especial interés en América Latina versan sobre partidos políticos, procesos electorales, problemas de la democracia representativa y élites políticas. Correo electrónico: malcanta@usal.es

actitudes adoptan y cómo actúan los miembros de esa élite. La base de datos del Proyecto de Élites Parlamentarias Latinoamericanas de la Universidad de Salamanca (PELA-USAL) recopila entrevistas con legisladores latinoamericanos de 18 países desde 1994 hasta el presente (García, Mateos y Rivas Pérez, 2013). Estas entrevistas personales se realizan por miembros del grupo de investigación de PELA-USAL después de cada elección legislativa. Es preciso preguntar, de forma individualizada, a los legisladores sobre sus opiniones y actitudes porque permite entender el proceso de toma de decisiones, identificar tendencias políticas y comprender cómo se agrupan o se dividen los legisladores en torno a temas específicos. Esta información es valiosa para analizar el comportamiento político y la dinámica de los partidos políticos y las coaliciones de modo comparado sincrónico y diacrónico.

El presente capítulo, de naturaleza descriptiva, usa la base de datos del proyecto PELA (Alcántara, García Montero y Rivas Pérez, 2020) del caso de Colombia configurada tras el trabajo de campo realizado en Bogotá en los meses de agosto y septiembre de 2022. En dicho ejercicio, se entrevistó de manera personalizada a 79 representantes de la Cámara sobre cuestiones referidas a una amplia gama de temas (puede verse su listado en oir.org.es/pela), pero en las páginas que siguen la atención se centra en seis aspectos concretos que sirven para contribuir al conocimiento de la nueva dinámica política establecida en el país tras los comicios de aquel año. El elenco estudiado contempla cuestiones vinculadas con la democracia, la confianza en las instituciones, el papel del Estado, la ideología, los valores y los problemas que tiene el país.

Seguidamente y, sin perjuicio de que este sea un asunto estudiado en otros capítulos del presente libro, pero para efectos de encuadrar el universo de este capítulo, se mencionan algunas notas sobre la elección y la consiguiente composición de la Cámara de representantes tras los comicios de 2022 y se presentan cada una de las cuestiones recién indicadas en sendos epígrafes con breves análisis de las implicaciones para el clima político del país. Se concluye con una reflexión general que pretende brindar posibles vías de análisis posteriores de carácter más explicativo.

1. ELECCIÓN Y COMPOSICIÓN DE LA CÁMARA DE REPRESENTANTES 2022-26

El 13 de marzo de 2022 se celebraron las elecciones para elegir a los miembros del Senado y de la Cámara de representantes de Colombia del periodo 2022-2026. Se presentaron 2.406 candidatos, 919 (352 mujeres, 44 más que en los comicios que tuvieron lugar en 2018) para el Senado y 1.487 (565 mujeres, 71 menos que en 2018) para la Cámara. El porcentaje de participación descendió levemente respecto a los comicios legislativos de 2018 porque se pasó del 48,97% al 47,43%. Sin embargo, fue el tercer porcentaje de participación más alto desde 1990 y el segundo más alto desde la aprobación de la Constitución de 1991. Esta cifra, no obstante, ratifica una de las constantes de la vida política del país articulada tras el Frente Nacional, que es su baja tasa de participación en términos latinoamericanos debido al voto no obligatorio, al clima muy arraigado de violencia durante décadas y a la histórica marginación de la izquierda.

La contienda electoral de 2022 contó con tres novedades. La primera, de carácter institucional, fue la elección en la Cámara de las Circunscripciones Transitorias Especiales de Paz-Citrep constituidas por 16 distritos uninominales que fueron propuestos por la Misión Electoral Especial en el marco del Acuerdo Final de Paz de 2016 para representar a las zonas del país más castigadas por el conflicto armado. Las Citrep están ubicadas en 19 departamentos y abarcan territorios de 167 municipios.

La segunda novedad fue que el porcentaje de mujeres en ambas cámaras en el Congreso para la legislatura 2022-26 fue el más alto de la historia. Por primera vez el porcentaje de mujeres supera el 25% en la Cámara de representantes. Sin embargo, desde la implementación de la ley de cuotas en las elecciones legislativas de 2014 el incremento del porcentaje de mujeres en ambas cámaras venía en aumento (Ramírez-Baracaldo y Rivas, 2023).

La tercera novedad fue que se produjo una profunda renovación del Congreso en términos de la bisoñez de sus integrantes. Hay 181 congresistas electos por primera vez que suponen el 62% de las curules de ambas cámaras, frente a los 113 que se reeligen (38%). Este es un apartado especialmente relevante para este capítulo por cuanto que, al basarse en las opiniones de los integrantes de la Cámara de representantes como unidad de análisis, estas vienen condicionadas por su menor experiencia en el cargo.

Los resultados de los comicios legislativos fueron históricos para la izquierda colombiana y provocaron importantes novedades en la composición del Congreso. En la Cámara de representantes, 18 fuerzas políticas obtuvieron representación, lo que supuso una alta fragmentación de la misma. En orden descendiente fueron: Partido Liberal (33), Pacto Histórico (29), Partido Conservador (27), Cambio Radical (18), Centro Democrático (16), Partido de la U (16), Alianza Verde y aliados (15), Comunes (5), Liga de Gobernantes Anticorrupción (3), Nuevo Liberalismo (1), Coalición MIRA-Colombia Justa y Libres (1), Fuerza Ciudadana (1), Colombia Renaciente (1), Gente en Movimiento (1), Juntos por Caldas (1), MAIS (1), Palenque de la vereda Las Trescientas y del municipio de Galapa (1) y Consejo Comunitario Fernando Ríos Hidalgo (1). Los 5 representantes de Comunes fueron asignados como consecuencia del Acuerdo Final de Paz, el de MAIS por la circunscripción especial indígena y los dos últimos por las circunscripciones especiales para afrodescendientes.

2. REPRESENTANTES Y LA DEMOCRACIA

Uno de los factores que ayuda a consolidar la democracia en un régimen político tiene que ver con el asentamiento de los valores democráticos entre la élite política (Linz, 1987). Por ello resulta apreciable analizar en qué medida dichos valores están presentes entre quienes integran el Poder Legislativo. En consonancia, uno de los ejes de interés de PELA se centra en conocer la percepción que tienen los miembros de la Cámara de representantes acerca de la democracia. En este sentido, se realizan dos aproximaciones para analizar el nivel de comprensión que tienen de ella, vinculadas con el Estado de derecho y con el grado de satisfacción existente.

La primera tiene que ver con el posicionamiento que tienen en torno a cinco situaciones en las que se pueden llegar a limitar supuestos fundamentales del Estado de derecho (Gráfico 1). En una escala de 1 a 10, que mide el grado de conformidad. Es oportuno constatar que hay un consenso mayoritario a la hora de no admitir actuaciones vinculadas con el Poder Ejecutivo que limiten derechos o avalen desempeños arbitrarios. Sólo se justifican, de manera levemente mayoritaria, en el caso de darse una coyuntura de grave crisis económica en cuya circunstancia sí se acepta, por un ligero margen, que el Presidente utilice poderes de emergencia y que gobierne por decreto. Este aspecto es notable por tratarse de un régimen político presidencialista; el escenario de virtual empate entre quienes están de acuerdo y los que muestran su desacuerdo anticipa un marco de polarización indudable y sugiere hacer un seguimiento de las coaliciones que pudieran integrarse a lo largo de la legislatura.

Gráfico 1: Democracia y Estado de derecho

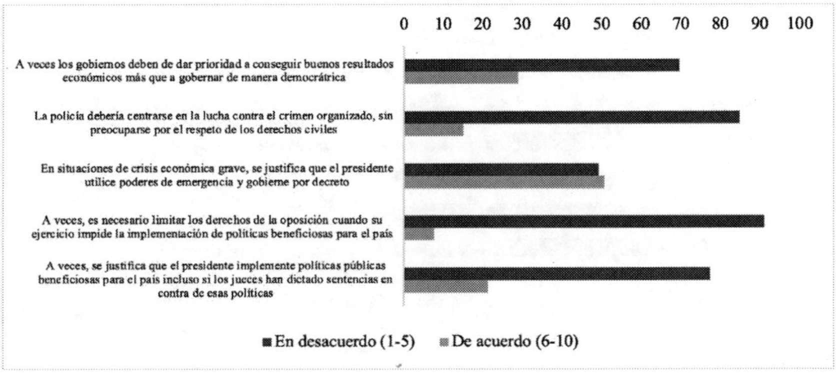

Fuente: PELA-USAL (2022).

La segunda analiza el grado de satisfacción que, en el momento de llevar a cabo la entrevista, tenían los representantes con respecto a la democracia teniendo en cuenta las divisiones partidarias. Conviene aclarar aquí que la satisfacción recoge la opinión sobre el rendimiento del sistema político democrático en particular, no el apoyo o rechazo en abstracto al régimen democrático (Montero, Gunther y Torcal, 1999, p. 118). El Gráfico 2 registra una división notable entre quienes pertenecen al Pacto Histórico y a otras agrupaciones minoritarias que muestran un nivel de satisfacción con la democracia más bajo que las otras formaciones. En efecto, los representantes de aquellos se dividen entre quienes adoptan una posición favorable y quienes mantienen una opinión desfavorable. Esto no sucede en las otras formaciones en las que es claramente mayoritaria la posición de favorabilidad en torno a la democracia. Aunque sin duda se trata de una evaluación retrospectiva, esta situación debe subrayarse por cuanto que las fuerzas políticas que resultaron ganadoras en la liza presidencial son las que tienen una menor satisfacción con el sistema democrático gracias al cual llegaron al gobierno y al que deben lealtad.

Gráfico 2: Satisfacción con la democracia por partidos

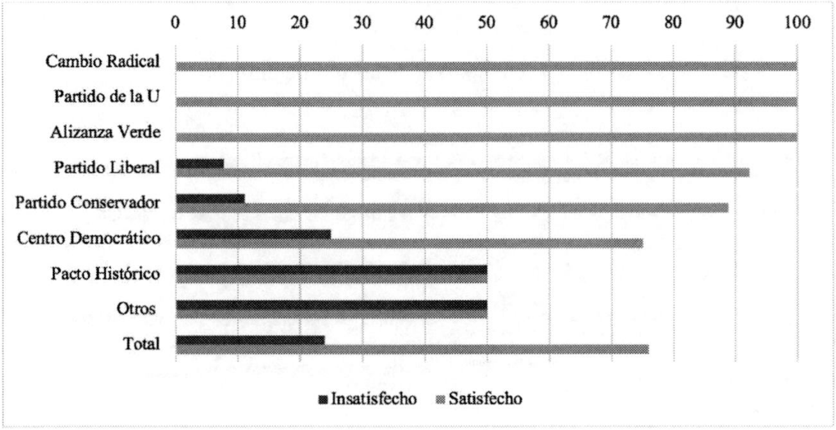

0 10 20 30 40 50 60 70 80 90 100
Cambio Radical
Partido de la U
Alizanza Verde
Partido Liberal
Partido Conservador
Centro Democrático
Pacto Histórico
Otros
Total
■ Insatisfecho ■ Satisfecho

Fuente: PELA-USAL (2022).

La encuesta de PELA-USAL contiene otras tres preguntas sobre democracia que no tienen varianza para el caso colombiano. La primera se refiere a la valoración existente sobre la estabilidad de la democracia, una cuestión que alude al nivel de conflicto existente y a su impacto sobre el orden político. En toda la serie histórica, desde la legislatura 1998-02 hasta la actual, entre el 74 y el 90% de los representantes entrevistados ha respondido que Colombia es una democracia algo o muy estable.

La segunda pregunta tiene que ver con el grado de acuerdo con la afirmación "sin partidos no hay democracia", un asunto que ha sido enfatizado por la teoría acerca de la democracia representativa (Mainwaring y Torcal, 2005; Bernhard et al., 2020; Bohigues, 2021). En ese mismo periodo referido en el párrafo precedente, un rango de porcentaje similar, entre el 75 y el 89%, ha afirmado estar algo o muy de acuerdo con dicha afirmación con la única excepción de la presente legislatura, en la que el porcentaje de representantes que está algo o muy de acuerdo con esta afirmación se ha reducido al 66%, y un 32% afirma que está poco o nada de acuerdo. Ello proyecta la doble condición existente en la actual legislatura que registra una mayor presencia de actores políticos críticos con la democracia representativa y una trayectoria política de los representantes más bisoña y alejada de la socialización partidaria. Ambos aspectos están en coincidencia con lo que acontece en otros países, como ya señaló Mair (2015) en su trabajo póstumo sobre las nuevas formas que evidenciaban la crisis de la representación que afecta al universo partidista.

Finalmente, se encuentra la pregunta de hasta qué punto se está de acuerdo con la afirmación "las elecciones son siempre el mejor medio para expresar unas determinadas preferencias políticas". De nuevo un aspecto muy vinculado con la naturaleza de la democracia representativa (Dahl, 1982) y con la variedad electoral de la democracia, según el proyecto de Variedades de la Democracia (V-Dem) (Coppedge, Gerring y Lindberg, 2012). Las respuestas señalan aún más consenso, ya que en toda la serie histórica entre el 82% y el 96% de los representantes están algo o muy de acuerdo con dicha afirmación.

Por todo ello, frente a los datos, se puede afirmar que las élites parlamentarias colombianas están comprometidas con la democracia, con las matizaciones expuestas, y que el debate entre partidos acerca de esta cuestión se da en el plano del desempeño del sistema político (satisfacción) y no en el terreno del apoyo al régimen democrático (legitimidad) (Montero, Gunther y Torcal, 1999). En otras palabras, los legisladores colombianos difieren en el funcionamiento de las instituciones democráticas (algunos están satisfechos con ellas y otros no tanto); sin embargo, la mayoría no cuestiona los fundamentos del sistema democrático.

3. REPRESENTANTES Y LA CONFIANZA EN LAS INSTITUCIONES

El nivel de confianza en las instituciones resulta relevante para evaluar el grado de capital social institucional (capital político) que existe en un país y que contribuye, a su vez, al buen funcionamiento del sistema democrático (Montero, Zmerli y Newton, 2008). Centrarlo en el ámbito de la clase política la sitúa en un punto de mira sectorial que permite, con estudios complementarios, ver el grado de diferencia que pudiera existir con otros grupos o con la sociedad en general.

Gráfico 3: Confianza en las instituciones

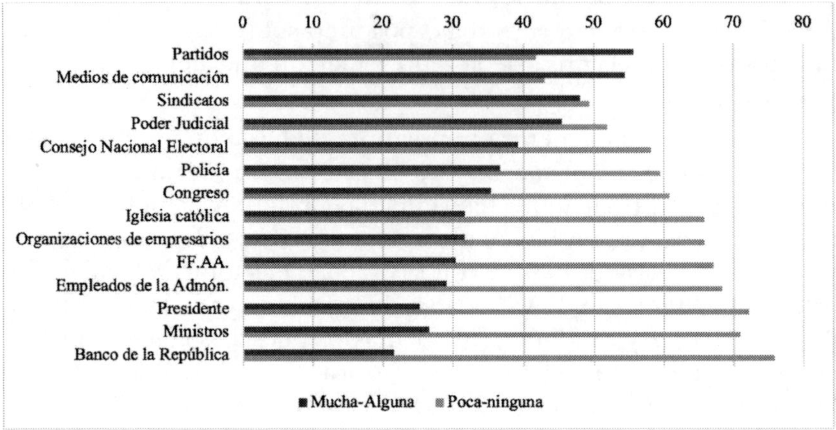

0 10 20 30 40 50 60 70 80
Partidos
Medios de comunicación
Sindicatos
Poder Judicial
Consejo Nacional Electoral
Policía
Congreso
Iglesia católica
Organizaciones de empresarios
FF.AA.
Empleados de la Admón.
Presidente
Ministros
Banco de la República
Mucha-Alguna Poca-ninguna

Fuente: PELA-USAL (2022).

Los representantes entrevistados mantienen una posición extendida de desconfianza con respecto a la mayoría de las instituciones sobre las que se solicita su valoración, lo cual significa que se produce una situación de notorio alejamiento institucional (Gráfico 3). Sólo los propios partidos políticos y los medios de comunicación registran balances positivos en cuanto al grado de la confianza que les tienen depositados los representantes. Grado que es equilibrado con respecto a los sindicatos y claramente inclinado hacia la desconfianza en el resto de las instancias por las que se les pregunta lo que es un indicador de la existencia de un capital político muy mermado. El Banco de la República, el Presidente y los Ministros alcanzan niveles de poca y ninguna confianza superiores al 70% —algo que se correlaciona con el reducido peso que tiene el Pacto Histórico en la Cámara y que no traduce la configuración de un gobierno de amplia base parlamentaria—, pero instancias como las organizaciones de empresarios, las Fuerzas Armadas, la Iglesia Católica y los empleados de la administración pública no se quedan a la zaga con valores por encima del 65%, sumadas las preferencias de poca o de ninguna confianza.

4. REPRESENTANTES E IDEOLOGÍA

Una forma clásica de medir la ideología se hace mediante el uso de una escala en la que se solicita a las personas entrevistadas que se autoubiquen o ubiquen a sus partidos o a otras figuras políticas con el uso de números naturales que van del 1 (izquierda) al 10 (derecha). Después se lleva a cabo una operación simple de cálculo de las medias de acuerdo con la persona evaluada de manera individualizada y el resultado obtenido es el guarismo que se da al partido o a la persona analizada. Este mecanismo permite analizar la evolución en el tiempo de las distintas formaciones en el espectro izquierda-derecha[3] y también proyectar la constelación de los partidos que integran el sistema en dicho eje en un momento dado, así como facilita constatar la diferencia que pudiera existir entre los partidos y sus líderes (Alcántara, 1995).

Los resultados de la encuesta sobre la ideología de los representantes son contraintuitivos La victoria del candidato Gustavo Petro en las elecciones presidenciales de mayo y junio podría hacer pensar que también hubo un giro a la izquierda en la composición del Congreso. Pero esto es algo que no resulta así. Si bien la ideología media de los representantes pasó de 6,2 en la legislatura 1998-02 (la más conservadora de la serie) a 5,1 en la actual, es decir, la evolución histórica de los datos no refleja un cambio drástico en la autoubicación ideológica del conjunto de los miembros de la Cámara (ver Gráfico 4). De hecho, la ideología promedio del periodo 2022-26 (5,08) está ligeramente a la derecha de las de los periodos 1998-02 (5,05) y 2006-10 (4,99). Algo similar ocurrió en otros congresos latinoamericanos

---

3 PELA-USAL (2022) mide la ideología de los legisladores y los partidos mediante la escala de 1 a 10. En América Latina, tanto las élites políticas como la ciudadanía se autoubican de forma consistente en el espectro izquierda-derecha (Colomer y Escatel, 2005; Zechmeister y Corral, 2010).

durante la denominada Marea rosa en la primera década del siglo XXI (Martínez-Hernández y Bohigues, 2019).

Gráfico 4: Evolución de la autoubicación ideológica de los representantes

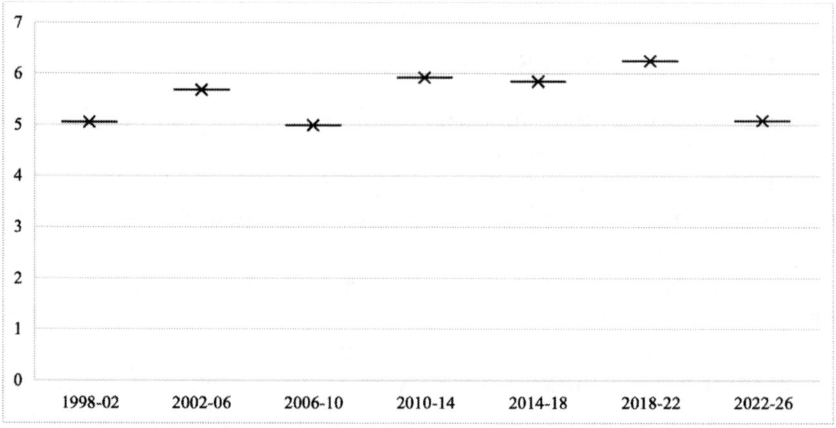

7
6
5
4
3
2
1
0
1998-02 2002-06 2006-10 2010-14 2014-18 2018-22 2022-26

Fuente: PELA-USAL (2022).

Si se cruzan ideología y partidos (Gráfico 5) y se excluyen los representantes electos por las Citrep, el 47,4% de las fuerzas políticas colombianas con presencia en el Congreso tiene representantes que se sitúan a la derecha del espectro político (entre el 6 y el 10), frente al 30,4% que se ubica en el centro (entre el 4 y el 6) y el 21,6% que se posiciona en la izquierda (entre el 1 y 4). Los principales partidos de derecha son (de menos a más): Partido de la U, Cambio Radical, Partido Conservador y Centro Democrático. Es menester destacar que dos de los cuatro (Partido de la U y Partido Conservador) integran la bancada del gobierno del Presidente. En el centro están Partido Liberal y Alianza Verde, y en la izquierda Pacto Histórico y Comunes. Este escenario debe ser tenido muy en cuenta para matizar el reiterado pronunciamiento del giro a la izquierda en la política colombiana tras los comicios de 2022.

Gráfico 5: Ubicación ideológica media de los partidos colombianos

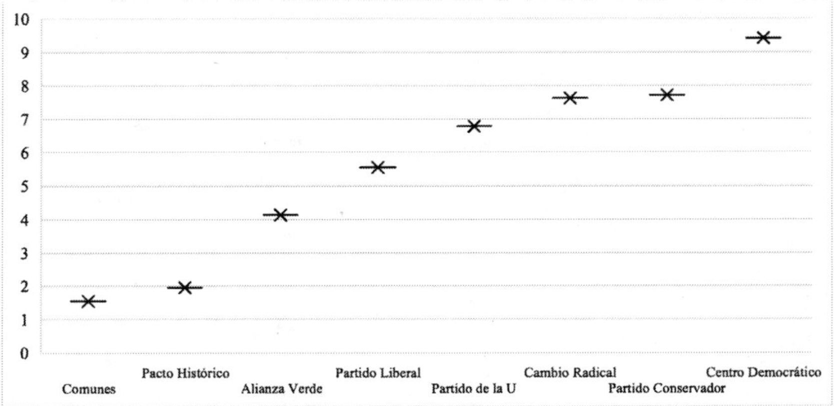

Fuente: PELA-USAL (2022).

En general, los representantes de los partidos en el Congreso han sostenido una línea ideológica relativamente constante a lo largo del tiempo y que se evidencia en una clara polarización del sistema de partidos (Gráfico 6). Los conservadores se han mantenido entre el 7,3 y el 8,3; los del Centro Democrático entre el 9,1 y el 9,4; los de Cambio Radical entre el 6,5 y el 7,6; los representantes de izquierda (Polo Democrático y, más adelante, Pacto Histórico) entre el 2 y el 3, y Comunes entre el 1,2 y el 1,6. Los tres partidos que más han cambiado en su ideología son Partido Liberal, Alianza Verde y Partido de la U. La ideología de los representantes liberales ha oscilado entre el centroderecha en 2002-06 y el centroizquierda en 2006-10, aunque desde la legislatura de 2010-14 se ha mantenido en una posición de centro, en torno al 5,5. Los verdes, por su parte, pasaron del centroizquierda al centro entre 2018-22 y 2022-26. Finalmente, los representantes del Partido de la U transitaron de la derecha (en torno al 8) al centroderecha (entre el 6 y el 7).

Gráfico 6: Evolución de la ubicación ideológica por partidos

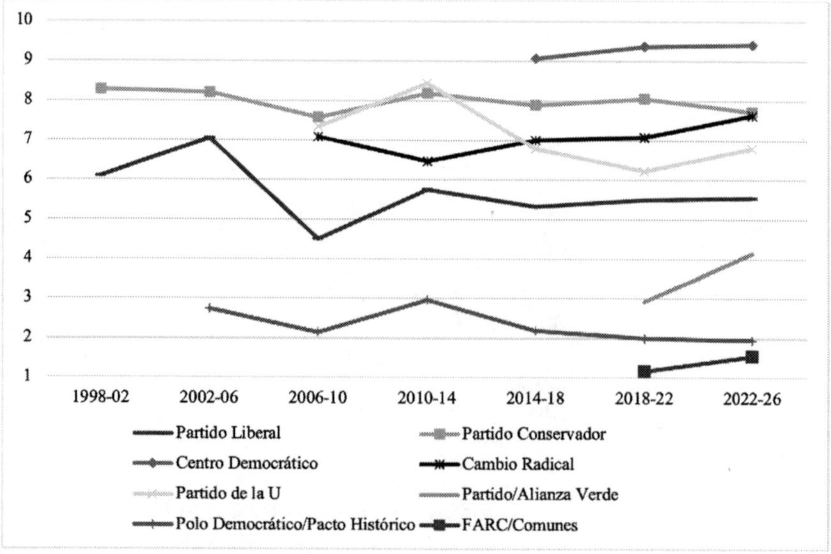

10
9
8
7
6
5
4
3
2
1
1998-02 2002-06 2006-10 2010-14 2014-18 2018-22 2022-26
Partido Liberal
Partido Conservador
Centro Democrático
Cambio Radical
Partido de la U
Partido/Alianza Verde
Polo Democrático/Pacto Histórico
FARC/Comunes

Fuente: PELA-USAL (2022).

Con respecto a la ubicación ideológica media que hacen los representantes entrevistados de la legislatura 2022-26 de los principales líderes colombianos (Gráfico 7), sitúan al presidente Gustavo Petro y a la vicepresidenta Francia Márquez en la izquierda, y a los expresidentes Álvaro Uribe e Iván Duque en la derecha. En posiciones más centristas se encuentran la alcaldesa de Bogotá, Claudia López, el alcalde de Medellín, Daniel Quintero, y el presidente del Congreso, Roy Barreras. A Rodolfo Hernández, exalcalde de Bucaramanga y excandidato presidencial que disputó la segunda vuelta con Petro, lo sitúan en la centroderecha. La diferencia entre la ubicación de Iván Duque y de Gustavo Petro expresa a la perfección el cambio histórico registrado en los comicios de 2022.

Gráfico 7: Ideología media de los líderes colombianos 2022-26, según los representantes

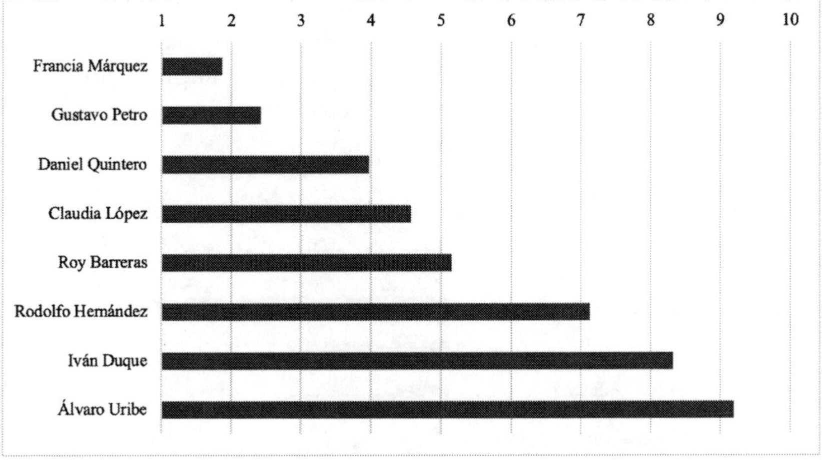

Fuente: PELA-USAL (2022).

5. REPRESENTANTES Y EL PAPEL DEL ESTADO

El papel que se asigna al Estado ha resultado ser un determinante clave de la ideología (Martínez-Hernández y Bohigues, 2019). La confrontación entre el estatismo clásico que definió a buena parte de la política latinoamericana hasta bien entrada la década de 1980 y la eclosión del neoliberalismo como fuerza antagónica sirvió para entender buena parte de la dinámica política gestada en el último cuarto de siglo. Por ello, el cuestionario de PELA-USAL sigue esta disyuntiva y analiza la opinión de los representantes sobre el papel del Estado a través de dos preguntas.

La primera plantea al representante hasta qué punto está de acuerdo o en desacuerdo con algunas frases sobre el papel del Estado (Gráfico 8). En las respuestas a esta pregunta se observan tres aspectos que proyectan el disenso en la arena política del país: en primer lugar, un porcentaje muy alto de representantes (entre el 75 y el 85%) están de acuerdo con un Estado que redistribuya la riqueza, reduzca las desigualdades de género y étnico-culturales y provea servicios públicos de salud y educación universitaria. En segundo lugar, aunque la mayoría considera que el Estado debería asegurar el bienestar de la gente y proveer las pensiones, no existe un consenso tan amplio en torno a estas dos cuestiones. Por último, los representantes son más reacios a la nacionalización de empresas e industrias (el 57% está en desacuerdo) y a la creación de empleos por parte del Estado, aspecto este en el que las posiciones intermedias son las mayoritarias.

Gráfico 8: Papel del Estado

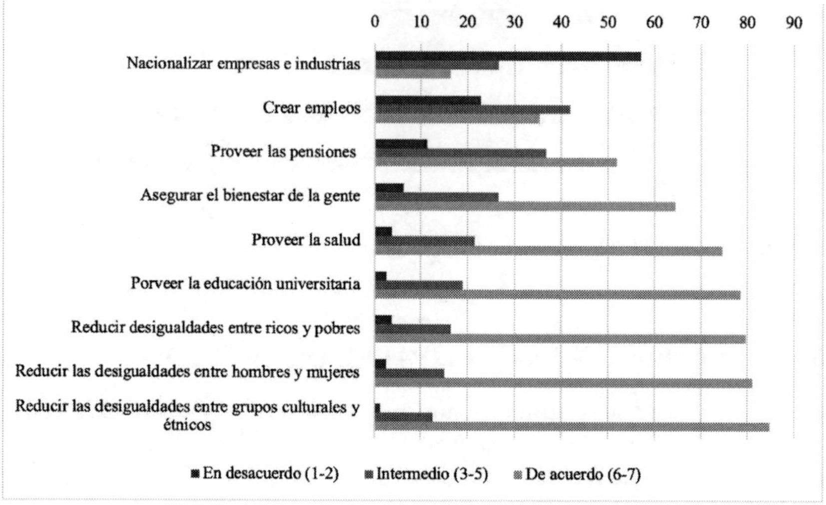

0 10 20 30 40 50 60 70 80 90

Nacionalizar empresas e industrias

Crear empleos

Proveer las pensiones

Asegurar el bienestar de la gente

Proveer la salud

Porveer la educación universitaria

Reducir desigualdades entre ricos y pobres

Reducir las desigualdades entre hombres y mujeres

Reducir las desigualdades entre grupos culturales y étnicos

■ En desacuerdo (1-2) ■ Intermedio (3-5) ■ De acuerdo (6-7)

Fuente: PELA-USAL (2022).

La segunda pregunta sobre el papel del Estado plantea a los representantes que se posicionen en el debate económico sobre los modelos de regulación (Gráfico 9). A pesar del mayor peso de los partidos de izquierda en el periodo legislativo que se inicia en 2022 respecto a legislaturas anteriores, una ligera mayoría de los representantes, en torno al 42%, está más a favor de la liberalización del mercado. El 35,5% apuesta por modelos mixtos y aproximadamente el 23% por un modelo económico con fuerte regulación estatal.

Con base en los resultados de las dos preguntas sobre el papel del Estado, se puede concluir que los representantes colombianos son partidarios de un Estado redistribuidor y proveedor de servicios públicos, pero con un papel secundario en cuanto a la producción, el empleo y la regulación del mercado. De nuevo, y en coincidencia con la medición de la ideología en la escala izquierda-derecha, la evidencia señala que la Cámara de Representantes, electa en 2022, dista en avalar un posicionamiento de izquierda.

Gráfico 9: Debate Estado-mercado

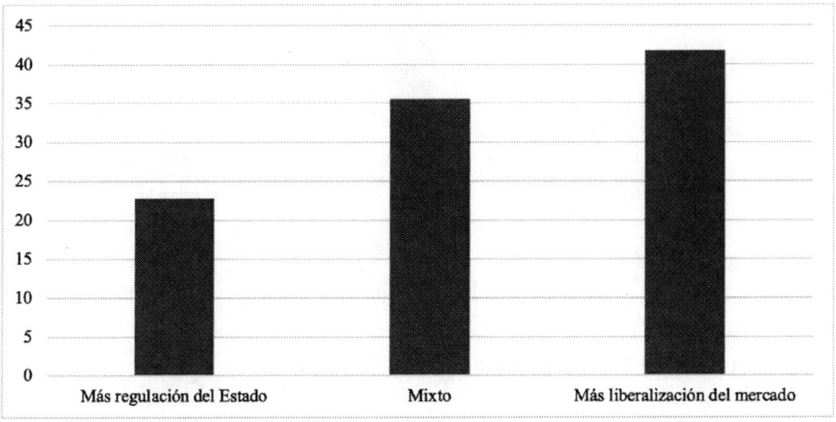

Fuente: PELA-USAL (2022).

En efecto, el debate en torno a los modelos de regulación se comprende de forma más nítida si la segunda pregunta se cruza con la autoubicación ideológica (Gráfico 10). En este caso, mientras que la mayoría de los representantes de derecha tiene una posición favorable al mercado y los de centro a favor de un modelo mixto de regulación, los representantes que se ubican en la izquierda tienen posiciones más diversas en torno a esta cuestión. De hecho, más liberalización del mercado es la segunda opción entre estos últimos, por encima de un modelo mixto. En el debate económico sobre los modelos de regulación, la izquierda colombiana, presente en la Cámara de representantes, tiene una posición menos nítida que el centro y la derecha.

Gráfico 10: Relación entre la ubicación ideológica y el debate Estado-mercado

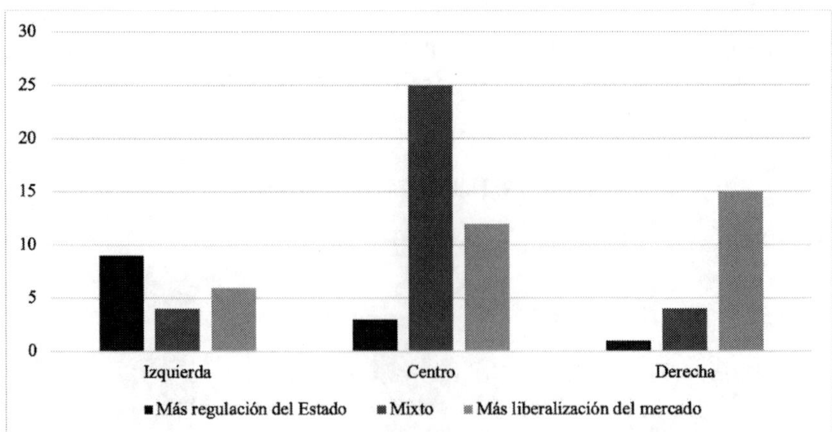

Fuente: PELA-USAL (2022).

6. REPRESENTANTES Y VALORES

En consonancia con el país, la mayor parte de los representantes colombianos se considera católico[4]. Sin embargo, se trata del porcentaje de católicos más bajo de la serie histórica de PELA-USAL. En la legislatura 2010-14, más del 88% de los representantes se consideraba católico y en la actual solo lo hizo el 67%. Las siguientes adscripciones religiosas en la actual legislatura son no creyentes y ateos (16,7%) y evangélicos, cristianos y protestantes (10,1%). A pesar de la proliferación de partidos evangélicos en algunos países de América Latina (Silva, 2018), la representación de estos partidos en Colombia sigue siendo minoritaria. Destacan dos formaciones evangélicas en la actualidad: MIRA y Colombia Justa Libres que, en las últimas elecciones legislativas, se presentaron en coalición y consiguieron cuatro asientos en el Senado y uno en Cámara.

Sin embargo, a pesar de la adscripción religiosa, una amplia mayoría de los miembros de la Cámara comparten posiciones progre-

---

4 Según Latinobarómetro (2020), el 68,9% de los colombianos se identifica como católico, el 16,4 evangélico y el 10,3% de ninguna religión.

sistas (Gráfico 11). El 80% aprueba el matrimonio entre personas del mismo sexo, el 75% rechaza la pena de muerte, y más del 60% se muestra favorable a la legalización de las drogas y de la eutanasia. El aspecto en el que hay menos acuerdo es el relacionado con el aborto ya que un 53% lo aprueba, mientras que un 44% lo desaprueba.

El proceso de secularización entre la élite parlamentaria colombiana es un fenómeno que se está dando en otros países de América Latina y que puede deberse, según autores como Góngora Mera (2022), al importante papel del Derecho Internacional de los Derechos Humanos (DIDH) en la región. En cambio, no ocurre lo mismo con la aceptación de los valores progresistas entre la élite parlamentaria latinoamericana; mientras que los representantes con posiciones más religiosas y de derecha se oponen a ellos de manera clara, los menos religiosos e izquierdistas no están fuertemente a favor (Bohigues, Guedes-Neto y Santos, 2022).

Gráfico 11: Valores

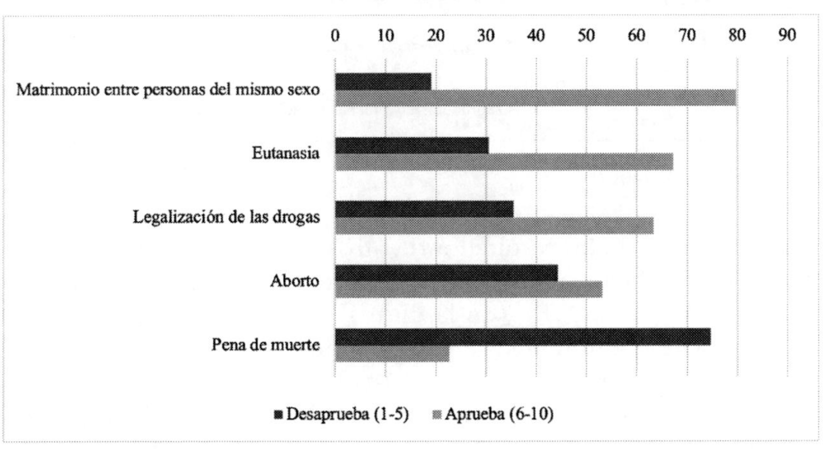

Fuente: PELA-USAL (2022).

Si se examina la posición sobre la legalización del aborto por partidos (Gráfico 12), los representantes de Partido Conservador, Cambio Radical y Centro Democrático son quienes más se oponen. En la otra orilla se sitúan los representantes de Alianza Verde y Pacto Histórico, que mayoritariamente aprueban la legalización del aborto.

Este tema tiene menos consenso intrapartidario entre los miembros del Partido Liberal y del Partido de la U. El caso del Partido Liberal merece atención ya que, a pesar de ser liberal y formar parte de la Internacional Socialista, se encuentra dividido por cuanto que la mitad de sus representantes se muestra a favor y la otra mitad en contra.

Gráfico 12: Legalización del aborto por partidos

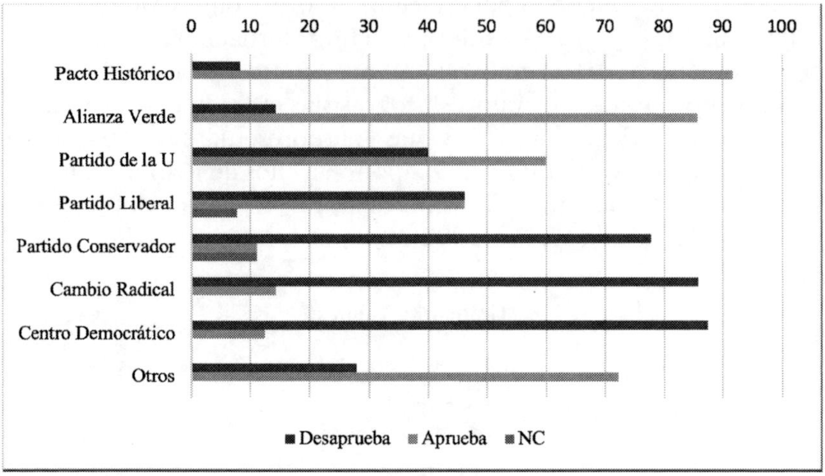

Fuente: PELA-USAL (2022).

A diferencia de los resultados de otros estudios de PELA sobre esta cuestión, en la que no existía una diferencia significativa en las respuestas (Alcántara, 2013), en la última legislatura colombiana existen importantes diferencias en la opinión sobre la legalización del aborto, según el género del entrevistado (Gráfico 13). La mayoría de los representantes hombres aprueba la legalización y la diferencia entre quienes la aprueban y quienes la desaprueban es de apenas dos puntos. En cambio, la posición mayoritaria a favor de la legalización entre las representantes mujeres es más contundente ya que más del 60% se muestra a favor, frente a un 26% que la desaprueba.

Gráfico 13: Legalización del aborto por género

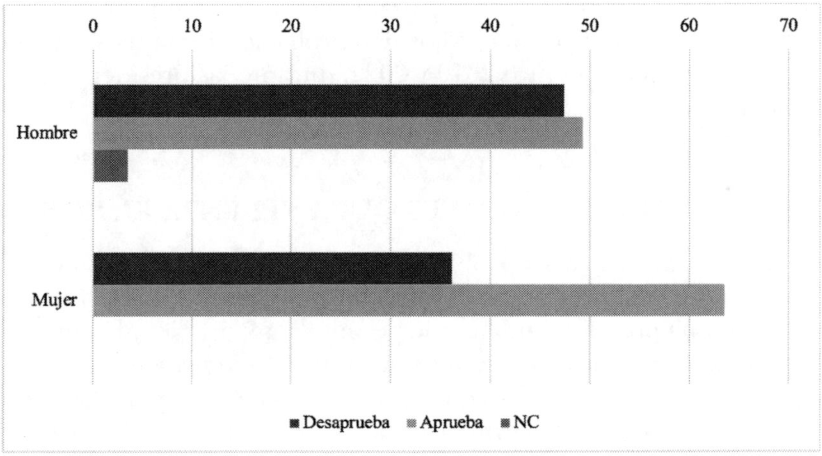

Fuente: PELA-USAL (2022).

Gráfico 14: Aprobación del aborto entre los representantes

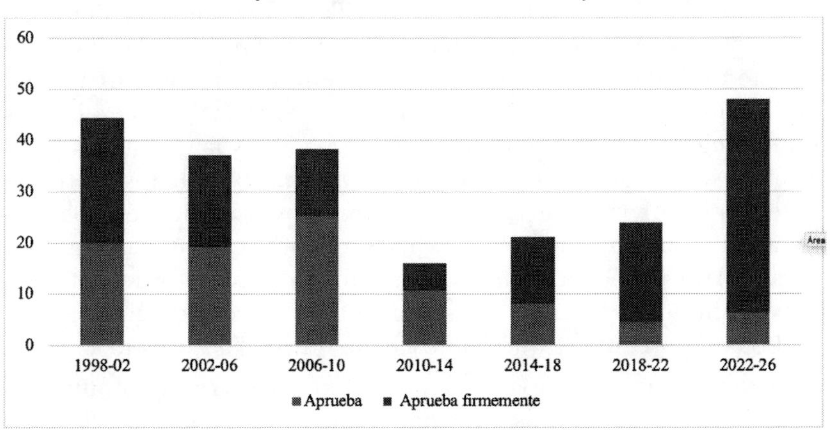

Fuente: PELA-USAL (2022).

El hecho de que la mayoría de los representantes colombianos apruebe la legalización del aborto es algo novedoso en los datos de PELA (Gráfico 14). Si se examina la evolución histórica de esta posición entre los representantes, desde la legislatura 1998-02, antes de la llegada de Álvaro Uribe a la Presidencia, no había un Congreso con posiciones tan favorables a la legalización de la interrupción del embarazo. Los porcentajes más bajos de aprobación de la legalización del aborto se dieron entre 2010 y 2022, durante las presidencias de Juan Manuel Santos e Iván Duque.

7. PROBLEMAS MÁS GRAVES QUE ENFRENTA EL PAÍS

La pregunta sobre los problemas más graves que enfrenta el país es frecuente en los estudios de opinión pública. El Proyecto PELA contiene una pregunta similar que permite comparar lo que piensan los ciudadanos latinoamericanos y sus representantes en el Congreso. Para los representantes colombianos actuales, al igual que para los ciudadanos (Latinobarómetro, 2020), la corrupción es el principal problema del país. Le siguen la pobreza, la marginación y la desigualdad (Gráfico 15). Las respuestas a esta pregunta han cambiado a lo largo del tiempo en función de la coyuntura en la que se encuentra el país. Entre 1998 y 2010 los problemas relacionados con la violencia, el conflicto armado, la guerrilla y el terrorismo lideraban el ranking. Sin embargo, tras un breve repunte en la legislatura 2014-18, este problema ha ido perdiendo terreno frente a la corrupción, que ha sido el eje de preocupación de los representantes en las dos últimas legislaturas. La pobreza, la marginación y la desigualdad dejaron de ser problemas importantes para la mayoría de los representantes en la anterior legislatura, pero en la que se inicia en 2022 integran el segundo problema más grave que enfrenta el país después de la corrupción. La inseguridad, la delincuencia y el orden público han constituido un problema presente en todas las encuestas llevadas a cabo con porcentajes que han oscilado entre el 5% y el 15%.

Otro problema que aparece en la agenda de los representantes en las dos últimas legislaturas y que había sido relegado desde 2002 es el narcotráfico. Es más, en la actualidad es el tercer problema que más preocupa a los representantes después de la corrupción y la pobreza, la marginación y la desigualdad. Esto último puede deberse a que, en los últimos cinco años, a propósito de la desmovilización de las FARC, las actividades delictivas relacionadas con el narcotráfico se han intensificado (Ríos Sierra, 2021). El desempleo fue el segundo problema más grave para los representantes durante la legislatura 2010-14, pero en las legislaturas posteriores ha ido perdiendo posiciones. Otros problemas que suelen mencionar los representantes, pero que en la serie histórica se han mantenido por debajo del 10%, son los de índole económico, la educación, la salud y los problemas atinentes a las infraestructuras.

Gráfico 15: Problemas más graves que afronta el país

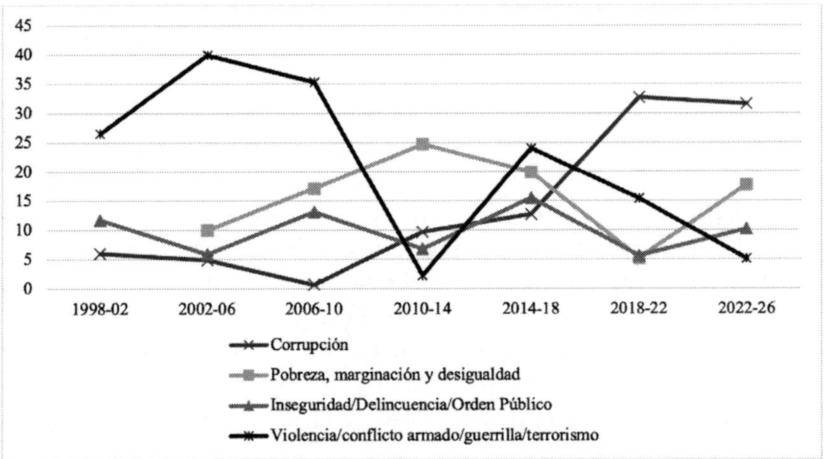

Fuente: PELA-USAL (2022).

CONCLUSIONES

Este capítulo tenía como finalidad describir las opiniones y actitudes de los miembros de la Cámara de representantes durante la legislatura 2022-26 atendiendo a seis aspectos: democracia, confianza en las instituciones, ideología, papel del Estado, valores y percepción sobre los problemas más graves del país. Al detallar los datos de la encuesta PELA-USAL se han encontrado algunos hallazgos que merecen especial atención.

En primer lugar, en general, los representantes colombianos apoyan la democracia, pero en la actual legislatura han ganado peso partidos y coaliciones, como el oficialista Pacto Histórico, cuyos miembros, si bien están comprometidos con este tipo de régimen, se muestran insatisfechos con su funcionamiento en Colombia por cuanto tienen una visión más crítica de la misma, al menos hasta el momento en el que se hicieron las entrevistas.

En segundo lugar, los representantes desconfían de la mayoría de las instituciones con independencia de si son estatales o de la sociedad civil, o si cuentan o no con legitimidad democrática. Incluso, más del 60% desconfía del propio Congreso del que forman parte. Solamente hay dos instituciones en las que el porcentaje de confianza supera al de desconfianza: los medios de comunicación y los partidos políticos. Este déficit en el capital social institucional supone una característica relevante de la legislatura.

En tercer lugar, las elecciones de 2022 impulsaron la conformación de una Cámara de representantes centrista en términos ideológicos. A pesar de la victoria de Gustavo Petro en las elecciones presidenciales, la mayoría de los integrantes de la Cámara baja del poder legislativo se sitúa en la centroderecha del espectro político, de ahí que el gobierno formara una coalición legislativa multicolor para impulsar sus reformas, algo que constituye un hecho muy relevante de los inicios del mandato presidencial de Gustavo Petro.

Como ocurrió también en otros países latinoamericanos en la primera década del siglo XXI, el giro a la izquierda en Colombia se produjo en el gobierno y no tanto en el Congreso. Esta legitimidad dual es un rasgo característico de los regímenes presidencialistas en América Latina (Linz, 1990). De hecho, los partidos colombianos que integran la Cámara han mantenido una ideología estable a lo largo del tiempo y ninguno de los tres partidos que cambiaron su ideología promedio en los últimos años se ha movido hacia posiciones de izquierda; el Partido Liberal y la Alianza Verde lo hicieron al centro y el Partido de la U a la centroderecha. Otro dato que debe ser valorado con respecto a la ideología es que, a pesar de que el presidente Petro cuenta con el apoyo de la mayoría de una Cámara ideológicamente de centroderecha, una gran parte de sus miembros lo ubican a la izquierda del espectro político.

En cuarto lugar, existe un relativo consenso entre los representantes en torno a la defensa de un Estado redistribuidor que vele por la igualdad entre hombres y mujeres y entre grupos étnicos y culturales y que provea los servicios públicos básicos. Sin embargo, no existe acuerdo sobre el papel de Estado en materia de producción, empleo y regulación del mercado. Aspectos que van a suponer una arena de profundos debates y de confrontación. Si bien la mayoría de los representantes son reacios a la intervención estatal en estos tres últimos aspectos de la economía, la militancia partidaria y la ideología condiciona las opiniones al respecto.

En quinto lugar, en términos de valores, Colombia tiene, en la actualidad, la Cámara de representantes más progresista desde que se recogen los datos del PELA. La mayor parte de sus integrantes está a favor del matrimonio entre personas del mismo sexo y de la eutanasia y en contra de la pena de muerte. Incluso más de la mitad de los entrevistados aprueba la legalización de las drogas. Por el contrario, el aborto sigue siendo un tema controvertido sobre el que existe menos acuerdo, pero su legalización cuenta cada vez con mayor aceptación entre la élite parlamentaria del país. La legislatura 2022-26 es la más favorable a su legalización desde que se tienen registros. Conviene advertir además que la posición en torno a esa cuestión depende en buena medida de la adscripción partidaria del representante y de su género.

Las conclusiones del análisis de la opinión sobre el papel del Estado y sus valores permiten advertir otro hallazgo que tiene que ver con el hecho de que en Colombia la izquierda parlamentaria ha logrado posicionar mejor, entre sus pares de otras formaciones políticas, sus demandas de valores progresistas y Estado redistribuidor que sus propuestas económicas estatistas. Incluso hay que subrayar que los datos de las entrevistas realizadas en 2022 muestran que el estatismo económico ni siquiera produce consenso entre los representantes que se autoubican en la izquierda.

Por último, según los representantes entrevistados, la corrupción es el problema más grave que enfrenta Colombia. Le siguen la pobreza, la marginalidad y la desigualdad; y, en tercer lugar, el narcotráfico. Desde la legislatura anterior, la corrupción ha desplazado al conflicto armado y a otros temas relacionados con este (violencia, guerra, terrorismo). Ello es probable que sucediera por el impacto del Acuerdo Final de Paz entre el gobierno y las FARC de 2016 que puso fin a las hostilidades militares entre el Estado colombiano y la ya extinta guerrilla.

El siguiente paso tras el presente análisis descriptivo y preliminar de una parte reducida de los datos de la última oleada de entrevistas de PELA en Colombia es continuar el análisis de otros datos centrados, por ejemplo, en la trayectoria de representantes que se han estrenado en la función legislativa, así como plantear preguntas de investigación relacionadas con los referidos hallazgos en los epígrafes anteriores. ¿A qué se debe el alto compromiso democrático de los representantes colombianos frente a lo que ocurre en otros países de la región? ¿Por qué confían tan poco en las instituciones? ¿Hasta qué punto se puede hablar de un nuevo giro a la izquierda en América Latina, incluido el caso colombiano? ¿Cuáles son los predictores de las posiciones socioeconómicas y de valores de los representantes? ¿Qué explica el cambio en los problemas que les preocupan?

REFERENCIAS

Alcántara, M. (1995). *La élite parlamentaria latinoamericana y el continuo izquierda-derecha.* En H. Wilhelm and J. Thesing (Eds.). *Transformación de los sistemas políticos en América Latina* (385-410). Adenauer Stiftung-CIEDLA.

Alcántara, M. (2013). *Opinión sobre el aborto desde la perspectiva de los legisladores latinoamericanos.* Boletín Élites Parlamentarias Latinoamericanas, (54), 1-6.

Alcántara, M., García, M., y Rivas, C. (2020). *Politics and Political Elites in Latin America. Challenges and Trends.* Springer.

Barragán, M; Rivas, C. Rivas, J. (2020). PELA-USAL: A Methodological Tool for the Study of Elites. M. Alcántara, M. García y C. Rivas. *Politics and Political Elites in Latin America. Challenges and Trends* (pp. 3-26). Springer.

Bernhard, M; Hicken, A; Reenock, Ch y Lindberg, S. (2020). Parties, Civil Society, and the Deterrence of Democratic Defection. *Studies in Comparative International Development, 55,* 1-26.

Bohigues, A. (2021). *Élites, radicalismo y democracia. Un estudio comparado sobre América Latina.* Centro de Investigaciones Sociológicas.

Bohigues, A; Guedes-Neto, J y Santos, M. (2022). Latin American political elites positions on same-sex marriage, abortion, and drug legalization. *European Review of Latin American and Caribbean Studies, 114,* 1-24.

Colomer, J. y Escatel, L. (2005). La dimension izquierda-derecha en América Latina. *Desarrollo Económico,* 45(177), 123-136.

Coppedge, M; Gerring, J y Lindberg, S. (2012). Variedades de democracia (V-Dem): un enfoque histórico, multidimensional y desagregado. *Revista Española de Ciencia Política, 30*(1), 97-109.

Dahl, R (1982). *Dilemmas of Pluralist Democracy. Autonomy vs. Control.* Yale University Press.

García, F; Mateos, A, y Rivas, C. (2013). Veinte años de élites parlamentarias en América Latina (1994-2014). *Revista de las Cortes Generales,* (15), 135-174.

Latinobarómetro (2020). *Colombia. Corporación Latinobarómetro.* https://www.latinobarometro.org/latContents.jsp.

Linz, J. (1987). *La quiebra de las democracias.* Alianza Editorial.

Linz, J. (1990). The perils of presidentialism. *Journal of Democracy, 1*(1), 51-69.

Mainwaring, S. y Torcal, M. (2005). La institucionalización de los sistemas de partidos y la teoría del sistema partidista después de la tercera ola democratizada. *América Latina Hoy,* 41, 141-173.

Mair, P. (2015). *Gobernando el vacío. La banalización de la democracia.* Alianza Editorial.

Martínez-Hernández, A. y Bohigues, A. (2019). El giro a la izquierda en los parlamentos latinoamericanos. ¿Cuándo y cómo se dio? *Política y gobierno, 26*(1), 93-115.

Montero, J., Gunther, R y Torcal, M. (1999). Legitimidad, descontento y desafección. *Estudios Públicos, 74,* 107-149.

Montero, J; Zmerli, S., y Newton, K. (2008). Confianza social, confianza política y satisfacción con la democracia. *Revista Española de Investigaciones Sociológicas (Reis), 122*(1), 11-54.

Ramírez-Baracaldo, A. y Rivas, J. (2023). *La sorpresa progresista: elecciones presidenciales y legislativas en Colombia* 2022. En M. Alcántara, M. García y Asbel, B. En prensa.

Ríos J. (2021). Colombia (2016-2021). *De la paz territorial a la violencia no resuelta.* Catarata.

Silva, H. (2018). Os novos atores "evangélicos" e a conquista do espaço público na América Latina. *Reflexão, 43*(2), 243-263.

Zechmeister, E. y Corral, M. (2010). El variado significado de "izquierda" y "derecha" en América Latina. *Perspectivas desde el Barómetro de las Américas,* (38), 1-10.

DE LA PROTESTA SOCIAL A LA DEMOCRACIA DE CONSENSO. EL PACTO HISTÓRICO EN LAS ELECCIONES EN COLOMBIA 2022

CAROLINA MARÍA HORTA[1]
Universidad Pontificia Bolivariana

INTRODUCCIÓN

El Estado social de derecho gestó, en la Constitución Política de Colombia, en 1991, la democracia de consenso o de coalición. Camino nada fácil de transitar con una historia de guerras civiles durante todo el siglo XIX y una memoria contemporánea de conflicto interno armado. La crisis de autoridad de algunas instituciones del Estado, como Ejército y Policía Nacional, la fragilidad de los partidos políticos, el choque de trenes entre las distintas ramas del poder público: Legislativo, Ejecutivo y Judicial, son solo algunos tópicos de una democracia con múltiples problemas y que se encuentra lejos de brindar garantías de derechos humanos.

En las elecciones parlamentarias y presidenciales el Pacto Histórico representó la agenda política de diferentes movimientos sociales que expresaron sus inconformidades en las protestas sociales de 2019 y 2021 sobre el Gobierno nacional de Iván Duque. Especialmente, la movilización social de los estudiantes universitarios llama la atención de la ciudadanía.

---

1 Doctora en Historia por la Universidad Nacional de Colombia. Profesora en la Facultad de Ciencias Políticas de la Universidad Pontificia Bolivariana.Sus áreas de interés se centran en la geografía histórica, rural, urbana y de las fronteras. Actualmente, es becaria postdoctoral en Ciencias Sociales, Niñez y Juventud, de Clacso y de la RedINJU, Red Iberoamericana de posgrados en Infancias y Juventudes, en el énfasis de desigualdades, políticas públicas y derechos en infancias y juventudes. Correo electrónico: carolina.horta@upb.edu.co

Gustavo Petro, presidente actual del país, legitimó la protesta social y asumió el liderazgo de una lista cerrada presentada por una coalición partidista denominada Pacto Histórico para Cámara y Senado. En la lista se encontraron líderes locales, representantes de minorías que históricamente se han movilizado en el país, como: indígenas, afrodescendientes, mujeres, jóvenes, sindicalistas y campesinos.

Los representantes políticos de la coalición de izquierda, denominada Pacto Histórico, hoy tienen 20 curules en el Senado y 28 curules en Congreso, además de haber elegido a Gustavo Petro como presidente de Colombia y a Francia Márquez como vicepresidenta.

En este capítulo, se analiza la concepción de democracia que tiene el Pacto Histórico y, sobre todo, sus incidencias en la protesta social en las elecciones parlamentarias y presidenciales de 2022. Se utiliza el método comparado en ciencia política para explicar la relación entre teoría y práctica democrática. Se comprende el campo de las elecciones presidenciales en Colombia desde una perspectiva histórica que indica la construcción de unas mayorías electorales por el sistema electoral de la democracia representativa. Luego, se alude al caso de la coalición política Pacto Histórico; algunas variables como género, raza, clase y curso de vida, permiten leer si existe, o no, el gobierno de las minorías excluidas de la política del país representadas por el Pacto Histórico. Como fuentes primarias se acude a información de la Registraduría Nacional del Estado Civil, la Misión de Observación Electoral-MOE e información suministrada por la Corporación Viva la Ciudadanía, Presidencia de la República de Colombia, Cámara de representantes y el Senado de la República.

1. BOCETO HISTÓRICO DE LA DEMOCRACIA REPRESENTATIVA EN COLOMBIA

En tiempos en los que la democracia es idealizada como gobierno del pueblo y para el pueblo y los populismos son la debacle de la política, es menester volver a la teoría. La década de 1980 en América Latina fue un hito sobre la consolidación democrática y, por estas razones, pensamos que el gobierno del pueblo era la llave para resolver nuestros problemas sociales, pero, al parecer, agudiza nuestra inconformidad con la existencia ante el empeño de un orden de injusticias y desigualdades.

Aristóteles señalaba que la mejor constitución para los pueblos era una mezcla de aristocracia, oligarquía y democracia; o bien una *politeia*, en sus propios términos, que es una mezcla de oligarquía y democracia, concepto reconocido como República (Aristóteles, 1988). Hoy, la democracia se vive en un contexto económico de concentración de capitales en el que la igualdad es una mentira política.

La solidaridad y el cuidado de la vida son elementos ávidos de propuestas políticas. El Índice de Desarrollo Humano en Colombia (IDH), para 2021, fue de 0,767, clasificado como país de rango alto. No obstante, Colombia es caracterizada también como país de alta conflictividad social y política, prueba de ello es la larga duración del conflicto interno armado, es decir, desde 1960 hasta el presente.

La conflictividad social en los países de América Latina presenta rasgos comunes, tales como: desigualdades y exclusiones crónicas denunciadas por la ciudadanía, protestas sociales, conflictos sociales que se desplazan cada vez más hacia las redes de información y comunicación y sistemas políticos con limitadas capacidades para dar respuesta a las necesidades de la población (Calderón, 2012).

La democracia actual se legitima en un derecho mínimo: "elegir y ser elegido". Existe un acuerdo en el que unos pocos gobiernen en nombre de las mayorías, si cabildean los intereses colectivos (Habermas, 2015).

Colombia es un Estado social de derecho desde la Constitución Política de 1991. En síntesis, ello significa que la soberanía recae sobre el pueblo y que de él emana el poder público (Art. 1, Art. 2. Constitución Política de Colombia, 1991). "Todas las personas tienen el derecho de participar en la formación, ejercicio y control del poder político" (Art. 40, Constitución Política de Colombia, 1991).

La democracia representativa basa su legitimidad en mayorías fabricadas o relativas; se trata de mayorías creadas artificialmente por un sistema electoral determinado por la regla del más votado (Lijphart, 2012).

La democracia representativa, en la que gobiernan unos en nombre de otros, se origina en el pensamiento republicano del Estado.

El modelo mayoritario de democracia[2] se caracteriza por ser excluyente, competitivo y de confrontación en tanto propicia la dictadura de las mayorías y es un campo favorable al desarrollo de las guerras civiles. El poder de las mayorías absolutas, creadas artificialmente en un sistema electoral en el que gana el más votado, es representado en tres ramas del poder público: Legislativo, Ejecutivo y Judicial, pero, en términos prácticos, la democracia contemporánea es más que un aparato administrativo supeditado a burocracias, pues los ciudadanos demandan una mayor presencia en el sistema de decisiones.

Lijphart (2011) escribió que: "Al concentrar el poder en manos de la mayoría, el modelo de democracia mayoritaria establece un modelo de gobierno contra la oposición que propicia la competencia y el enfrentamiento" (p. 27).

Una pregunta fundamental en una democracia institucional es, ¿quién gobernará y al interés de quién responderá el gobierno cuando el pueblo esté en desacuerdo y tenga preferencias divergentes? Una respuesta para este dilema es lo que diga la mayoría (Lijphart, 2012).

Las clases dominantes han construido mayorías artificiales, manipulan el sistema electoral a través del capital y de prácticas individualistas que han capturado al Estado.

Cristopher Lash sostiene al respecto: "Las clases dominantes siempre han buscado infundir en sus subordinados la vivencia de su explotación y privación como culpa, a la vez que se han engañado procurando creer que sus propios intereses materiales coinciden con los de la humanidad" (1991, p. 50).

Lijphart critica la democracia representativa y denuncia que:"En muchas sociedades el gobierno de la mayoría presagia, más que una democracia, una dictadura de la mayoría, así como luchas civiles" (2012, p. 45).

Una democracia mayoritaria implica un sistema de partidos y se presenta una paradoja, cuando el bipartidismo tiende al presidencia-

---

2 Se entiende por democracia mayoritaria: "gobierno de la mayoría del pueblo, lo que implica que las mayorías deberían gobernar y que las minorías deberían estar en la oposición" (Lijphart, 2012, p. 43).

lismo y cuando es multipartidista tiende a la polarización ideológica (Landman, 2011).

Lijphart también señala:

> En sociedades plurales que se hallan profundamente divididas por motivos religiosos, ideológicos, lingüísticos, culturales, étnicos o raciales, que cuentan con partidos políticos, grupos de interés y medios de comunicación propios, es probable que la flexibilidad necesaria para conseguir una democracia mayoritaria no exista. (Lijphart 2012, p. 44)

La tiranía de las mayorías se enfrenta al consenso de las minorías. Los asuntos que afectan a minorías específicas pueden ver la solución en pactos que universalicen sus derechos, especialmente los que tienen que ver con la participación y la representación política. Un sueño de las democracias de consenso es eliminar las mayorías absolutas y gozar del reconocimiento de las diferencias de carácter político, económico y cultural (Lijphart, 2012).

Colombia asiste a una crisis de representación por causa de una cultura política narcisista, caracterizada por el individualismo en la política. No obstante, este es un país democrático a la medida de sus instituciones, las que fueron pactadas por una Asamblea Nacional Constituyente reunida en 1991.

El individualismo ha permeado nuestras relaciones sociales y, como consecuencia, vivimos la decadencia del hombre público que espera poseer más que dar. "La política degenera en una lucha, no en pro del cambio social, sino de la autorrealización" (Lash, 1991, p. 49).

La polarización política es el telón del tablero político actual en Colombia, una emoción domina el juego, los odios heredados entre los partidos políticos y los intereses de clase, pueblo vs. élite. La demarquía[3] sería inconveniente si no aprendemos a vivir como socie-

---

[3] La demarquía es también denominada democracia por sorteo. El término *demarchy* fue acuñado por Peter Dienel y Burkhard Wehner y desarrollado en el siglo XX por el filósofo australiano John Burnheim (1985). Se trata de un sistema político de gobierno, en el que el Estado es gobernado por ciudadanos elegidos de forma aleatoria, mediante un sorteo, se suprimen las elecciones y los partidos políticos, pero se capacita a todo el pueblo para que cualquier ciudadano esté en condiciones de ser útilmente elegido.

dad bajo el amparo de la ética, aunque el sorteo también podría ser capturado por la corrupción.

La Modernidad marcó nuestros derechos con la tutoría de la razón, la imparcialidad y la independencia, pero se olvidó de la afectividad, los sentimientos y las relaciones de cuidado, amor y confianza (Gilligan, 1982).

Uno de los problemas de la democracia es la abstención política, práctica que evidencia la falta de identidad de múltiples ectores de la sociedad con los partidos políticos en Colombia. No obstante, el abstencionismo es una práctica que amplifica los efectos de la tiranía de las mayorías fabricadas en el sistema electoral, pues los gobernantes electos no gozan de la legitimidad deseable. La falta de identidad social con los partidos políticos tradicionales, liberal y conservador, ha derivado en niveles altos de polarización ideológica y de violencia política. En las primeras cuatro décadas del siglo XX se excluyó electoralmente a la izquierda política en el país; el partido socialista y comunista fue censurado políticamente y la deriva fue la izquierda armada y la política contrainsurgente. Durante años un gran porcentaje de la población se abstuvo de votar en las elecciones democráticas y las mayorías elegían en nombre de las personas ausentes.

En la democracia colombiana existe una “tiranía de las mayorías” que evidencia que no todas las personas se sentirán representadas por el candidato elegido pero que, igual, deben obedecer a su mandato, este es un acuerdo político, muchas personas disienten de la decisión producida en el sistema electoral y la respuesta política es la abstención política.

La abstención electoral más baja en Colombia en los últimos 20 años se obtuvo en las elecciones presidenciales del 2022. El 58,09% de los votantes autorizados acudió a las urnas el 19 de junio del 2022. Lo que se traduce, entonces, en una abstención del 41,91%. Para el caso de las elecciones al Congreso de la República, la abstención en la jornada electoral se mantuvo por encima de 50%. Esto se traduce en que más de la mitad de los ciudadanos no ejerce el derecho político de elegir a sus representantes.

Los partidos políticos indican la calidad de la democracia y Colombia vivió, durante 1848-1849, un marcado bipartidismo que le llevó a guerras civiles. Los partidos socialistas y comunistas nacidos en los primeros años del siglo XX fueron censurados en el país hasta llegar al pacto bipartidista del Frente Nacional. Por tal motivo, la izquierda política fue estigmatizada y la izquierda armada tuvo éxito en algunos territorios del país (Melo, 2020).

La Constitución Política de Colombia de 1991 fue la utopía de una democracia de consenso, abrió paso a una mayor participación electoral que devino en la creación de nuevos partidos políticos que se han comportado más como facciones de los partidos tradicionales, liberal y conservador, como en los casos del Centro Democrático, el Partido de la U y la Colombia Humana.

Para Lijphart: "...el modelo consensual es la consolidación de la democracia y parte de que no se limita a la norma de la mayoría, sino que pretende maximizar el tamaño de la participación de la población" (2012, p. 13). En la democracia consensual, sus normas e instituciones pretenden una amplia participación y acuerdo sobre las políticas que el gobierno debería seguir. El modelo consensual se caracteriza por la inclusión, el pacto y el compromiso. Por ello, la democracia consensual podría denominarse también "democracia de negociación" (Lijphart, 2012, p. 14)

En el periodo político del Estado social de derecho en Colombia 1990-2022, la tendencia a la abstención política en las elecciones a la Presidencia ha sido decreciente (Gráfico 1). Los primeros años, 1990-1998, se caracterizaron por escándalos asociados con la financiación de campañas con dineros del narcotráfico, lo que deterioró la confianza en las instituciones democráticas.

El periodo de 2002 al 2018 inició con la política de Seguridad democrática, en la que se negoció con grupos paramilitares y culminó con los acuerdos de paz con las FARC-EP, lo que ha incidido en un mayor grado de participación política ciudadana.

En el periodo 1990-2002 Colombia seguía eligiendo presidente del repertorio presentado por los partidos políticos tradicionales, Liberal y Conservador. (Tabla 1). Álvaro Uribe Vélez, del Partido Liberal, rompió el ajedrez cuando se lanzó como candidato independiente a la Presidencia, lo que implicó una contradicción a las leyes del partido que le otorgó el aval a Horacio Serpa en 1998, 2002 y 2006.

Álvaro Uribe Vélez, militante del Partido Liberal, se presentó a elecciones como candidato independiente en tanto no obtuvo el aval de su partido, pues la colectividad otorgó el respaldo a Horacio Serpa. Desde entonces, autoproclamarse como "independiente" de los partidos políticos tradicionales, Liberal y Conservador, es estratégico para ganar las elecciones en Colombia, sin importar el espectro ideológico. El éxito de Uribe fue resolver problemas prácticos de la sociedad colombiana; para su mandato la seguridad era la política más importante y a esta agenda destinó los recursos nacionales. Juan Manuel Santos e Iván Duque recibieron el poder por delegación de Álvaro Uribe.

Gráfico 1: Abstención electoral a la Presidencia de la República de Colombia 1990-2022

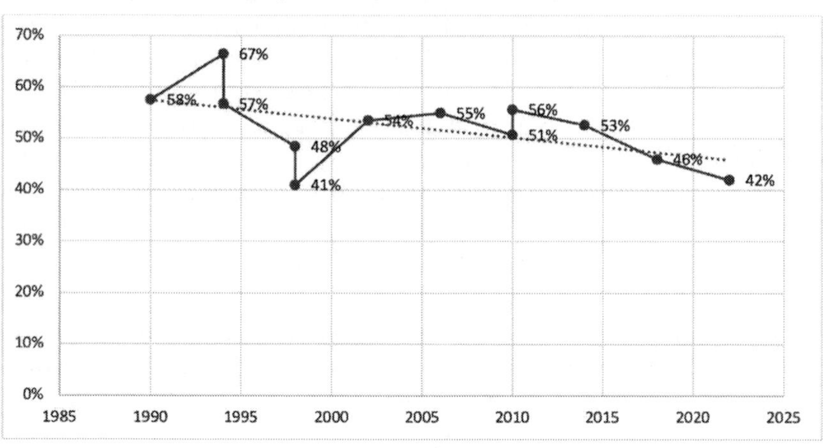

Fuente: Creación propia con información de Cedae. Centro de Estudios en Democracia y Asuntos Electorales, 2023.

En Colombia es evidente el presidencialismo que gobierna a través de la emisión de múltiples decretos que desconocen el poder Legislativo y hasta el Judicial. El Presidente concentra las funciones de jefe de Estado, jefe de Gobierno y máxima autoridad administrativa. Su poder excepcional es casi imposible de controlar en el sistema de equilibrio de poderes plasmado en la Carta de 1991 (Pérez & Espinosa, 2020, p. 2).

Pero el presidencialismo tiene su fondo, advierte Lijphart (2011):

> Aunque los presidentes de Colombia se han mostrado muy dominantes debido a sus poderes formales, por lo regular, han tenido problemas para recibir apoyo a la hora de efectuar cambios políticos duraderos, incluso en el seno de sus propios partidos. (p. 132)

Tabla 1: Partidos políticos en la Presidencia de la República de Colombia

Periodo de Gobierno	Presidente	Votos obtenidos	%	Partido político
1990-1994	César Gaviria	2.891.808 votos	47,81%	Partido Liberal
1994-1998	Ernesto Samper	2.623.210 votos	45,30%	Partido Liberal
1998-2002	Andrés Pastrana	6.086.507 votos (segunda vuelta)	50,39%	Partido Conservador
2002-2006	Álvaro Uribe	5.862.655 votos	53,05%	Candidato independiente Fundador del Centro Democrático
2006-2010	Álvaro Uribe	7.397.835 votos	62,35%	
2010-2014	Juan Manuel Santos	6.758.539	46,54%	Fundador del Partido de la U
2014-2018	Juan Manuel Santos	7.839.342	50,98%	
2018-2022	Iván Duque Márquez	10.398.689	54,03%	Centro Democrático
2022-2026	Gustavo Petro	11 291 986	49,8%	Colombia Humana

Fuente: Creación propia con información de observatorios electorales. Georgetown University y Organización de Estados Americanos (1990-2010), 2010, Cedae. Centro de Estudios en Democracia y Asuntos Electorales, 2023 (*Observatorio Político-Electoral de la Democracia*, 2022).

Es menester recordar la consulta presidencial del Pacto Histórico, en la que Gustavo Petro obtuvo la mayor votación y, con ello, su legitimidad como candidato presidencial[4]. La segunda votación la obtuvo Francia Márquez, una abogada afrodescendiente distinguida por su liderazgo en materia de derechos humanos en Colombia. Tras el resultado de su votación, Gustavo Petro la eligió estratégicamente como su fórmula vicepresidencial puesto que podría ser un símbolo

[4] Resultados de la consulta interpartidista de la coalición política Pacto Histórico: Gustavo Petro: 4'495.831 votos (77%). Francia Márquez: 785.215 votos (13%). Camilo Romero: 227.218 votos (4). Aurelis Uriana: 54.770 votos (1%), Alfredo Saade: 21.724 votos (0%) (Colombia-Registraduría Nacional del Estado Civil, 2022).

de su campaña que le aportara votos porque reunía tres categorías para representar las minorías políticas: género, raza y clase.

Con la elección de Gustavo Petro, la democracia colombiana consolida un derecho político nunca antes conquistado: la alternancia y él ha prometido acabar con dos enemigos del gobierno del pueblo: la violencia que impide la participación y la guerra contra las drogas (Petro, 2022).

Gustavo Petro es el primer presidente de izquierda de Colombia. En su discurso de posesión denunció: "Hoy empieza la Colombia de lo posible. Estamos acá contra todo pronóstico, contra una historia que decía que nunca íbamos a gobernar, contra los de siempre, contra los que no querían soltar el poder" (Petro, 2022).

2. EL PACTO HISTÓRICO SE TOMA LA PALABRA EN EL CONGRESO DE LA REPÚBLICA

El estallido social de 2021[5] evidencia una ruptura del consenso ciudadano en cuanto a las decisiones políticas tomadas por sus representantes. El pueblo acudió al derecho de protesta para ejercer la democracia directa y proclamó el derecho a la dignidad humana. En 2022, las ciudadanías movilizadas en el estallido social decidieron incidir en la institucionalidad y acudieron al sistema electoral para elegir un representante de su poder soberano. La agenda de la protesta social se institucionalizaría con el fin de alcanzar el Estado social de derecho defendido desde 1991 a sangre y fuego.

La mayoría de los congresistas en Colombia fue elegida a través del voto preferente, es decir, el elector se identifica con un candidato(a) a representante, al que da su voto, pero en el sistema de lista cerrada los ciudadanos votan por un partido político y su agenda política, sin incidir en el orden de los candidatos, los primeros en la lista, quien

5 El 28 de abril de 2021 fue el estallido social, muchos ciudadanos salieron a las calles para pedirle al gobierno que no impusiera una reforma tributaria. Pero, conforme pasaron los días, la ciudadanía no solo hacía esta solicitud, pedía respeto a la autoridad estatal y reforma a la Policía, se resistía a una reforma a la salud y exigía cumplimiento al acuerdo de paz que se firmó en 2016, especialmente, en materia de protección a líderes sociales y excombatientes.

los designa, usualmente, el jefe de bancada o los más poderosos de la lista, son los elegidos.

Las listas cerradas deberían asegurar ciertas condiciones democráticas previas a las elecciones, tales como la participación de la población joven, minorías étnicas y religiosas, además de la paridad de género. Se ha considerado el desarrollo de estas listas como una posibilidad para disminuir las brechas sociales, políticas y económicas para que las minorías participen en política[6].

La lista cerrada, propuesta por el denominado Pacto Histórico, fue una coalición de partidos políticos y movimientos sociales de izquierda que lideraron las movilizaciones sociales del 2021[7], encabezada por Gustavo Bolívar[8], reconocido escritor y guionista de películas sobre el narcotráfico. Incursionó en la política en 2018 y desde entonces ha otorgado respaldo político y financiero a Gustavo Petro. En 2021 fue acusado de ser promotor de la protesta, @GustavoBolivar (2021,04, 16) dijo, desde su cuenta en Twitter:

> Marchen por los pueblos, por los barrios, por las casas llevando el mensaje del Pacto Histórico y saquemos 15 millones de votos. Elijamos un presidente sin ataduras y llenemos el Congreso de indignados decentes. Derrotar esa recua de ladrones asesinos, es la verdadera revolución.

Pero el Pacto Histórico, como coalición, no nace con la protesta social impulsada por la cabeza de lista, Gustavo Bolívar. El Pacto Histórico tiene la representación política de las minorías políticas en el Congreso de la República. En la Gráfico 2 se puede ver reflejado el Pacto Histórico y la representación de las minorías políticas. En el *currículum vitae* de los senadores y senadoras predomina un perfil de abogados defensores de derechos humanos y de la paz, líderes de movimientos sociales de mujeres, indígenas, afrodescendientes, sindicalistas y líderes ambientalistas. La lista del Pacto Histórico no es

---

6 Las listas cerradas son una salida al clientelismo, la compra de votos y otras prácticas corruptas en la financiación de campañas.

7 Por izquierda política se entiende "actitud que rechaza la dominación y la opresión, que enfrenta todo tipo de imposición, que hace cambios y no permite que las cosas permanezcan como están" (Villoro, 2015, p. 9).

8 Renunció al Senado el 31 de diciembre de 2022. Luego, fue candidato a la alcaldía de Bogotá, cuando perdió contra Carlos Fernando Galán.

coyuntural, es la institucionalización de una izquierda política polémica en la medida en que asume los liderazgos de personas que han sido víctimas del Estado y personas con experiencia en la izquierda guerrillera y política.

Gráfico 2: El Pacto Histórico y la representación política de las minorías en el Senado

Categoría	Valor
Pasado de exilio por pertenencia a movimientos sociales y/o partidos políticos de izquierda	2
Negociador(a) del acuerdo de paz con las FARC	1
Movimiento de víctimas y/o desplazados por conflicto interno armado	2
Movimientos sociales (mujeres, indígena, afrodescendiente, sindicalismo, medio ambiente)	10
Miembro de partidos políticos de derecha	1
Miembro del partido liberal	1
Miembro de la Unión Patriótica	1
Miembros(sobrevivientes), amigos y/o familiares de personas asesinadas del M-19	2
Miembro del Partido Político Polo Democrático Alternativo (Izquierda)	3
Promotor y/o empresario del arte, la cultura, el cine(narco o del conflicto interno armado)	1

0 2 4 6 8 10 12

Fuente: creación propia con base en datos de la Corporación Viva la Ciudadanía, 2022.

Dentro de la lista de indignados con el Estado se encuentra Iván Cepeda, uno de los senadores elegidos por el Pacto Histórico, quien representa al movimiento de víctimas del Estado-Movice y ha realizado su carrera política como un gran crítico de Álvaro Uribe Vélez y del paramilitarismo en Colombia.

Piedad Córdoba es otra de las polémicas senadoras del Pacto Histórico, muy conocida por su liderazgo en las negociaciones con las FARC para la liberación de las personas secuestradas. En 2010 el procurador Alejandro Ordóñez le acusó de colaborar con las FARC, la destituyó e inhabilitó de su cargo como senadora.

La hija de Carlos Pizarro[9], la hoy senadora María José Pizarro[10], también fue electa por el Pacto Histórico, fue ella quien le puso simbólicamente la banda presidencial al nuevo jefe de Estado, Gustavo Petro, en el acto de posesión presidencial, el cual se llevó a cabo el 7 de agosto de 2022; allí la memoria de la guerrilla del M-19 fue evocada de manera emotiva, pancartas con el rostro del excomandante Carlos Pizarro ondeaban entre cantos en donde se destacaba: "¡Carlos Pizarro vive!".

El Pacto Histórico hereda la fuerza institucional de los partidos políticos de la coalición; algunos senadores poseen experiencia en el Partido Liberal y la mayoría del partido Polo Democrático Alternativo. Una excepción a la coalición partidista de izquierda es la representación de Roy Barreras, quien ha militado en partidos políticos considerados de derecha como el Partido de la U y Cambio Radical. La defensa del acuerdo de paz con las FARC (2016) es lo que legitima la unión entre partidos políticos de posiciones ideológicas diversas.

Otro tema de interés del Pacto Histórico es la defensa de la memoria de los líderes de la Unión Patriótica. Algunos familiares, amigos y sobrevivientes del M-19 se reúnen en el Congreso para defender la posición ideológica de dicha guerrilla. Varios integrantes han defendido la memoria de las víctimas del conflicto a través del arte y la cultura.

---

9 Máximo comandante de la guerrilla urbana, M-19, fue asesinado el 26 de abril de 1990, cuando aspiraba a ser presidente de la República de Colombia por el partido político Alianza Democrática M-19.

10 Es lideresa política, activista por la paz y la memoria. Fue Representante a la Cámara por Bogotá para el periodo 2018-2022 y elegida Senadora de la República por la Coalición Pacto Histórico periodo 2022-2026.

Gráfico 3: Agenda política del Pacto Histórico en la Cámara de representantes

Cientificos(as)	2
Representante de la niñez y la juventud	3
Líderes de protestas sociales (plaza política física...	3
Movimiento ambiental	4
Movimiento campesino y/o economía solidaria	2
Lideres del Movimiento Afrodescendiente	1
Líderes del Movimiento indígena	2
Experiencia política acompañando a Gustavo...	1
Periodistas defensores de DDHH	1
Militantes del Polo Democrático Alternativo....	3
Lider del arte y la cultura/ músicos, actores.	2
Abogados defensores de derechos humanos	1
Expertos en política con enfoque diferencial	1

0 1 2 3 4 5

Fuente: creación propia con base en datos de la Corporación Viva la Ciudadanía, 2022.

Es oportuno reconocer que la agenda social de los congresistas, por un lado, fue defendida en el paro nacional del 2021. Los movimientos sociales salieron a las calles para configurar una plaza política y luego llegaron por las reglas de la democracia a la institución del Congreso de la República. Si bien los jóvenes no poseen un lugar de representación política, los congresistas de los partidos políticos del Pacto Histórico son abogados y periodistas que han protegido a las juventudes que se movilizaron, incluso, a quienes lideraron la primera línea y hoy defienden que se les nombre como Gestores de paz.

La participación en el paro nacional 2021 ha estigmatizado a hombres y mujeres congresistas del Pacto Histórico. Es el caso del representante a la Cámara, Alfredo Mondragón Garzón, a quien la Policía Nacional ha acusado de terrorista (Policía Nacional, 2022).

Por otro lado, la representación política del Pacto Histórico en las siete Comisiones del Senado[11] de la República evidencia casi una distribución homogénea en los diferentes sectores de las políticas

---

[11] En la Comisión Primera se tratan asuntos relacionados con la reforma constitucional, funcionamiento del Estado, políticas para la paz y asuntos étnicos. En la Comisión Segunda se analizan asuntos relevantes sobre la agenda del Pacto Histórico como la seguridad nacional y la política internacional y consular. En la Comisión Cuarta se asumen temas sobre la política asociada con el control fiscal, financiero y de derecho privado. En la Comisión Quinta se encargan de

públicas legislativas. La mayoría de Senadores se encuentra en la Comisión Sexta (20%) en la que se tratan asuntos relacionados con la ciencia, la tecnología, la innovación, el desarrollo territorial y gobierno de las instituciones. Luego, hay una distribución equitativa en la Comisión Primera (15%), en la Comisión Segunda (15%) y en la Comisión Cuarta (15%). (Gráfico 4).

Gráfico 4: Representación del Pacto Histórico en las Comisiones del Senado de la República

Comisión Primera	Comisión Segunda	Comisión Tercera	Comisión Cuarta	Comisión Quinta	Comisión Sexta	Comisión Séptima
15%	15%	10%	15%	15%	20%	10%

Fuente: creación propia con base en datos de la Corporación Viva la Ciudadanía, 2022 y Colombia. Comisiones del Senado de la República, 2023.

En el caso de las Comisiones a la Cámara de representantes, la mayoría de representantes por el Pacto Histórico se encuentra en la Comisión Primera (26%), la que se encarga de asuntos legales y constitucionales como la paz. El 19% de los y las representantes a la Cámara de representantes se encuentra en la Comisión Quinta, encargada de asuntos de derecho ambiental. En la Comisión Segunda (15%), el papel del Pacto Histórico será defender la política internacional y consular, especialmente, en materia de derechos para migrantes y defensa de las fronteras territoriales. En la Comisión Séptima (15%), la responsabilidad está asociada con los derechos laborales, de forma particular, el derecho a la asociación y la defensa de los sindicatos. En la Comisión Tercera (11%) deberán defender una reforma tributaria que dote de capacidades al Gobierno para tomar decisiones de

asuntos de ecología y medio ambiente, además de la adjudicación de tierras. Se asume una representación más baja en las Comisiones Tercera y Séptima.

interés público y, en la Comisión Sexta, (11%) deberán discutir la relación entre la ciencia y los derechos humanos (Gráfico 5).

Un asunto que debe leerse en la agenda del Pacto Histórico es el enfoque territorial y no solo el carácter sectorial en las políticas públicas que se elaboran en las Comisiones. Si bien el Pacto Histórico defiende un enfoque territorial y de representación de regiones excluidas, con énfasis en zonas fronterizas del país en las que han dominado diversos actores armados. La lista cerrada al Congreso de la República del Pacto Histórico dejó por fuera múltiples liderazgos regionales e impuso estratégicamente el orden de los candidatos.

Gráfico 5: El Pacto Histórico y su representación en Comisiones de la Cámara de representantes

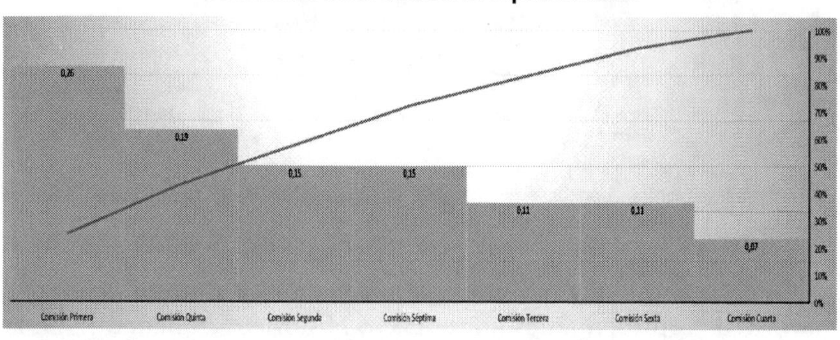

Fuente: creación propia con base en datos de la Corporación Viva la Ciudadanía, 2022.

La participación regional por el Pacto Histórico es residual en el Senado de la República y en la Cámara de representantes. La mayoría de los senadores y representantes a la Cámara del país es oriunda de ciudades capitales como Bogotá, Medellín y Cali[12].

Departamentos como Chocó no posee representación dentro del Pacto Histórico en el Senado de la República. La lista cerrada reconoce el enfoque territorial en pocas oportunidades; las minorías étnicas de Nariño-Cauca tienen representación en el senador Paulino Riascos, comunicador comunitario y líder social caucano, nacido en el munici-

12 Los congresistas del Pacto Histórico son, en su gran mayoría, de Bogotá, 32%, seguidos de Medellín, 18% y Cali 11% (ORG. Viva la Ciudadanía, 2022).

pio de López de Micay, quien es el único que tiene raíces afrodescendientes. La Guajira solo tiene una representante, Martha Isabel Peralta Epieyu, quien es abogada, especialista en Derecho ambiental, líder del pueblo indígena wayuu. Presidenta del partido político Movimiento Alternativo Indígena Social (Corporación Viva la Ciudadanía, 2022).

Otro asunto de gran importancia con el que el Pacto Histórico se ha comprometido es contribuir al Objetivo de Desarrollo Sostenible número cinco: la igualdad de género. Si bien la lista cerrada del Pacto Histórico al Senado permite leer que es paritaria (50% de cuota de género), en la Cámara de representantes no logra ser equitativa porque solo nueve mujeres son congresistas, lo que contrasta con 18 senadores de dicha coalición, lo que equivale a un índice de paridad femenina del 33%. En un *ranking* sobre la paridad de género, Colombia es el segundo país, después de Brasil, que más incumple con la ley de cuota de género y el Pacto Histórico no parece liderar el cambio[13], aunque lidera la agenda de género en el Senado con el propósito de atender al llamado de los Objetivos de Desarrollo Sostenible.

Gráfico 6: Índice de paridad femenina en la Cámara de representantes

Fuente: Creación propia con base en datos de la Corporación Viva la Ciudadanía (2022) y en el proyecto Atenea (Unwomen), mecanismo para acelerar la participación política de las mujeres en América Latina.

---

13 Según Unwomen-ONU Mujeres, el índice de paridad femenina debe ser del 50%. "Existe una violencia política de género institucionalizada, que se ejerce desde el poder político y que no respeta el espíritu de los marcos normativos del ámbito nacional e internacional que propugnan la igualdad entre los géneros en el ámbito político" (Albaine, 2021, p. 33).

En política, las mujeres también deben enfrentarse a los medios de comunicación porque "tienden a (re) producir estereotipos de género[14] asociados con el ejercicio de los derechos político-electorales con el propósito de mantener el *statu quo* establecido por el sistema patriarcal" (Albaine, 2021, p. 33).

Varias mujeres, representantes a la Cámara por el Pacto Histórico, han debido aclararle a los medios de comunicación que no están en la política por los méritos de sus padres, esposos, amantes, lo que significa tener que enfrentar los estereotipos de género reproducidos por los medios de comunicación y demostrar sus capacidades profesionales para estar en política.

El caso de cuatro mujeres, representantes a la Cámara por el Pacto Histórico, víctimas de estereotipos de género: 1) Mary Anne Andrea Perdomo Gutiérrez, señalada como "aparecida" en la lista del Pacto Histórico y por uribista[15]. 2) Etna Tamara Argote Calderón[16], fundadora del Polo Joven, a quien se le acusó de ser cuota de Claudia López y de nepotismo. Ella es hija del concejal Álvaro Argote, denunciado por acoso sexual. 3) Gloria Elena Arizabaleta Corral[17], también

---

14 En la cobertura y presentación de las noticias, los medios de comunicación tienden a reproducir estereotipos de género cuando hacen referencia a algunos aspectos de la vida de las mujeres: su vida privada; su rol como madre, esposa o abuela; su apariencia física, su vestimenta y su sexualización y despolitización. Asimismo, las mujeres son evaluadas respecto a su relación con otros hombres —si es hija de, esposa de o amante de, entre otros aspectos— y no específicamente sobre la base de su trayectoria y desempeño político (Albaine, 2021, p. 33).

15 Estereotipo de despolitización. Titular de prensa: "El escándalo alrededor de Mary Anne Perdomo, la profesora que se quedó sola en la lista del Pacto Histórico y ganó". *Infobae*. https://www.infobae.com/america/colombia/2022/03/17/el-escandalo-alrededor-de-mary-anne-perdomo-la-profesora-que-se-quedo-sola-en-la-lista-del-pacto-historico-y-gano/.

16 Estereotipo: vida privada. Las mujeres son evaluadas respecto a su relación con otros hombres-hija de... Titular de prensa: "Polémica porque hija de concejal Álvaro Argote, denunciado por acoso sexual, iría en el Pacto Histórico". *Revista Semana*. https://www.semana.com/politica/articulo/polemica-porque-hija-de-concejal-alvaro-argote-denunciado-por-acoso-sexual-iria-en-el-pacto-historico/202126/.

17 Estereotipo: vida privada. Las mujeres son evaluadas respecto a su relación con otros hombres-esposa de... Titular: "Aspiración al Senado de esposa de Roy Barreras divide opiniones. Gloria Elena Arizabaleta, esposa de Roy Barreras, será

ha sido víctima de violencia simbólica contra el género; no se destacan los méritos en su hoja de vida y reducen su éxito a ser la exesposa del senador Roy Barreras. 4) Susana Gómez ha sido víctima de ataques personales, la han descalificado y señalado por su ignorancia en asuntos legislativos, territoriales y políticos. Ella fue conocida por su emblemática participación en el estallido social del 2021 cuando reunió a 400 músicos para denunciar la falta de apoyo del Gobierno al arte y la cultura del país.

Contrario a estos estereotipos de género, las mujeres del Pacto Histórico se destacan por ser defensoras de grupos vulnerables: niños, jóvenes, mujeres, indígenas, campesinos, afrodescendientes, sindicalistas y campesinos. Además, se destacan en campos como la ciencia, el derecho, el arte y la cultura.

Además, el Pacto Histórico lidera las políticas públicas de las juventudes[18] en el Congreso de la República como una respuesta institucional a los derechos civiles y políticos demandados en las protestas sociales de las y los jóvenes en 2021[19].

La mayoría de los y las jóvenes en el mundo señalan que la Agenda 2030 no se está cumpliendo[20]. Las áreas de mayor vulnerabilidad económica son: África Subsahariana y Latinoamérica y el Caribe. La miseria en la que viven muchas personas en estas áreas geoeconómicas y geopolíticas ocasiona inestabilidad política, incluso guerras civiles (ONU, 2018).

---

candidata al Senado con el Pacto Histórico. Su postulación generó controversia". Medio de comunicación Kienyke. https://n9.cl/md7w6

18 La Organización de las Naciones Unidas —ONU—, considera personas jóvenes a quienes tengan entre 15 y 24 años de edad.

19 Una encuesta de la Universidad del Rosario y la empresa Cifras y Conceptos reveló que el 84% de los jóvenes entre 18 y 32 años encuestados se sentía representado por el paro nacional. También, más de 2.556 encuestas fueron realizadas el 12 de mayo de 2021, las que revelaron el sentir de los jóvenes de Bogotá, Medellín, Cali, Barranquilla, Cúcuta, Bucaramanga, Pasto, Cartagena, Villavicencio, Neiva, Pereira, Montería y Manizales. De ellos, el 63% se manifestó de alguna manera en el paro. Del total de los jóvenes encuestados, el 48% trabaja y el 22% estudia (Observatorio de la Juventud, 2021).

20 Fin de la pobreza, hambre cero, salud y bienestar, educación de calidad, reducción de las desigualdades, acción por el clima, vida de ecosistemas terrestres, paz, justicia e instituciones sólidas.

Las mujeres jóvenes, que pertenecen a minorías étnicas, religiosas, discapacitadas, indígenas, gays, lesbianas, bisexuales y transgénero, son quienes más padecen discriminación laboral y otras violencias económicas. Las regiones con mayor desempleo femenino son el Norte de África y América Latina y el Caribe (ONU, 2018).

Para salir de la inequidad en el mundo, la ONU ha propuesto la educación como uno de los Objetivos de Desarrollo Sostenible de mayor importancia para la población joven. El empleo joven y el empoderamiento económico son otras de las metas asumidas por la Agenda 2030.

El Norte de África y América Latina y el Caribe son las regiones del mundo en las que los jóvenes más laboran en sectores de la economía informal. La población joven ha sido víctima de conflictos armados y perpetradores de violencias. Incluso, para algunos jóvenes, los conflictos armados son una fuente de empleo. Contribuir a la agenda de la juventud mundial incide en el Objetivo de Desarrollo Sostenible: paz, justicia e instituciones jóvenes.

El Informe Mundial de la Juventud del DAES (ONU, 2018) indicó que los jóvenes desean demostrarles a los políticos que ellos son el cambio y clave en la meta de alcanzar los Objetivos de Desarrollo Sostenible adoptados en la Agenda 2030. En este informe los jóvenes han denunciado la exclusión social, política, económica y cultural a la que históricamente han sido sometidos.

En 2020, las juventudes colombianas creían que el principal problema del país era la corrupción, pero en 2021 señalaron que su principal problema era el desempleo (Observatorio de la Juventud, 2021).

En febrero de 2022, la encuesta de percepción ciudadana, realizada por la empresa Invamer, indica que Colombia no está cumpliendo con ninguno de los Objetivos de Desarrollo Sostenible y que esta situación se ha mantenido por más de 20 años (Encuesta Invamer: opinión pública sobre gobernantes, personajes, instituciones y hechos de actualidad, 2022).

La participación de la población joven se sustenta en los derechos humanos y en la Agenda 2030 para el desarrollo sostenible y, para ello, se requiere formación política. Pero, en su lugar, se acude a la exclusión política. Las encuestas de percepción ciudadana y las mediciones de cultura ciudadana, mencionan que existe un índice de rechazo alto (63%) de los jóvenes entre 25 y 34 años hacia las formas tradicionales de participar (Hurtado Galeano, 2010).

A los jóvenes la política institucional les objeta, mientras la protesta social les reconoce. El 63% de los jóvenes dice haberse manifestado en redes sociales, y el 53% lo hizo en las calles a través de marchas; el 16% de ellos participó en los bloqueos de vías. El 91% de los jóvenes que se manifestaron lo hizo contra el gobierno de Iván Duque.

Los jóvenes encuestados señalaron que para cambiar la realidad del país debían ejercer su derecho al voto en las elecciones de 2022. El 41% de ellos, decía que votaría por un candidato de centro; del total de los encuestados, el 64%, se reconoce políticamente en el centro, solo el 25% dijo votar por la izquierda, y solo el 5% por alguien a la derecha (Observatorio de la Juventud, 2021).

Pero el Pacto Histórico no reconoce a los jóvenes más allá de la participación electoral, no hacen parte de la estrategia de representación política y, por el contrario, son usados en la vieja estrategia de fabricación de mayorías en el sistema electoral.

Es nula la representación de jóvenes del Pacto Histórico en el Senado puesto que el político de menor edad es Alex Flórez, con 31 años, muy destacado por sus escándalos de corrupción[21]. No hay ningún senador o senadora que sea joven entre los 18 años (mayor de edad en Colombia para ejercer su derecho a elegir o ser elegido) y los 25 años (según la ONU, una persona joven es quien tiene entre 15 y 25 años). El curso de vida de los senadores(as) del Pacto Histórico se concentra entre adultos mayores (mayores de 60 años) y adultos jóvenes entre 30 y 40 años.

---

[21] La prensa y la radio nacional han publicado actos de corrupción, violencia sexual y violencia política contra mujeres.

Gráfico 7: Representación política por edad en Senado por el Pacto Histórico

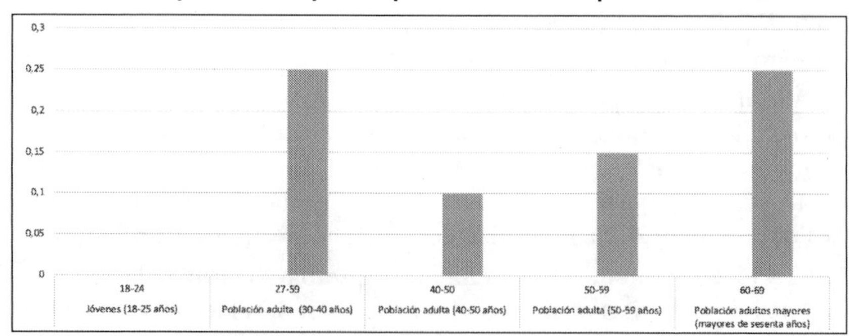

Fuente: Creación propia con información de Corporación Viva la Ciudadanía, 2022.

La Gráfico 4 evidencia la falta de representación juvenil en el Pacto Histórico, que se autoproclama como una fuerza política que promueve los derechos civiles y políticos de la juventud.

La representación política de los jóvenes en la Cámara de representantes también es nula (0%). La mayoría de los representantes tiene una edad entre 27 y 59 años (93%). El 7% está conformado por adultos mayores (más de 60 años).

En este contexto de continua exclusión política de las juventudes en el sistema electoral, se incentiva la participación de las juventudes en las protestas sociales. Gustavo Petro ha exigido al fiscal general de la Nación, Francisco Barbosa, y a la procuradora, Margarita Cabello, liberar a los jóvenes detenidos en las protestas sociales de 2019 y 2021. En el acto simbólico de posesión, el Presidente llamó a la mamá de Dilan Cruz, joven asesinado por la Policía nacional de Colombia, en el marco de las protestas sociales de 2019 para que tomara la palabra en su discurso de posesión, ella dijo:

> En nombre de mi hijo Dilan, que es una víctima de este país, en nombre de todas las víctimas de los "falsos positivos"; Nicolás Neira, Yuri Neira, Diego Felipe Becerra; y todas aquellas víctimas que hemos sido víctimas de este gobierno y de los anteriores, alzo mi voz por mi hijo, porque exijo justicia y le doy la bienvenida, Presidente, porque en usted está la esperanza de todos nosotros para justicia, está la esperanza de nosotros los pobres, de los necesitados, del negro, del blanco, del rico. (Medina, 2022)

CONCLUSIONES

Colombia tiene un campo político caracterizado por tres condicionantes: 1) el presidencialismo 2) el estigma de la izquierda política como enemigo interno. 3) la criminalización de la protesta social por ser antesala de la izquierda armada y campo difusor de ideas comunistas.

El mérito de la coalición política de izquierda, Pacto Histórico, en las elecciones de 2022, obedeció a la manera en la que se capitalizó en una lista cerrada de coalición de partidos políticos el repertorio de consignas políticas y demandas de las juventudes ambientalistas, feministas, personas LGBTIQ+, campesinas, indígenas, afrodescendientes, entre otras.

El Pacto Histórico defiende un tipo de democracia igualitaria que, basada en el enfoque diferencial de las políticas públicas, hace visibles a las minorías ciudadanas del país con la promesa de un gobierno de coalición en la que los partidos políticos y los movimientos sociales se unen en un mismo fin: la defensa de los derechos humanos y la paz.

La elección del primer gobernante de izquierda en Colombia, posterior al estallido social de 2021, es el inicio de una larga marcha de los movimientos sociales hacia la justicia social y ambiental prometida por el gran consenso democrático que es la Carta constitucional de 1991. El gran reto es descontaminar la coalición de los viejos vicios de la corrupción política.

La democracia de coalición puede hundirse en el populismo si la estrategia política defiende intereses personales más que intereses nacionales, lo que derivaría en una cultura narcisista que promueve los individualismos y pone en jaque las instituciones del Estado social de derecho consagrado en la Constitución Política de 1991.

Pese a la política del escándalo, en los discursos del Pacto Histórico se asume un compromiso con la democracia de consenso, que, en teoría, se fundamenta en el acuerdo político entre partidos de diferentes ideologías.

En el contexto político colombiano, el gobierno de Petro dice ser: "El gobierno de la vida" y convoca no solo partidos políticos tradicionales sino, también, aquellos originados de la paz con las guerrillas.

Gustavo Petro dice: "Los retos y desafíos que tenemos como nación exigen una etapa de unidad y consensos básicos. Es nuestra responsabilidad" (Petro, 2022).

En este sentido, se espera que la democracia de consenso, al otorgarle poder a las minorías, logre disminuir el descontento social y la violencia. "Las democracias consensuales son menos propensas a la huelga que las democracias de mayoría absoluta" (Lijphart, 2012, 250). Esto requiere una cultura consensual que permita la adopción de instituciones para la paz más que para la guerra.

Un asunto oscurece la democracia del consenso. Las elecciones al Congreso de la República, y la elección vía lista cerrada del Pacto Histórico, dejó en evidencia la estrategia política y personalista de Gustavo Petro. A las listas cerradas se les teme porque pueden fabricarse con "bolígrafo" y proyectar unas mayorías electorales. El jefe de bancada arma una lista para consolidar su poder y termina premiando a los fieles y castigando a los críticos puesto que sofoca el derecho a la oposición y a la alternancia en la democracia.

REFERENCIAS

Albaine, L. (2021). *Violencia contra las mujeres en política: hoja de ruta para prevenirla, monitorearla, sancionarla y erradicarla.* Entidad de las Naciones Unidas para la Igualdad de Género y el Empoderamiento de las Mujeres.

Aristóteles. (1988). *Política* (traducción y notas de M. G. V. Introducción, Ed.). Biblioteca Clásica Gredos.

Calderón G, F. (2012, August). Diez tesis sobre el conflicto social en América Latina. *Revista CEPAL 107.*

Carol Gilligan. (1982). *In a Different VoicePsychological Theory and Women's Development.* Harvard University Press.

Cedae. Centro de Estudios en Democracia y Asuntos Electorales. (2023). *Registraduría Nacional del Estado Civil.* https://ainteractivo.net/cedaesite/.

Lash, C. (1991). *La cultura del narcisismo.* Editorial Andrés Bello. https://www.academia.edu/44530707/LA_CULTURA_DEL_NARCISISMO.

Colombia. Comisiones del Senado de la República. (2023). https://www.senado.gov.co/.

Colombia-Registraduría Nacional del Estado Civil. (2022, March 18). *Organización Electoral entrega resultados de las consultas interpartidistas y la consolidación parcial de los escrutinios municipales de Senado 2022.*

Constitución Política de Colombia. (1991). https://pdba.georgetown.edu/Constitutions/Colombia/colombia91.pdf.

Encuesta INVAMER. Opinión pública sobre gobernantes, personajes, instituciones y hechos de actualidad, (2022). https://www.eltiempo.com/uploads/files/2022/02/17/2022-02%20Invamer%20Poll.pdf.

Georgetown University y Organización de Estados Americanos. (1990-2010). (2010). *Base de Datos Políticos de las Américas.* https://pdba.georgetown.edu/historia.html.

Habermas, J. (2015). Tres modelos de democracia. Sobre el concepto de una política deliberativa. *Polis: Revista Latinoamericana.* https://polis.ulagos.cl/index.php/polis/article/view/346/603.

Hurtado Galeano, D. (2010). Los jóvenes de Medellín: ¿ciudadanos apáticos? *Nómada, 32,* 99-115. http://nomadas.ucentral.edu.co/nomadas/pdf/nomadas_32/32_6H_LosjovenesdeMedellin.pdf.

Landman, T. (2011). *Política comparada: una introducción a su objeto y métodos de investigación.* Alianza.

Lijphart, A. (2012). *Modelos de democracia. Formas de gobierno y resultados en 36 países.* Ariel.

Medina, J. (2022, August 7). *Discurso de posesión de Gustavo Petro.* Palabras del Presidente de la República, Gustavo Petro Urrego, al tomar posesión como Jefe de Estado.

Melo, O. (2020). *Historia mínima de Colombia.* Crítica.

Observatorio de la Juventud. (2021). *Juventudes colombianas 2021: preocupaciones, intereses y creencias.* Fundación SM y el Observatorio Javeriano de Juventud.

Observatorio Político-Electoral de la Democracia. (2022). MOE-Misión de Observación Electoral. https://www.datoselectorales.org/datos-y-resultados-electorales/.

ONU. (2018). *World Youth Report: Youth and the 2030 report agenda for the sustainable development.* https://www.un.org/development/desa/youth/wp-content/uploads/sites/21/2018/12/WorldYouthReport-2030Agenda.pdf.

Pérez, A., & Espinosa, X. (2020). Orígenes del presidencialismo en Colombia: la construcción de un nuevo orden. *Nuevo Derecho, 16*(26), 1-13.

Petro, G. (2022). *Discurso de posesión de Gustavo Petro.* https://www.cancilleria.gov.co/newsroom/news/palabras-presidente-republica-gustavo-petro-urrego-tomar-posesion-jefe-estado.

Policía Nacional. (2022, july 8). *Excusas públicas acción de tutela Alfredo Mondragón. Excusas* públicas acción de tutela Alfredo Mondragón. https://www.policia.gov.co/sites/default/files/excusas_publicas.pdf.

Villoro, L. (2015). *La alternativa: perspectivas y posibilidades de cambio.* Fondo de Cultura Económica.

Viva la Ciudadanía. (2022). *Base de datos Parlamentaria.*

LA CORTE CONSTITUCIONAL Y LA "APERTURA DEMOCRÁTICA" DEL 2022

MARTHA GUTIÉRREZ[1]
Universidad de Bogotá Jorge Tadeo Lozano

INTRODUCCIÓN

En Colombia las elecciones de 2022 estuvieron antecedidas por tres decisiones de la Corte Constitucional (en adelante la Corte o CC) con implicaciones directas sobre la conformación del Congreso, la contienda presidencial y el sistema de partidos colombiano. Las tres son decisiones del 2021, tomadas en sede de revisión de tutela por la sala plena de la Corte, que tienen como trasfondo los acuerdos de paz de La Habana y el papel del Consejo de Estado en la resolución de conflictos de carácter electoral.

La primera es la SU-150/21, que da por aprobado el proyecto de acto legislativo de 2017, por el cual se crearon 16 circunscripciones transitorias especiales de paz para la Cámara de representantes durante dos períodos legislativos[2]. Las otras dos, en las cuales se centra este trabajo, son las sentencias SU-257/21 y SU-316/21, en las que la Corte ordena al Consejo Nacional Electoral (CNE)[3] reconocer personería jurídica al Partido Nuevo Liberalismo (NL), con efectos extensibles a casos análogos, y al Movimiento Político Colombia Humana

---

1 Doctora en Procesos Políticos Contemporáneos en la Universidad de Salamanca. Profesora en la Universidad Jorge Tadeo Lozano. Sus líneas de investigación se relacionan con el poder judicial, la justicia transicional, los derechos humanos y la calidad de la democracia en América Latina. Correo electrónico: marthal.gutierrezs@utadeo.edu.co

2 Inicialmente previstos para 2018-2022 y 2022-2026 que, por decisión de la Corte, aplicarían para 2022-2026 y 2026-2030.

3 Ente encargado de la regulación, inspección y vigilancia de la actividad electoral de los partidos y movimientos políticos, así como de los grupos significativos de ciudadanos (Constitución, artículo 265).

(MPCH), decisiones que interpretan el alcance de las normas sobre la personería jurídica de las organizaciones políticas en Colombia, flexibilizándolas, y que vienen acompañadas de un incremento del reconocimiento de dichas personerías, lo que hace que medidas como el umbral electoral se vean como insuficientes (MOE, 2022a).

El número de organizaciones políticas con representación en el Congreso pasó, entre el 2018 al 2022, de 12 a 18 en el Senado y de 15 a 37 en la Cámara. Duque Daza (2022) señala que en las dos últimas décadas el número de partidos con reconocimiento legal y participación en el Congreso se ha mantenido entre 8 y 13, mientras en julio de 2023 había ya 35 movimientos y partidos con personería jurídica en Colombia.

Como vía para ampliar la participación democrática, el acuerdo de paz con las FARC-EP planteó la necesidad de flexibilizar la norma que fija el umbral de 3% en las elecciones del Congreso para adquirir y conservar la personería jurídica de las organizaciones políticas; sin embargo, el propio acuerdo reconoce la importancia de evitar la proliferación indiscriminada de movimientos políticos. No obstante, ante la falta de regulación de la materia, y a pesar de que se han hecho propuestas de reforma (Revelo, 2017), en el 2023 se observa un escenario similar al de la década de los noventa, cuando la facilidad de conformar partidos políticos llevó a una fragmentación del sistema de partidos, con implicaciones sobre la gobernabilidad (Batlle y Puyana, 2011 y 2013) y el impulso de liderazgos personalistas.

Lo que se propone este trabajo es, primero, repasar el papel de la Corte en un asunto tan sensible para la democracia como las reglas electorales y, luego, revisar el contexto en el que se adoptaron las sentencias SU-257/21 y SU-316/21, cuáles fueron sus consideraciones y quiénes son los magistrados que las suscriben, para pasar, en un tercer apartado, a analizar las implicaciones que tuvieron estas decisiones en las elecciones del 2022, así como en las organizaciones políticas y liderazgos que se beneficiaron de ellas.

1. EL PAPEL DE LA CORTE

Mientras algunos defienden que los jueces actúan de acuerdo con criterios legales, otros sostienen que son actores condicionados por factores distintos a la ley, como sus propias actitudes o factores políticos externos a ellos. En Estados Unidos el modelo actitudinal ha tenido una acogida relevante; sin embargo, en contextos en los que las cortes cuentan con menos garantías institucionales se entiende que el comportamiento de los jueces está también influenciado por otros actores del juego político (Martínez y Brenes, 2012), lo que da lugar al auge del modelo del comportamiento estratégico[4], que entiende que, al adoptar decisiones, los integrantes de las altas cortes hacen cálculos sobre las respuestas que sus fallos podrían suscitar en los otros poderes del Estado.

De acuerdo con Cepeda y Landau (2021), en democracias frágiles corresponde a las cortes, entre otras tareas, mejorar el funcionamiento de las instituciones democráticas a través del tiempo, proteger minorías y garantizar la respuesta a los reclamos de quienes no encuentran eco en legislaturas y partidos políticos, lo que implica corregir los problemas de representación democrática. En el mismo sentido, Domingo (2004) señala la importancia del poder judicial para enfrentar problemas propios de democracias deficitarias, como las de América Latina.

Aunque la democracia es más que elecciones, la contienda electoral y las pautas que la regulan son fundamentales para la democracia. Estas pautas se encuentran dispuestas en la Constitución y la ley, y en ocasiones su alcance es fijado por los jueces. En estos casos, como en otros, cabe preguntarse por la legitimidad de las cortes constitucionales para definir, mediante su interpretación, criterios cuyo establecimiento corresponde, de forma primaria, al poder legislativo o a otras instancias judiciales.

En Colombia la CC, creada por la Constitución de 1991, ha sido un actor de gran relevancia en la vida política nacional, pero ya desde antes de su creación el sistema político no mostraba capacidad suficiente para atender los problemas sociales (Cepeda, 2005), ni los déficits de participación y representación (García-Villegas, 2014), lo que deriva en la desviación de las líneas de actuación de los actores del juego político hacia los tribunales, a lo que ha contribuido la incapacidad de los partidos políticos de servir de vehículos de repre-

[4] Explorado en Colombia por Rodríguez-Raga (2011).

sentación efectiva entre sus afiliados y el aparato estatal (Landau y López, 2009).

El papel de la CC se ve reforzado como quiera que, además de hacer control de constitucionalidad abstracto, interviene en sede de revisión de tutelas, instancia en la que se discute la posible vulneración de derechos fundamentales de los ciudadanos en casos concretos y donde el tema bien puede ser resuelto por salas que confirman o revocan los fallos seleccionados, o por la sala plena, cuando la Corte considera que el asunto tiene la suficiente relevancia para que ella unifique jurisprudencia sobre el alcance de los derechos en cuestión.

Las sentencias de unificación de la Corte tienen un largo alcance, pues, a pesar de ser adoptadas en trámites de tutela y, en principio, surtir efecto solo entre las partes, la interpretación que en ellas se hace sobre los derechos fundamentales constituye precedente que debe ser atendido por los demás jueces, la burocracia estatal y la ciudadanía en general. Cuando además, como ocurre en los casos que se analizarán en este trabajo, los amparos se dirigen contra decisiones adoptadas en procesos judiciales, la Corte ha señalado que la tutela no debería ser utilizada como una instancia adicional para revivir litigios finalizados o que no se surtieron por inactividad de la parte interesada.

Sin pretender desplegar un modelo explicativo sobre el comportamiento judicial en los dos casos analizados, el presente trabajo explora las consideraciones de la Corte sobre la pertinencia de su intervención y la posible vulneración de derechos, cuál es el contexto y los actores que participan en los trámites, pero también quiénes son los magistrados que adoptan estas decisiones, así como sus consecuencias en el ámbito de la contienda electoral y en la proliferación de organizaciones con personería jurídica que se ha dado en Colombia a partir de 2021.

2. TUTELAS PARA OBTENER EL RECONOCIMIENTO DE PERSONERÍA JURÍDICA DE PARTIDOS Y MOVIMIENTOS POLÍTICOS

- ***Nuevo Liberalismo (SU-257/21)***

El 5 de agosto de 2021, con ponencia de Jorge Enrique Ibáñez, la CC resolvió, en sede de revisión, la tutela interpuesta por un grupo de ciudadanos[5], en contra de la Sección Quinta de la Sala de lo Contencioso Administrativo del Consejo de Estado.

Los antecedentes de este fallo se remontan a la solicitud que hizo en noviembre de 2017 Fernando Galindo González al Consejo Nacional Electoral (CNE) para que otorgara personería jurídica al Movimiento Político Nuevo Liberalismo (MPNL), petición que no fue oportunamente resuelta y dio lugar a la interposición de una acción de tutela cuyo conocimiento correspondió al Tribunal Administrativo de Cundinamarca, Sección Segunda, que el 15 de febrero de 2018 amparó el derecho de petición, pero también el debido proceso y el derecho a constituir partidos, movimientos y agrupaciones políticas, y ordenó al CNE que adoptara una decisión de fondo frente a la petición del 9 de noviembre, lo que no ocurrió.

Luego de tramitarse un incidente de desacato el CNE emitió la Resolución 794 del 13 de marzo de 2018 que negaba personería jurídica al Movimiento Político Nuevo Liberalismo (Partido Nuevo Liberalismo). En esta Resolución el CNE confunde al Partido con el Movimiento Nuevo Liberalismo, fundado en 1999 por Carlos Ardila Ballesteros; mientras el Movimiento Político Nuevo Liberalismo se originó en la agrupación, desde finales de 1979, de dirigentes regionales liberales como Luis Carlos Galán Sarmiento, Rodrigo Lara Bonilla, Iván Marulanda Gómez, entre otros. El Partido Nuevo Liberalismo obtuvo su personería jurídica con Resolución de enero de 1986, con Galán como Director Nacional, personería cancelada con Resolución de diciembre de 1988, en respuesta a solicitud del propio Galán Sarmiento.

El 30 de abril de 2018 Fernando Galindo González, Cecilia Fajardo Castro, Rafael Amador Campos, Andrés Talero Gutiérrez, Gloria Pachón de Galán y José Corredor Núñez presentaron demanda de nulidad y restablecimiento del derecho en contra de la Resolución 794 de 2018 del CNE, y solicitaron la suspensión provisional de dicha Resolución mientras se surtía el proceso judicial, toda vez que la confusión entre el Movimiento Nuevo Liberalismo y el Movimiento Político Nuevo Liberalismo afectó el análisis de la autoridad electoral.

---

5 Fernando Galindo González, Gloria Pachón de Galán, Cecilia Fajardo Castro, Rafael Amador Campos, Andrés Talero Gutiérrez, José Blackburn Cortés, Beatriz Góngora de García y José Encarnación Corredor Núñez.

La solicitud de suspensión provisional fue negada el 1 de junio de 2018 por el Consejo de Estado, Sala de lo Contencioso Administrativo, Sección Quinta, decisión revocada por la misma Sala el 6 de julio de 2018, fecha en la que el Consejo de Estado ordena al CNE estudiar de nuevo la solicitud de personería jurídica del Partido Nuevo Liberalismo, orden que se cumplió con la Resolución 2003 de 9 de agosto de 2018, en la que el CNE negó, una vez más, la personería jurídica al Partido Nuevo Liberalismo.

En la Resolución 2003 de 2018 el CNE analiza las reglas fijadas por el Consejo de Estado en la sentencia del 4 de julio de 2013 que resuelve sobre la personería jurídica del Partido Unión Patriótica (UP), que en las elecciones de 2002 no había alcanzado el umbral del 2%, requerido en ese entonces por el artículo 108 de la Constitución, que después sería modificado, al subir a un 3%. No obstante, el CNE concluye que los supuestos de hecho son distintos, pues mientras en el caso de la UP ocurrieron circunstancias excepcionales y ajenas a su voluntad, que la pusieron en desventaja electoral, en el caso del Nuevo Liberalismo la cancelación de personería jurídica fue fruto de la solicitud de Luis Carlos Galán, para adherirse al Partido Liberal.

En el trámite de nulidad y restablecimiento del derecho contra la Resolución 794 de 2018, el Consejo de Estado consideró que la Resolución 2003 de 2018 era un acto inescindible de la primera (794) y que no debía demandarse de forma separada, por lo tanto, le imputa las mismas causales de nulidad.

El 10 de septiembre de 2018 el Ministerio Público interpuso recurso de reposición contra la Resolución 2003 de 2018, con el argumento de que la violencia que sufrieron los miembros del Nuevo Liberalismo sí afectó el proyecto político del partido. El recurso se resolvió por el CNE con la Resolución 276 de 2019, que decidió no revocar ni modificar la Resolución 2003. De acuerdo con el Consejo de Estado, la Resolución 276, que tampoco fue demandada, quedó integrada en el litigio iniciado por la demanda de la Resolución 749.

En fallo de única instancia, el 16 de mayo de 2019, la Sección Quinta de la Sala de lo Contencioso Administrativo del Consejo de Estado negó las pretensiones de la demanda de nulidad y restablecimiento del derecho, al considerar, entre otras cuestiones, que la violencia no fue la causa de la extinción del Nuevo Liberalismo. El

25 de setiembre de 2019 Fernando Galindo y otros ciudadanos presentan acción de tutela contra el fallo de la Sección Quinta, que fue negada el 6 de noviembre de 2019 por la Sección Cuarta de la Sala de lo Contencioso Administrativo del Consejo de Estado.

El 28 de agosto de 2020 la Corte Constitucional seleccionó esa tutela para revisión y su conocimiento fue asumido por la sala plena, como quiera que "1) se trata de un caso que podría dejar sin efectos una sentencia de la Sección Quinta del Consejo de Estado; 2) el caso le permite a la Corte fijar la doctrina sobre los requisitos constitucionales para el reconocimiento de personería jurídica de los partidos y movimientos políticos, así como el alcance del Acuerdo Final; y 3) se trata de un asunto de trascendencia nacional e interés público" (SU-257/21, numeral 89).

Tabla 1: Cronología de los hechos que anteceden la sentencia SU-257/21

Fecha	Hechos
9 /11/2017	Fernando Galindo y otros ciudadanos presentan derecho de petición ante el CNE con el propósito de solicitar reconocimiento de personería jurídica al MPNL
15/02/2018	El Tribunal Administrativo de Cundinamarca, Sección Segunda, en trámite de tutela, ordena al CNE adoptar decisión
13/03/2018	CNE niega personería jurídica al MPNL (Resolución 749)
30/04/2018	Fernando Galindo y otros ciudadanos presentan demanda de nulidad y restablecimiento del derecho en contra de la Resolución 794
06/07/2018	Consejo de Estado, Sala de lo Contencioso Administrativo, Sección Quinta, ordena suspensión previsional de la Resolución 749
09/08/2018	CNE niega personería jurídica al MPNL (Resolución 2003)
16/05/2019	Consejo de Estado, Sala de lo Contencioso Administrativo, Sección Quinta, en fallo de única instancia, niega las pretensiones del proceso de nulidad y restablecimiento del derecho
25/09/2019	Fernando Galindo y otros ciudadanos presentan acción de tutela contra el fallo de la Sección Quinta que negó las pretensiones del proceso de nulidad y restablecimiento del derecho
06/11/2019	La Sección Cuarta de la Sala de lo Contencioso Administrativo del Consejo de Estado niega la acción de tutela
28/08/2020	La Corte Constitucional selecciona tutela para revisión
05/08/2021	SU-257/21

Fuente: elaboración propia.

- ***Las consideraciones de la Corte***

Lo primero que hace la CC es analizar la procedencia de la tutela, tratándose de una acción contra una providencia judicial de otra alta Corte y, por lo tanto, de un órgano de cierre, en este caso de la jurisdicción contencioso administrativa; para a continuación reiterar que uno de los requisitos en los amparos contra providencias judiciales es que el juez de tutela "solo puede resolver controversias de orden constitucional con el objeto de procurar la materialización de derechos fundamentales, [y] no puede inmiscuirse en controversias legales" (SU-257/21, numeral 113).

De acuerdo con la sentencia, la relevancia constitucional del asunto radica en que plantea disputas como la aplicación directa de puntos del Acuerdo Final relacionados con participación política, y la aplicación de la regla definida por el Consejo de Estado en el caso de la UP sobre la ocurrencia de circunstancias excepcionales y ajenas a la voluntad del Partido, frente al reconocimiento de su personería jurídica.

Al hacer el recuento de los hechos relevantes para el caso, la Corte encuentra que el asesinato de los principales líderes y fundadores del Nuevo Liberalismo, así como los atentados perpetrados contra otros de sus dirigentes líderes y seguidores, los puso en condición de desigualdad y "afectó gravemente su derecho a la participación en la vida política, en cuanto se presentaron hechos realmente excepcionales y ajenos a la voluntad de sus dirigentes y militantes, los que afectaron su derecho a mantenerse como un sector del partido Liberal o reconstituirse nuevamente como Partido y con él su proyecto político, así como el derecho de postulación para contar con el apoyo ciudadano" (SU-257/21, numeral 215).

Al encontrar probado lo anterior, la Corte señala que:

> al comparar la posición fáctica y jurídica del Nuevo Liberalismo y de la Unión Patriótica, las semejanzas entre los casos son relevantes, pues se trata de un contexto determinado de violencia (1982-1990), ejercida por narcotraficantes en alianza con paramilitares y algunos agentes del Estado, por razones estrictamente políticas y ligadas al discurso de los Partidos en ciertos aspectos, como el narcotráfico o la postura sobre la paz. En consecuencia, los Partidos Unión Patriótica y Nuevo Liberalismo, incluso en la propuesta analítica de comparación de casos hecha por la Sección

> Quinta, se encuentran en una misma posición de hecho por cuenta de la relevancia de las semejanzas. (SU-257/21, numeral 300)

Para el Consejo de Estado la diferencia entre ambos casos, que justifica no aplicar el precedente jurisprudencial, radica en que Luis Carlos Galán voluntariamente presentó solicitud de cancelación de personería jurídica del Nuevo Liberalismo ante el Consejo Nacional Electoral para reintegrarse al Partido Liberal, posición que respalda la Corte en su decisión[6].

En el mismo sentido, y frente al reclamo de los accionantes para que se dé aplicación inmediata a algunos de los puntos del acuerdo de paz con las FARC-EP[7], la Corte encuentra que, como lo advirtió el Consejo de Estado, los instrumentos de ampliación y participación democrática previstos por el Acuerdo Final no modifican las reglas constitucionales sobre reconocimiento y obtención de personería jurídica, porque el Acuerdo no tiene aplicación jurídica directa (SU-257/21, numerales 324 y 327).

No obstante, luego de hacer un recuento de los principios y reglas sobre la obtención de personería jurídica de partidos y movimientos

---

6 Señala la CC: "al revisar la legalidad de las decisiones del Consejo Nacional Electoral que negaron el reconocimiento de la personería jurídica solicitada para el Partido Nuevo Liberalismo, la Sección Quinta no desconoció el precedente sentado en la sentencia del 4 de julio de 2013 al resolver el caso de la Unión Patriótica, pues además de reiterar su contenido y afirmar su vigencia y carácter vinculante, al comparar los casos entre la Unión Patriótica y el Nuevo Liberalismo concluyó que así como hay similitudes, existen también diferencias que obligaban a su inaplicación. Es cierto que el precedente no significa una coincidencia absoluta entre el caso anterior y el caso que se debe resolver, pero las reglas fijadas en las sentencias y su fuerza obligatoria desbordan el caso concreto" (SU-257/21, numeral 313).

7 "322... uno de los cambios propuestos en el marco del Acuerdo Final, se refiere específicamente a superar el umbral como elemento determinante para la conservación de la personería jurídica. Además, se propuso el diseño de un sistema de adquisición progresiva de derechos para partidos y movimientos políticos en función de su desempeño en el ámbito territorial y nacional. Finalmente, se pactó un régimen de transición para materializar la apertura democrática para partidos que, por primera vez, se presenten en el escenario político, que teniendo representación en el Congreso la hubieran perdido. Estos son los puntos que los actores califican como una suerte de principios de aplicación inmediata" (SU-257/21).

políticos (SU-257/21, numerales 378 y siguientes), la CC señala una contradicción normativa entre lo dispuesto en el artículo 108 de la Constitución, modificado en 2003 y 2009, y las ideas de pluralismo y estado democrático, plasmadas en la carta política.

Para la Corte es improcedente la aplicación aislada y textual de unas normas que "generan barreras o bloqueos democráticos" (SU-257/21, numeral 389), y se produce una violación directa de la Constitución cuando se aplican disposiciones como la del artículo 108 sin tener en cuenta otras normas del régimen constitucional (SU-257/21, numeral 391), como aquellas que "garantizan la fundación, permanencia y continuidad de los partidos y el derecho de sus fundadores, directivos y representantes a pertenecer a ellos libremente hasta su retiro (artículos 1, 3, 40-3 y 107)" (SU-257/21, numeral 397).

En el caso del Nuevo Liberalismo la Corte encontró que si bien el propio Galán Sarmiento solicitó la cancelación de la personería jurídica, él mismo fue asesinado, lo que impidió al movimiento político ejercer libremente las opciones de continuar como una tendencia dentro del Partido Liberal, o de recuperar su personería jurídica conforme a las normas del momento, y que la devolución de dicha personería constituye una forma de reparación a favor de los fundadores y antiguos dirigentes del partido (SU-257/21, numeral 398).

En consecuencia, la sentencia, además de tutelar los derechos políticos de los accionantes, dispone que la personería jurídica del Nuevo Liberalismo se deberá mantener, al menos, hasta las elecciones al Congreso de 2026; exceptúa a quienes aspiren a participar en las elecciones de 2022 por ese partido de la obligación de haber renunciado a la curul que ocuparan en representación de otros partidos; señala que se debe reconocer a Fernando Galindo González como director del partido y a Andrés Ignacio Talero Gutiérrez como su representante legal, e instruye al CNE a:

> reconocer a los tutelantes Gloria Pachón de Galán, Cecilia Fajardo Castro, Beatriz Góngora de García, Rafael Amador Campos, Andrés Talero Gutiérrez, José Blackburn Cortés, Rubén Darío Ramírez y José Encarnación Corredor Núñez, quienes cumplieron roles dentro de la estructura del Partido Nuevo Liberalismo en los órganos de gobierno, administración, vigilancia y asesoría y, en algunos casos, como congresistas elegidos para los respectivos períodos constitucionales en representación de ese partido político, como miembros activos de las directivas del Partido

> Nuevo Liberalismo, mientras después de cumplidas las elecciones congresariales y presidenciales de 2022, se convoca la Convención Nacional de ese Partido para elegir todas sus directivas de conformidad con sus Estatutos debidamente actualizados. (SU-257/21, numeral 412)

La Corte exhorta al Congreso a regular la ampliación democrática (SU-257/21, numeral 401) y señala que los ciudadanos y los partidos políticos reclaman que su personería jurídica se desligue "del requisito de la superación de un umbral en las elecciones de Congreso y, en consecuencia, redefinir los requisitos para su constitución, sin perjuicio de exigir los demás que sean razonables con el fin de evitar la proliferación indiscriminada de partidos y movimientos políticos" (SU-257/21, numeral 400) y define como regla de unificación jurisprudencial que el artículo 108 de la Constitución debe ser interpretado de forma sistemática con otras normas de la carta propias de un Estado social y democrático de derecho y, para ello, dispone que su decisión se extienda a partidos o movimientos políticos que hubiesen estado en las condiciones del Nuevo Liberalismo, que vieron afectada su subsistencia a partir de las elecciones de 1988: "para que puedan hacer parte de la apertura democrática en las próximas elecciones de 2022" (SU-257/21, numeral 417), con derechos como el de recibir, a partir del reconocimiento de personería jurídica, anticipos de financiación para las elecciones a Congreso y Presidencia de la república de 2022 (SU-257/21, numeral 415), y hacer coaliciones en los términos del artículo 262 de la Constitución (SU-257/21, numeral 416).

Diana Fajardo aclaró su voto porque consideró que en este caso hubo desconocimiento del precedente, pues contrario a lo sostenido por el Consejo de Estado y la argumentación mayoritaria de la Corte, la renuncia a la personería jurídica del Nuevo Liberalismo debe ser analizada en el contexto de una violencia que condicionó dicha decisión y otras más, de "actores políticos que intentaban alimentar un sistema político democrático cuando las balas y las bombas hacían difícil incluso adelantar un plan de vida o ejercer las magistraturas esenciales de un sistema político republicano" (Aclaración de voto, SU-257/21, numeral 9).

- ***Colombia Humana (SU-316/21)***

El 16 de septiembre de 2021, con ponencia de Alejandro Linares, la CC resolvió en sede de revisión la tutela interpuesta por Gustavo Petro y Álvaro Ninco, en representación del Grupo Significativo de Ciudadanos Colombia Humana (GSCH), en contra del CNE, luego de que la autoridad electoral les negara personería jurídica.

Los antecedentes de este fallo se remontan a la expedición de la Resolución 2.640 del 30 de agosto de 2018, en la que, actuando de oficio, el CNE niega la personería jurídica al GSCH, derivada de su participación en la elección presidencial de 2018, como quiera que la coalición entre la Colombia Humana y el Movimiento Alternativo Indígena y Social (MAIS) no cumplía el umbral del 15% para inscribir candidatos a corporaciones públicas, previsto en el artículo 262 de la Constitución. El CNE señaló en su decisión que el estatuto de la oposición únicamente es aplicable a las agrupaciones con personería jurídica, por lo que no opera tratándose de un grupo significativo de ciudadanos. Esta resolución fue recurrida en reposición por los representantes de la Colombia Humana y por la Procuraduría General de la Nación y revocada por el CNE, con la Resolución 3.081 del 6 de diciembre de 2018, por resultar violatoria del debido proceso, pues el trámite solo podía iniciarse a petición de parte.

Simultáneamente, el 5 de octubre de 2018 la Colombia Humana elevó la solicitud de reconocimiento de personería jurídica ante el CNE, petición resuelta negativamente con la Resolución 3.231 del 31 de diciembre de 2018, con el argumento de que el GSCH no participó en las elecciones parlamentarias de 2018 y que:

> El fundamento de considerar las elecciones legislativas como parámetro para el reconocimiento de la personería jurídica de organizaciones políticas radica en la finalidad de lograr hacer de los partidos y movimientos políticos asociaciones de bases democráticas, no personalistas, que representen y participen como una fuerza colectiva. Por el contrario, las elecciones presidenciales presentan un marcado carácter personalista. (SU-316/21, numeral 20, literal c)

La respuesta de los representantes de la Colombia Humana fue la interposición de una acción de tutela contra el CNE que alegaba la imposibilidad de acudir al control de legalidad ante la jurisdicción de lo contencioso administrativo, por la configuración de un perjuicio irremediable derivado de la vulneración de su derecho pleno a la oposición política, solicitud respaldada por la Procuraduría General. En primera instancia el Tribunal Administrativo de Cundinamarca, Sección Segunda, Subsección D, declaró improcedente la tutela el 29 de enero de 2019, al considerar que no se configuraba un perjuicio irremediable que justificara omitir su carácter subsidiario y advirtió que, tratándose de un intento de controvertir un acto administrativo, debía acudirse a la jurisdicción competente.

En segunda instancia, el 14 de marzo de 2019 el Consejo de Estado, Sala de lo Contencioso Administrativo, Sección Tercera, Subsección C, revocó el fallo impugnado para en su lugar negar el amparo, al considerar que, no obstante la tutela resultar procedente ante la posible afectación del derecho a la participación política en las elecciones de 2019, con la Resolución 3.231 no se vulneraron derechos fundamentales de los accionantes y reitera que:

> Si bien en las elecciones presidenciales el candidato cuenta con el apoyo de una o más colectividades políticas, es una elección con un marcado carácter personalista, a diferencia de lo que ocurre en las elecciones legislativas donde se miden las fuerzas políticas para alcanzar la mayor o menor representación en un cuerpo colegiado del orden nacional que representa la voluntad popular. (SU-316/21, numeral 47)

- ***Las consideraciones de la Corte***

La tutela fue seleccionada en 2019 para revisión y el 2 de junio de 2021 se decidió que el fallo sería adoptado por la sala plena. La Corte señala en su fallo que la tutela resulta procedente dada "la inminencia del inicio del calendario electoral para las elecciones en el año 2022" (SU-316/21, numeral 99), sumado a que los accionantes no han podido ejercer las prerrogativas concedidas por el estatuto de la oposición frente al gobierno elegido para el periodo 2018-2022, lo que resulta de relevancia constitucional, siendo esta la primera sentencia en la que la Corte se ocupa de los derechos de quien puede ocupar una curul en el Congreso por haber obtenido el segundo lugar en las elecciones presidenciales (SU-316/21, numerales 102 y 103).

La Corte tiene en cuenta que con Resolución 3.287 de 2019 el CNE avaló la reforma estatutaria presentada por el partido Unión

Patriótica, mediante la cual cambió su nombre a Colombia Humana-Unión Patriótica, que fusiona el logo de ambas colectividades, lo que permitió superar obstáculos para la participación electoral de forma "transitoria y coyuntural" (SU-316/21, numeral 129). Esto lleva a que se declare la carencia actual de objeto respecto a la pretensión relacionada con la participación política en las elecciones de 2019, pero no así respecto al ejercicio del derecho a la oposición de los ciudadanos vinculados con la Colombia Humana, al considerar que:

> No es posible colegir que el movimiento político que representa el senador Petro Urrego, que fue constituido en asamblea fundacional, con afiliados a esa colectividad, una plataforma ideológica y programática propios, así como una designación específica de sus propios directivos, vea satisfechos sus intereses, y principalmente, su pretensión de subsistencia independiente, con el hecho de que el partido político Unión Patriótica cambie su nombre y logo-símbolo. (SU-316/21, numeral 127)

La interpretación que hace la Corte sobre el derecho a la oposición y a la participación política la lleva a declarar sin efecto la Resolución 3.231 de 2018 y ordenar al CNE reconocer personería jurídica al movimiento político Colombia Humana, al concluir que:

> con la entrada en vigencia del Acto Legislativo 02 de 2015 y el derecho de la segunda votación más alta en las elecciones presidenciales para acceder a Senado y Cámara, surge un caso de reconocimiento de personería que no depende de las elecciones directas para Cámara y Senado. Por lo cual [...] mientras que las curules que obtienen los congresistas en virtud de las elecciones de Cámara de Representantes y Senado son de mandato representativo de sus electores, las curules obtenidas en virtud del artículo 112 superior y el artículo 24 de la Ley Estatutaria 1909 de 2018 son elecciones indirectas, ontológicamente de mandato representativo. (SU-316/21, numeral 182)

Añade la Corte que "no puede afirmarse rotundamente que dicha votación sea de un marcado carácter personalista" (SU-316/21, numeral 185), y que:

> En el caso específico del reconocimiento de la personería jurídica bajo lo dispuesto en el artículo 112 superior y el artículo 24 de la Ley Estatutaria 1909 de 2018, a grupos significativos de ciudadanos o movimientos políticos sin personería jurídica, se debe verificar que (i) el umbral a superar para efectos de obtener el reconocimiento de la personería jurídica será aquel que el constituyente derivado consideró como significativo,

> es decir, el 3% de los votos emitidos válidamente en las elecciones de Presidente y Vicepresidente de la República; (ii) al menos uno de los candidatos de la fórmula deberá aceptar su curul en el Congreso; y declararse en oposición. (SU-316/21, numeral 189)

Finalmente, la Corte exhorta al Congreso para que se ocupe de desarrollar la legislación que permita dar cumplimiento al Acuerdo de Paz y al Acto Legislativo 02 de 2017, específicamente en lo relacionado con:

> (i) adoptar medidas para remover los obstáculos y hacer los cambios institucionales para que los partidos y movimientos obtengan y conserven la personería jurídica; y (ii) facilitar a los movimientos sociales con vocación política su tránsito a partido o movimiento político. Este enfoque se traduce en el deber de buena fe del Congreso de la República de propender por la creación de umbrales progresivos, por lo que se debe desligar el reconocimiento de la personería jurídica de los umbrales en las elecciones. (SU-316/21, numeral 212)

Además, el legislador deberá:

> Determinar la forma en la que se ejercerán los derechos que le corresponden al movimiento o partido político que se reconozca por esta vía indirecta, en igualdad de condiciones a las de los partidos que obtengan la personería jurídica por vía directa, por ejemplo, para el acceso a la financiación estatal o el uso del espectro electromagnético. (SU-316/21, numeral 213)

Antonio Lizarazo y Jorge Enrique Ibáñez salvaron y aclararon voto, respectivamente. Lizarazo se aparta parcialmente de la decisión mayoritaria, al compartir con el resto de la Sala solo la necesidad de exhortar al Congreso y al gobierno sobre la necesidad de implementar los compromisos del Acuerdo Final relacionados con ampliación del pluralismo y la competencia política. Sin embargo, considera que, para empezar, la tutela debió declararse improcedente, pues no se cumple la exigencia de que se acuda a ella de manera subsidiaria. Resalta que si los accionantes estaban en desacuerdo con el acto administrativo del CNE tenían el deber de atacarlo ante la jurisdicción competente, mediante la acción de nulidad y restablecimiento, en la que podían solicitar medidas cautelares que hubiesen permitido evitar los perjuicios irremediables planteados en la tutela, lo que no hicieron en ningún momento, omisión cuya carga debieron asumir.

En su concepto, además de la improcedencia de la acción, lo que procedía al estudiar el fondo del asunto era negar el amparo. Entiende el magistrado Lizarazo que la Corte interpreta equivocadamente las normas superiores relacionadas, por un lado, con la obtención de personería jurídica, particularmente el artículo 108 de la Constitución y, por el otro lado, la regla del artículo 112 sobre asignación de curules. Al respecto señala:

> Una cosa es el sistema de representación democrática en los órganos colegiados de elección popular y otra, muy distinta, el sistema de partidos, sistemas que cumplen, en estricto sentido, funciones constitucionales diversas. La decisión de la Corte, sin embargo, confunde estos sistemas, al suponer que la representación democrática sólo es posible dentro del sistema de partidos, dejando de lado que precisamente la Constitución reconoce y garantiza la participación política y, por lo mismo, la representación independiente, por fuera del sistema de partidos.
>
> La decisión mayoritaria, de la cual me aparto, también confunde el derecho a la oposición que la Constitución reconoce a todos los ciudadanos, como expresión del derecho a participar en el ejercicio y control del poder político en los términos del artículo 40 de la Constitución, con las garantías para el ejercicio de la oposición por parte de los partidos y movimientos políticos que reconoce el artículo 112 de la Constitución. Para el ejercicio de la oposición no se requiere ser partido o movimiento político y, mucho menos, tener personería jurídica reconocida, pues ese es un derecho ciudadano. Las garantías del artículo 112, por el contrario, sólo se reconocen a los partidos y movimientos políticos con personería jurídica, pues dichas garantías tienen por objeto fortalecer el sistema de partidos para el adecuado cumplimiento de sus funciones constitucionales, en particular, promover su proyecto político y constituirse en alternativa de gobierno. (SU-316/21, salvamento de voto)

Añade Lizarazo que, por ser especial la norma del artículo 108 y específica del sistema de partidos y, por lo tanto, prevalente, no debió desconocerse con el ánimo de garantizar el derecho a la oposición política en un caso específico, más aún cuando los accionantes participaron en las elecciones tanto de Congreso como de Presidencia, lo que denota que conocen las reglas de juego y optaron por la opción de hacerlo por fuera del sistema de partidos[8].

---

8 Se añade que: "la participación electoral por fuera del sistema de partidos, como la de los grupos significativos de ciudadanos, tiene unas reglas distintas a la participación dentro de dicho sistema, y no resulta conforme a la Constitución

Por su parte, Ibáñez aclara su voto y señala que la Resolución 3.231 debió ser cuestionada por los accionantes ante la jurisdicción de lo contencioso administrativo, por lo que la tutela era procedente como mecanismo transitorio, para evitar un perjuicio irremediable, sin que pudiese exonerarse a los actores de acudir al Consejo de Estado. Adicionalmente, la reforma de la Unión Patriótica y la inclusión de la Colombia Humana en sus filas garantizaba los derechos de competencia política y oposición de la última. No obstante, señala que al aplicar el artículo 108 de la Constitución, sobre personería jurídica, no se puede desconocer el artículo 112 de la Carta que creó una nueva forma de acceder al Congreso, por lo que comparte la decisión mayoritaria relacionada con la orden emitida al CNE.

- ***¿Quienes suscriben las sentencias?***

Ambas decisiones fueron adoptadas por la sala plena, al considerar la Corte que se trataba de oportunidades de unificar jurisprudencia sobre temas relevantes en la vida política del país. La decisión en la SU-257/21 fue unánime, con ponencia de Jorge Enrique Ibáñez, aclaración de voto de Diana Fajardo e impedimento de Antonio Lizarazo, por lo que la decisión fue de ocho de los nueve magistrados. En la SU-316/21 el ponente fue Alejandro Linares, mientras Antonio Lizarazo se apartó de la decisión mayoritaria y Jorge Enrique Ibáñez presentó aclaración de voto.

Tabla 2: Magistrados que suscriben las sentencias SU-257/21 y SU-316/21

Magistrado	Período	Ternado por	Tendencia/Apoyos
Alberto Rojas Ríos	2013-2021	Consejo de Estado	Liberales
Gloria Stella Ortiz	2014-2022	Corte Suprema	Liberales
Alejandro Linares Cantillo	2015-2023	Presidencia (Santos)	Liberales
Antonio José Lizarazo	2017-2025	Consejo de Estado	Liberales
Cristina Pardo Schlesinger	2017-2025	Presidencia (Santos)	Conservadores
Diana Fajardo Rivera	2017-2025	Corte Suprema	Liberales

otorgarles las garantías que esta reconoce a los partidos y movimientos con personería jurídica" (SU-316/21, salvamento de voto).

Magistrado	Período	Ternado por	Tendencia/Apoyos
José Fernando Reyes	2017-2025	Corte Suprema	Conservadores
Jorge Enrique Ibáñez	2020-2028	Consejo de Estado	Conservadores
Paola Meneses Mosquera	2021-2029	Presidencia (Duque)	Conservadores

Fuente: elaboración propia con base en información de lasillavacia.com y Jiménez (2021).

Alberto Rojas fue elegido en 2013 y meses después su designación fue declarada nula por el Consejo de Estado, corporación que lo había ternado, al considerarse que quienes lo postularon violaron el reglamento de dicha corporación, decisión revocada en el 2015, vía tutela, de nuevo por el Consejo de Estado. Ya en el 2000 su nombre había sido puesto a consideración del Congreso, por la Corte Suprema, para ser magistrado de la CC.

Gloria Stella Ortiz, muy cercana al exmagistrado y exfiscal Eduardo Montealegre, de tendencia liberal, pero también al exmagistrado Luis Guillermo Guerrero, de tendencia conservadora, fue ternada por la Corte Suprema y elegida en 2014. Alejandro Linares, con experiencia en Derecho privado y en el sector público, específicamente en el gobierno de César Gaviria, fue elegido en 2015, luego de ser ternado por la Presidencia de la república. Ya en 2013 había sido postulado por el Consejo de Estado.

La elección en 2017 de Antonio José Lizarazo fue respaldada por el gobierno de Santos, luego de una vida activa en lo político y de haber sido ternado por el Consejo de Estado. En 1982 estuvo a cargo de la campaña presidencial de Galán Sarmiento y en 1990 de la de César Gaviria, en Norte de Santander. Fue concejal de Cúcuta, diputado y gobernador designado (1990-1992) de Norte de Santander. Ha sido funcionario de la Presidencia y también fue magistrado del Consejo Nacional Electoral, cargo al que llegó con apoyo de Germán Vargas Lleras. Es cercano a Juan Fernando Cristo, ministro del Interior de Juan Manuel Santos (Lewin y Duque, 2016).

Lizarazo no hizo parte de la discusión de la SU-257/21, al haberle sido aceptado impedimento, como quiera que, en su momento, participó en la creación del Nuevo Liberalismo y fue un actor muy importante del Movimiento Político. Así lo resalta la propia sentencia, en la que se señala que cuando, el 19 de agosto de 1985, Galán

Sarmiento solicitó a la entonces Corte Electoral el reconocimiento de personería jurídica[9], Lizarazo figuraba entre los suplentes del Consejo Nacional del partido[10].

Cristina Pardo, secretaria jurídica de la presidencia de Juan Manuel Santos, llegó a la Corte en 2017 luego de ser ternada por él. Había sido postulada antes también por Andrés Pastrana y Álvaro Uribe. Diana Fajardo llegó a la Corte en 2017, ternada por la Corte Suprema, después de una larga trayectoria en el sector público de la mano de reconocidas figuras liberales, entre los que destaca Horacio Serpa. José Fernando Reyes, también ternado por la Corte Suprema en 2017, había realizado su carrera en la judicatura y había trabajado previamente en la Procuraduría. Llegó a la Corte con el respaldo de la Unidad Nacional, al enfrentarse a un conservador de línea dura, respaldado por Alejandro Ordóñez (*La Silla Vacía*, 23 de abril de 2021).

Jorge Enrique Ibáñez llegó a la Corte en 2020, ternado por el Consejo de Estado. Inició su vida pública cuando militaba en las juventudes conservadoras de Tunja, donde fue concejal en el periodo 1978-1980. Trabajó en el Banco de la República entre 1983 y 1994, posteriormente se dedicó al litigio y al arbitraje. Finalmente, Paola Meneses, compañera de colegio de Iván Duque y ternada por él en 2021, había desempeñado cargos en la Federación Nacional de De-

---

9 A lo que accedió la Corporación con Resolución 006 del 28 de enero de 1986.

10 "Con la solicitud se aportaron: *(i)* copia de sus Estatutos; *(ii)* la identificación de su naturaleza; *(iii)* la organización como Partido Político; *(iv)* la copia del Acta del primer Congreso y Programa Político; y, *(v)* la lista de los órganos de gobierno: Director Nacional, Luis Carlos Galán Sarmiento; Consejo Nacional, Principales, José Blackburn, Germán Guerrero, Gabriel Rosas, Emilio Urrea, César Pardo, Germán Lozano, Jairo Guerra, Iván Marulanda y Arturo Saravia; suplentes, Germán Riaño, Alfonso Valdivieso, Augusto Leyva, Hugo Velásquez, Augusto Bahamón, Carlos E. Restrepo, Rubén Darío Ramírez y Antonio Lizarazo. Junta de Coordinación Nacional integrada por el Director Nacional, el Consejo Nacional, los Senadores principales Luis Carlos Galán, Fernando Sanz M., Emilio Urrea D., Germán Botero de los Ríos, Prudencio Toloza, Arismendi Mora P., y Jorge Valencia J.; Representantes Principales, Rafael Amador C., José Blackburn, Ernesto Rojas M., Alberto Villamizar C., Gabriel Rosas, Ernesto Manzanera, Alfonso Valdivieso, Silvio Mejía D., John Gómez R., Julio Bahamón V.; y, los Coordinadores Regionales" (SU-257/21, numeral 159).

partamentos, en la Superintendencia de Subsidio Familiar y en la Fiscalía General.

Los ponentes en ambas decisiones, en las que se llega a resultados similares, son de líneas políticas diferentes, y mientras la decisión del Nuevo Liberalismo fue unánime, sin que en ella participara Lizarazo, él fue el único magistrado que se apartó de la decisión sobre la Colombia Humana, al advertir sobre la improcedencia del amparo, toda vez que los interesados no atacaron el acto cuestionado ante la jurisdicción competente, que es la contencioso administrativa. Y aquí no puede dejar de surgir la pregunta sobre la incidencia que pudo tener, para que esta tutela prosperara, la figura de Petro Urrego como demandante en el proceso, así como sobre la especial consideración que recibió de la Corte, tal como lo resalta Ibáñez en la parte final de su aclaración de voto.

3. LOS EFECTOS DE LAS SENTENCIAS

Las sentencias estudiadas en este trabajo permitieron revivir a cinco partidos y movimientos políticos antes de los comicios de 2022, lo que, a su vez, les permitió dar avales para las elecciones del Congreso que se celebraron el 13 de marzo de 2022 y para las presidenciales, del 29 de mayo de 2022, así como recibir recursos del Estado.

Tabla 3: Organizaciones que obtuvieron personería jurídica

Partido o movimiento	Resolución CNE	Representante Legal	Sentencia
Movimiento Político Colombia Humana	7417 de 15/10/21	Gustavo Petro	SU-316/21
Partido Nuevo Liberalismo	7822 de 22/10/21	Fernando Galindo	SU-257/21
Partido Salvación Nacional	8804 de 1/12/21	Enrique Gómez	SU-257/21
Partido Verde Oxígeno	8805 del 1/12/21	Ingrid Betancourt	SU-257/21
Partido Comunista Colombiano	8842 del 7/12/21	Jaime Caycedo	SU-257/21

Fuente: CNE (2023).

Muchos otros se presentaron ante el CNE para reclamar su personería jurídica con base en la decisión del Nuevo Liberalismo, entre ellos el Movimiento Unión Cristina (*El Tiempo*, 12 de octubre de

2022); el Movimiento Comunal y Comunitario de Colombia[11]; el Movimiento Dejen Jugar al Moreno; el Partido Frente de Izquierda Liberal Auténtico, el Movimiento Nacional de Reconciliación, el Movimiento Cívico Político Laicos por Colombia, el Partido Solidaridad y el Movimiento Apertura Liberal (*El Tiempo*, 3 de noviembre de 2021). A todos ellos se suman Nueva Fuerza Ciudadana, del expresidente Andrés Pastrana, y Esperanza, Paz y Libertad, de miembros de la extinta guerrilla Ejército Popular de Liberación (EPL), que recuperaron sus personerías jurídicas en 2023, en aplicación de la sentencia SU-257/21.

Después de las elecciones del 2022 obtuvieron personería jurídica, por aplicación de la sentencia SU-316/21, el Partido Fuerza Ciudadana fundado por Carlos Caicedo, que pese a no haber alcanzado el umbral en las últimas elecciones al Senado había hecho parte de la coalición que la candidatura presidencial de Petro en 2018, lo que sirve de sustento a la decisión de la autoridad electoral (Ortiz, 2022), y la Liga de Gobernantes Anticorrupción, de Rodolfo Hernández.

- ***Las elecciones del 13 de marzo: legislativas y consultas***

Las elecciones del 13 de marzo de 2022 marcaron una reconfiguración del Congreso, impulsada por el éxito del Pacto Histórico[12], que presentó una lista cerrada al Senado encabezada por Gustavo Bolívar y en la que participaron también reconocidas figuras de la política tradicional como Roy Barreras y Piedad Córdoba. La coalición Pacto Histórico alcanzó la mayor representación en el Parlamento, con 20 senadores y 27 representantes a la Cámara, de los cuales cuatro senadores y 16 representantes son de la Colombia Humana.

---

11 Resolución No. 8.950 del 15 de diciembre de 2021, por la cual, el Consejo Nacional Electoral, negó la solicitud de reconocimiento de personería jurídica al Movimiento Comunal y Comunitario.

12 Conformado por: Colombia Humana, Unión Patriótica, MAIS, Polo Democrático Alternativo, Poder Ciudadano, Alianza Democrática Amplia, Todos Somos Colombia, Movimiento por el agua y por la vida e independientes.

La coalición Verde Centro Esperanza (Verde Oxígeno, ASI y Alianza Verde) logró nueve curules al Senado y la coalición Centro Esperanza dos a la Cámara. Dos de las mencionadas curules, una para Senado y otra para la Cámara, contaron con el aval de Verde Oxígeno, donde resultaron elegidos Humberto de la Calle y Daniel Carvalho Mejía, respectivamente, quienes, a la postre, fueron expulsados del partido.

El Nuevo Liberalismo presentó una lista cerrada al Senado, encabezada por reconocidas figuras como la periodista Mabel Lara, el político y exdefensor del pueblo Carlos Negret, la profesora Sandra Borda y el propio Carlos Fernando Galán, en el renglón seis de la lista, que no logró ninguna curul, a pesar de que se proyectaba que tuviese al menos tres.

Ninguna de las personas reconocidas como directivas del partido en virtud de la sentencia de la CC hizo parte de esta lista ni de las candidaturas a la Cámara de representantes, donde presentó candidatos propios en Bogotá, el exterior y 14 departamentos, y consiguió solo la curul por Bogotá, con Julia Miranda, directora de Parques Nacionales entre 2004 y 2020 y compañera de universidad del magistrado Ibáñez Najar, ponente de la decisión que devolvió personería jurídica al partido.

A la curul de Miranda se suma la de Juan Sebastián Gómez González, cabeza de lista de la coalición Juntos por Caldas, que llega al NL y al Congreso después de haber militado en el Partido de la U y haber pasado por el Concejo de Manizales y la Asamblea de Caldas (La Patria, 16 de febrero de 2022).

Salvación Nacional, a la cabeza del sobrino de Álvaro Gómez Hurtado, se presentó con una lista con voto no preferente y no logró los votos requeridos para llegar al Senado; sin embargo, en virtud de la sentencia tiene asegurada su personería jurídica al menos hasta 2026 (Lombo, 2022). Finalmente, el Partido Comunista no presentó listas al Congreso en 2022, ni dio avales, aunque su representante manifestó el apoyo del partido al Pacto Histórico (*El Tiempo*, 9 de diciembre de 2021).

Tabla 4: Congresistas elegidos por los partidos o movimientos revividos

Partido/Movimiento Número total curules	Senado 108	Cámara 187
Movimiento Político Colombia Humana	Alex Xavier Flórez Hernández Isabel Cristina Zuleta Yuli Esmeralda Hernández Silva Gloria Inés Flórez	David Alejandro Toro Ramírez Susana Gómez Castaño Agmeth Escaf Tijerino David Ricardo Racero Mayorca Heraclio Landinez Suárez María del Mar Pizarro García María Fernanda Carrascal Dorina Hernández Palomino Pedro José Suárez Vacca Jorge Hernán Bastidas Rosero Leider Alexandra Vásquez Ochoa Carmen Felisa Ramírez Jorge Andrés Cancimance López Mary Anne Andrea Perdomo Gutiérrez Alfredo Mondragón Garzón José Alberto Tejada Echeverry
Partido Nuevo Liberalismo	-	Julia Miranda Juan Sebastián Gómez González*
Partido Salvación Nacional	-	-
Partido Verde Oxígeno	Humberto de la Calle**	Daniel Carvalho Mejía**
Partido Comunista Colombiano	No avaló candidatos	No avaló candidatos

Fuente: Elaboración propia con datos de la MOE (2022b).
*Coalición Juntos por Caldas.
** Posteriormente expulsados.

- ***Las elecciones presidenciales***

El 13 de marzo de 2022 se hicieron también las consultas presidenciales de tres coaliciones. En la de la coalición Centro Esperanza compitieron: Juan Manuel Galán (NL), Sergio Fajardo (Alianza Social Independiente - ASI), Jorge Enrique Robledo (Dignidad), Carlos Amaya (Somos Verde Esperanza) y Alejandro Gaviria (Colombia tiene futuro). Esta fue la consulta con menos votantes, con apenas un 18,7% de quienes votaron en las consultas[13], es decir, el candidato con más votos fue Fajardo, con 723.475, seguido por Galán, quien alcanzó 487.019.

En la del Pacto Histórico participaron: Gustavo Petro (Colombia Humana), Francia Márquez (Polo Democrático Alternativo), Arlenis Uriana (MAIS) y Alfredo Saade (ADA). Esta consulta fue votada por el 47,5% de quienes participaron en las consultas, y en ella Petro obtuvo 4.495.831 votos frente a los 785.215 de Márquez, que ocupó el segundo lugar.

El 29 de mayo de 2022 se llevó a cabo la votación para la primera vuelta. En el tarjetón aparecían ocho candidaturas, aunque Ingrid Betancourt se había retirado de la contienda apenas una semana antes y anunció su apoyo a Rodolfo Hernández (Oquendo, 2022). La mayor votación la obtuvo Petro, con el 40,3%, correspondiente a 8.542.020 votos, seguido de Hernández, con el 28,2% (5.965.531) y de Gutiérrez con el 23,9%. Fajardo obtuvo el 4,2% de los votos, el voto en blanco el 1,7%, John Milton Rodríguez el 1,3%, Enrique Gómez el 0,2% (48.643), Betancourt el 0,1% (14.161) y Luis Pérez el 0,05%.

El 19 de junio de 2022, en segunda vuelta, Petro obtuvo el 50,4% de los votos (11.292.758) y Rodolfo Hernández el 47,3% (10.604.656). Ninguno de los dos candidatos presidenciales lo fue a nombre de un partido político. Petro, a pesar de participar en política desde hace décadas y haber militado en la Alianza Democrática M-19 y el Polo Democrático Alternativo, no ha dado el paso de canalizar su liderazgo a través de un partido que permita consolidar un proyecto político más allá de su figura personal. Hernández, por su parte, luego de ser alcalde de Bucaramanga entre 2016 y 2019, participó en las presidenciales como candidato de un grupo significativo de ciudadanos que, a finales de 2022, recibiría el reconocimiento de su personería jurídica por parte del CNE.

Los apoyos a los candidatos para la segunda vuelta presidencial dividieron partidos y coaliciones. Mientras Juan Manuel Galán anunció

---

[13] Seguida por la del Equipo con Colombia, donde participaron un 34% de electores y compitieron: Aydee Lizarazo, Alex Char, David Barguil, Enrique Peñalosa y Federico Gutiérrez, quien resultó elegido.

que apoyaría a Hernández, dos de las candidatas en la lista al Senado reivindicaron su voto a favor de Francia Márquez: Mabel Lara, cabeza de lista, y Yolanda Perea. Ingrid Betancourt ya se había unido a Hernández en primera vuelta, y a la segunda se sumó también Enrique Gómez, de Salvación Nacional.

En todo caso cabe recordar que las personerías jurídicas reconocidas en 2021 a estos partidos y movimientos se mantendrán hasta 2026, lo que les permitirá ejercer las prerrogativas propias de tales reconocimientos en las elecciones regionales de 2023 y en las nacionales de 2026, por lo que será oportuno analizar la institucionalización y consolidación de dichas organizaciones, así como sus liderazgos, lo que se hace a continuación, con corte a julio del 2023.

- ***¿Nuevos partidos? Los que se quedan y los que se van***

El movimiento político Colombia Humana, que logró el triunfo en la elección presidencial y mayorías en el Congreso, a julio de 2023 no ha expresado voluntad de consolidarse como partido político, como tampoco ha tenido grandes remezones en su conformación, más allá de casos particulares de inconformidad, como los generados por la extradición del hermano de la senadora Piedad Córdoba, o la renuncia al Congreso de la cabeza de lista de la coalición, Gustavo Bolívar, ambos de la coalición pero ninguno avalado por el movimiento de Petro. Su estrategia parece ser la de movilizar al pueblo en contra de la posibilidad de que sus reformas no se aprueben en el Congreso, panorama avivado por la ruptura de sus alianzas parlamentarias y los escándalos de corrupción que han rodeado a su círculo cercano en el 2023.

Por su parte, ya antes de las elecciones de 2022 el Nuevo Liberalismo mostró quiebres en su estructura y conformación que hacían dudar de los efectos reparadores que pretendía tener la SU-257/21 (numeral 398). Esta sentencia (numeral 410) hubiese permitido que los congresistas Iván Marulanda y Rodrigo Lara se presentaran a elecciones por el Nuevo Liberalismo, sin incurrir en doble militancia, a pesar de haber llegado al anterior Congreso por los partidos Alianza Verde y Cambio Radical, respectivamente.

Iván Marulanda, miembro principal del Consejo Nacional del Nuevo Liberalismo cuando en 1986 le fue reconocida su personería jurídica, en noviembre del 2021 planteó su intención de retirarse del Partido Verde para regresar, 30 años después, al Nuevo Liberalismo, pero, a inicios de diciembre desistió, al considerar que la decisión de la Corte de designar director general y representante legal del partido impedía su regreso a la colectividad, pues se imponía la "arbitrariedad" y la "imposición", lo que, además, se relaciona con la decisión de que el Nuevo Liberalismo presentara una lista cerrada al Senado, apartándose en este aspecto de la coalición centro esperanza (*El Espectador*, 7 de diciembre de 2021).

Así las cosas, esta sentencia, cuyos efectos se extendieron a otros partidos y movimientos, no tuvo el efecto de alcanzar, de forma amplia, a los fundadores y dirigentes del partido Nuevo Liberalismo sino, más bien, a los herederos de Galán que, como se vio antes, sí participaron en las elecciones de 2022, uno como precandidato presidencial y otro en la lista al Senado. Juan Manuel Galán fue designado director único del partido en marzo de 2022, después de las elecciones al Congreso (*El Tiempo*, 26 de marzo de 2022), y fue ratificado en el congreso nacional del partido celebrado en noviembre del mismo año (*El País*, 17 de noviembre de 2022), en una votación en la que no tuvo contendiente, con más de 200 votos a favor y 12 en contra.

Rodrigo Lara, hijo del exministro Lara Bonilla, también denunció "arbitrariedades" en la nueva organización y abandonó el partido en junio del 2022, al tiempo que cinco de los ocho candidatos de la lista cerrada al Senado hacían lo propio: Carlos Negret, Mabel Lara, Yolanda Perea, Viviana Vargas y José David Castellanos. Estas renuncias, salvo la de Negret, estuvieron relacionadas con la decisión del Nuevo Liberalismo de apoyar a Rodolfo Hernández en la segunda vuelta presidencial (*El Espectador*, 24 de junio de 2022). Mientras tanto, en noviembre Galán defendía su elección y designación a la cabeza del partido como democrática, pese a las críticas recibidas desde varios frentes, al señalar que entre los miembros históricos del partido, que participaron en el congreso de la colectividad, se encontraban Rafael Amador, María Cristina Ocampo, José Corredor, Hugo Velásquez, Víctor Reyes y Gustavo Bernal que, al lado de nuevos líderes, decidieron elegirlo (Orozco-Tascón, 2022).

En el partido Verde Oxígeno también se dieron disputas que cuestionan la democracia interna de la organización. Para empezar, en febrero de 2022 se llevó a cabo la primera asamblea, en la que se avaló a Ingrid Betancourt como precandidata presidencial, no sin desacuerdos sobre el *quórum*, las votaciones y sobre quiénes integrarían la dirección del partido (Mejía, 2022). Más tarde, Humberto de la Calle y Daniel Carvalho, avalados por este partido y elegidos en las listas de la coalición de la Esperanza al Senado y la Cámara, respectivamente, fueron expulsados del partido por no sumarse a la decisión de formar parte de la oposición al gobierno de Petro (*La Silla Vacía*, 15 de julio de 2022), decisión reversada por el CNE en la Resolución 5.228 de 2022, por resultar violatoria del debido proceso (*El Espectador*, 24 de junio de 2022).

Otro tanto puede decirse de Rodolfo Hernández y la Liga de gobernantes contra la corrupción, cuyos estatutos establecen que él será su presidente fundador y vitalicio, además de contar con el poder de nombrar al comité directivo del partido, integrado por cinco personas, incluidos él, su esposa y su hijo; a lo que se suma el requerimiento de que todas las decisiones adoptadas por el partido pasen por su aval personal (León, 2022).

CONCLUSIÓN

En julio de 2023 Colombia tenía 35 organizaciones con personería jurídica, muchas de las cuales no tuvieron que alcanzar el umbral electoral del 3% en las elecciones del Senado y obtuvieron dicha personería en virtud de las sentencias analizadas en este trabajo. Todas estas organizaciones quedan en capacidad de avalar candidatos en las elecciones regionales de octubre del mismo año, así como recibir financiación del Estado y acceder a espacios en medios de comunicación.

Esto en un contexto en el que las decisiones de la Corte han conducido a mayor flexibilidad para el otorgamiento de personerías jurídicas en busca de una apertura democrática que, sin embargo, se expresó, más que en una renovación de actores, en la participación de figuras tradicionales de la vida política del país que recibieron el aval de estas nuevas organizaciones políticas, en medio de cuestionamientos generalizados sobre liderazgos personalistas que reproducen patrones de exclusión propios de la historia política del país.

Sobre la tutela del Nuevo Liberalismo cabe resaltar las decisiones erráticas del CNE, que, en un inicio, confunde al partido con otro movimiento y fundamenta en ello sus decisiones, así como las advertencias que hace la CC en su sentencia sobre la indebida integración del litigio en el trámite de nulidad y restablecimiento del derecho surtido ante el Consejo de Estado. Pero sobre todo, es pertinente destacar que se trata de una decisión en la que la Corte Constitucional deja sin efectos una sentencia del Consejo de Estado que niega la acción de tutela presentada en contra de un fallo adoptado por la misma corporación, en un proceso de nulidad y restablecimiento del derecho. Esto es relevante porque la Corte ha sostenido que las tutelas contra decisiones judiciales proceden de forma excepcional, más aún cuando se ataca la decisión de una alta Corte, órgano de cierre en su respectiva jurisdicción.

El amparo termina concediéndose como quiera que la Corte entiende que la disposición constitucional que establece un umbral electoral para reconocer personería jurídica a partidos y movimientos políticos deriva en un bloqueo democrático y, por lo tanto, aplicarla de forma estricta implica una violación directa de la Constitución porque va en contravía de las normas que garantizan la fundación, permanencia y continuidad de los partidos, así como los derechos de sus fundadores, directivos y representantes a permanecer en estas instituciones hasta su retiro.

No obstante, los efectos reparadores del fallo, en el caso específico del Nuevo Liberalismo, se concretaron apenas para un puñado de personas que, además, participaron en el trámite de amparo, pero no alcanzaron a otros fundadores y antiguos dirigentes del partido, como lo demuestra el caso de Iván Marulanda, quien en un inicio manifestó su voluntad de volver a la organización en la que había militado décadas atrás, pero después se retractó por no encontrar allí un espacio adecuado para ejercer sus derechos. Adicionalmente, no puede pasarse por alto que ninguno de los miembros históricos, mencionados en la SU-257/21, volvieron a la política electoral con el Nuevo Liberalismo.

En el caso de la Colombia Humana, que la Corte se hubiese pronunciado, a pesar de que los representantes del movimiento no atacaron la decisión del CNE ante la jurisdicción contencioso administrativa, como lo advierten Lizarazo e Ibáñez en sus salvamento y aclaración de voto, lleva a pensar que el alto perfil político de quien interpone la tutela, que a la postre llegó a ser Presidente de la república, incide en que la Corte, que a lo largo de sus historia ha sido reiterativa en señalar el carácter subsidiario de la acción de la tutela como mecanismo de protección de derechos, asumiera el conocimiento del asunto, decidiera tramitarlo de fondo y fallarlo con carácter definitivo.

Argumentar, como lo hizo la Corte en su sentencia, que la acción de tutela procedía por la inminencia de las elecciones del 2022, cuando lo que estaba en discusión era el ejercicio de la oposición, y cuando la participación de la Colombia Humana estaba asegurada en dichas elecciones, hace necesario plantear la pregunta sobre el acceso preferencial a la Corte que algunos actores pueden tener, a pesar de ser responsables por haber dejado de asumir las cargas ordinariamente impuestas a los demás ciudadanos, como sería, en estos casos, acudir a la jurisdicción contencioso administrativa antes que a la tutela.

Sobre los magistrados de la CC que suscriben ambas sentencias, se resalta el impedimento de Lizarazo en la SU-257/21 (NL), como quiera que formó parte del movimiento político en sus orígenes, lo que lo lleva a apartarse del conocimiento del caso. En cuanto a quienes participaron en ambas discusiones, únicamente la SU-316/21 (CH) tiene salvamento, es decir, hay un magistrado que se aparta de la decisión mayoritaria, mientras en ambas hay una aclaración de voto. Es decir que, salvo las precisiones argumentativas incluidas en las aclaraciones y el salvamento de voto de Linares en la sentencia de la Colombia Humana, hubo acuerdo generalizado en la Corte sobre la necesidad de una ampliación democrática y el reconocimiento de personería jurídica a quienes se encuentran en los supuestos de hecho de uno y otro caso.

Está por verse, no obstante, si las organizaciones con reconocimiento de personería jurídica en virtud de estas sentencias de 2021 logran materializar las buenas intenciones de la Corte, si el Congreso cumple el llamado que le hace dicha corporación para ocuparse de reglamentar la materia y frenar así la alta fragmentación del sistema de partidos, si las organizaciones y líderes que no lo han hecho logran transitar de movimientos a partidos, y si los partidos logran institucionalizarse y regir su vida interna con arreglo a principios democráticos, propósitos no asegurados para la contienda electoral del 2023.

REFERENCIAS

Batlle, M. y Puyana, J. (2013). Reformas políticas y partidos en Colombia: cuando el cambio es la regla. *Revista de Ciencia Política 4*(7), 73-88.

Batlle, M. y Puyana, J. (2011). El nivel de nacionalización del sistema de partidos colombiano: una mirada a partir de las elecciones legislativas de 2010. *Colombia Internacional* (74), 27-57.

Cepeda, M. y Landau, D. (2021). A broad read of Ely: Political processes theory for fragile democracies. *International Journal of Constitutional Law 19*(2), 548–568.

Cepeda, M. (2005). The Judicialization of Politics in Colombia: The Old and the New. En: R. Sieder, L. Schjolden, y A. Angell (eds.) *The Judicialization of Politics in Latin America* (pp. 67-103). Palgrave Macmillan.

Consejo Nacional Electoral. *Resoluciones partidos y movimientos políticos con personería jurídica.* https://www.cne.gov.co/informes-de-ingresos-y-gastos-de-campana/2-institucional/617-resoluciones-partidos-y-movimientos-politicos-con-personeria-juridica.

Corte Constitucional. Sentencia SU-150/21 (M.P. M.P. Alejandro Linares Cantillo: mayo 21 de 2021). https://www.corteconstitucional.gov.co/relatoria/2021/SU150-21.htm.

Corte Constitucional. Sentencia SU-257/21 (M.P. Jorge Enrique Ibáñez Najar: agosto 5 de 2021). https://www.corteconstitucional.gov.co/Relatoria/2021/SU257-21.htm.

Corte Constitucional. Sentencia SU-316/21 (M.P. Alejandro Linares Cantillo: septiembre 16 de 2021). https://www.corteconstitucional.gov.co/relatoria/2021/SU316-21.htm.

Domingo, P. (2004). Judicialization of Politics or Politicization of the Judiciary? Recent Trends in Latin America. *Democratization* (11), 104-126.

Duque Daza, J. (2022). Elecciones de Congreso en Colombia en 2022. ¿Pluralismo, cambio y renovación? *Reflexión política 24*(50), 17-35.

El Espectador. Redacción Política. (2022, 16 de noviembre). CNE resolvió que Humberto de la Calle y Carvalho siguen en Verde Oxígeno. https://

www.elespectador.com/politica/cne-resolvio-que-humberto-de-la-calle-y-carvalho-siguen-en-verde-oxigeno/.

El Espectador. Redacción Política. (2022, 24 de junio). Rodrigo Lara Restrepo también renunció al Nuevo Liberalismo. https://www.elespectador.com/politica/rodrigo-lara-restrepo-tambien-renuncio-al-nuevo-liberalismo/.

El Espectador. Redacción Política. (2021, 7 de diciembre). ¿Por qué Iván Marulanda ya no se irá al Nuevo Liberalismo? https://www.elespectador.com/politica/por-que-ivan-marulanda-ya-no-se-ira-al-nuevo-liberalismo/.

El País. Política. (2022, 17 de noviembre). Juan Manuel Galán fue elegido como director nacional del Nuevo Liberalismo. https://www.elpais.com.co/politica/juan-manuel-galan-fue-elegido-como-director-nacional-del-nuevo-liberalismo.html.

El Tiempo. Redacción Justicia. (2022, 12 de octubre). La pelea judicial del movimiento Unión Cristina que podría llegar a la Corte. https://www.eltiempo.com/justicia/cortes/movimiento-union-cristiana-pelea-para-recuperar-su-personeria-juridica-708970.

El Tiempo. Política. (2022, 26 de marzo). Juan Manuel Galán es nombrado como director único del Nuevo Liberalismo. https://www.eltiempo.com/politica/partidos-politicos/juan-manuel-galan-es-el-nuevo-director-unico-del-nuevo-liberalismo-661064.

El Tiempo. Política. (2021, 9 de diciembre). Partido Comunista Colombiano no presentará listas al Congreso. https://www.eltiempo.com/politica/partidos-politicos/partido-comunista-colombiano-no-presentara-listas-al-congreso-637733.

El Tiempo. Política. (2021, 3 de noviembre). Hasta Dejen Jugar al Moreno busca ahora revivir su personería jurídica. https://www.eltiempo.com/politica/partidos-politicos/partidos-politicos-que-quieren-revivir-su-personeria-juridica-629691.

García-Villegas, M. (2014). Derecho a falta de democracia: la juridización del régimen político colombiano. *Análisis Político* 27(82),167-95.

Jiménez, W. (2021). *La Corte Constitucional y sus magistrados: derecho constitucional para la humanidad.* Universidad Libre.

La Patria. Política. (2022, 16 de febrero). Distintas ideologías, en la lista de candidatos a la Cámara de Representantes de Juntos por Caldas. *https://archivo.lapatria.com/politica/distintas-ideologias-en-la-lista-de-candidatos-la-camara-de-representantes-de-juntos-por.*

La Silla Vacía. (2022, 15 de julio). Con tutela De la Calle y Carvalho buscan frenar a Ingrid Betancourt. https://www.lasillavacia.com/la-silla-vacia/envivo/con-tutela-de-la-calle-y-carvalho-buscan-frenar-a-ingrid-betancourt.

La Silla Vacía. (2021, 23 de abril). *Quién es quién. José Fernando Reyes.* https://www.lasillavacia.com/quien-es-quien/jose-fernando-reyes.

Landau, D. y López, J. (2009). Political institutions and judicial role: an approach in context, the case of the Colombian Constitutional Court. *Vniversitas* (119), 55-91.

León, A. *La Silla Vacía.* (2022, 4 de agosto). Rodolfo Hernández busca ser dictador en su partido, la Liga Anticorrupción. https://www.lasillavacia.com/historias/silla-nacional/rodolfo-hernandez-busca-ser-dictador-en-su-partido-la-liga-anticorrupcion/.

Lewin, J.E. y Duque, T. *La Silla Vacía.* (2016, 13 de diciembre). Lizarazo, cerca de ser el cuarto de Santos en la Corte Constitucional. https://www.lasillavacia.com/historias/silla-nacional/lizarazo-cerca-de-ser-el-cuarto-de-santos-en-la-corte-constitucional.

Lombo, J.S. *El Espectador.* (2022, 28 de febrero). "Acá no hay extrema derecha, solo derecha y no estamos avergonzados" cabeza de lista de Salvación Nacional. https://www.elespectador.com/politica/elecciones-colombia-2022/aca-no-hay-extrema-derecha-solo-derecha-y-no-estamos-avergonzados-cabeza-de-lista-de-salvacion-nacional/.

Martínez-Barahona, E. y Brenes-Barahona, A. (2012). Cortes Supremas y candidaturas presidenciales en Centro América. *Revista de Estudios Políticos (nueva época)* (158), 165-206.

Mejía, I. *La Silla Vacía.* (2022, 25 de febrero). La caótica asamblea de Verde Oxígeno que coronó a Ingrid Betancourt candidata. https://www.lasillavacia.com/historias/silla-nacional/la-caotica-asamblea-de-verde-oxigeno-que-corono-a-ingrid-betancourt-candidata/.

Misión de Observación Electoral (2022a). Informe de seguimiento legislativo al Congreso de la República. Legislatura 2022-2023. https://www.moe.org.co/informe-de-seguimiento-legislativo-al-congreso-de-la-republica-analisis-de-los-temas-electorales-y-de-lucha-contra-la-corrupcion-legislatura-2022-2023-primer-periodo-legislativo-20-de-julio-a/.

Misión de Observación Electoral (2022b). Resultados Electorales Congreso y Presidencia 2022. https://www.moe.org.co/libro-moe-resultados-electorales-congreso-y-presidencia-2022/.

Nuevo Liberalismo. Candidatos al Senado de la República. https://nuevoliberalismo.org/candidatos-senado/.

Nuevo Liberalismo. Candidatos a la Cámara de Representantes. https://nuevoliberalismo.org/candidatos-camara/.

Oquendo, C. *El País.* (2022, 20 de mayo). Ingrid Betancourt renuncia a la campaña presidencial y se suma a Rodolfo Hernández. https://elpais.com/america-colombia/2022-05-21/ingrid-betancourt-renuncia-a-la-campana-presidencial-y-se-suma-a-rodolfo-hernandez.html.

Orozco-Tascón, C. *El Espectador.* (2022, 26 de noviembre). "Mi elección fue democrática": Juan Manuel Galán. https://www.elespectador.com/politica/mi-eleccion-fue-democratica-juan-manuel-galan/.

Ortiz, J. *La Silla Vacía.* (2022, 16 de diciembre). El CNE le da partido político a Carlos Caicedo por haber perdido con Petro. https://www.lasillavacia.com/historias/silla-nacional/el-cne-le-da-partido-politico-a-carlos-caicedo-por-haber-perdido-con-petro.

República de Colombia. *Constitución Política de 1991.* http://www.secretariasenado.gov.co/constitucion-politica.

Revelo, J. (2017). *¿Del umbral a los afiliados? La adquisición y conservación de la personería jurídica de las organizaciones políticas después de los acuerdos de La Habana.* Misión de Observación Electoral. https://www.moe.org.co/del-umbral-a-los-afiliados/.

Rodríguez-Raga, J. (2011). Strategic Deference in the Colombian Constitutional Court, 1992-2006. En: G. Helmke y J. Ríos-Figueroa (eds.). *Courts in Latin America* (pp. 81-98). Cambridge University Press.

II. ELECCIONES PARA CONGRESO

LA EVOLUCIÓN DEL SISTEMA DE PARTIDOS EN COLOMBIA DESDE SU ORIGEN HASTA LA ACTUALIDAD

David Alberto Roll Vélez[1]
Universidad Nacional de Colombia

Matteo Alejandro Bolívar Santana[2]
Universidad Nacional de Colombia

INTRODUCCIÓN

Las elecciones del año 2022 en Colombia supusieron un hito nunca visto en la historia de la democracia colombiana y es la llegada de la izquierda democrática al poder con la elección de Gustavo Petro como presidente por el Pacto Histórico y la consolidación de una coalición de gobierno en la que los partidos tradicionales (Liberal y Conservador) la integran junto con partidos que van desde el centro hasta la izquierda radical. En términos del sistema de partidos, las fuerzas progresistas, socialdemócratas y de izquierda se consolidaron como un bloque mayoritario dentro de la conformación del Congreso, lo que lleva a que el Pacto Histórico sea la primera agrupación de izquierda que logra ser la bancada más grande del Congreso con 20 senadores y 29 representantes a la Cámara (MOE, 2022).

---

1 Doctor en Ciencias Políticas y Sociología por la Universidad Complutense de Madrid. Profesor de la Universidad Nacional de Colombia. Sus áreas de interés se centran en los partidos políticos y sistemas electorales en Colombia. Autor del libro de Planeta: *Democracia para extraterrestres* y del canal de YouTube con el mismo nombre. Correo electrónico: davidroll77@gmail.com

2 Estudiante de último semestre de pregrado en Ciencia Política de la Universidad Nacional de Colombia y estudiante de Maestría en Estudios Políticos en modalidad de admisión anticipada de la misma universidad. Coordinador del Semillero de Investigación del Observatorio de Partidos y Elecciones de la Universidad Nacional (Obpar). Correo electrónico: mbolivars@unal.edu.co

Comprender las ambivalencias de la llegada de la izquierda al poder en Colombia implica, de entrada, brindar una breve distinción de que se entiende por las categorías de izquierda y derecha dentro del espectro político, discusión que data de los tiempos de la Revolución francesa y que se ha difuminado especialmente con la caída del muro de Berlín, y se complejiza todavía más en el contexto de la realidad política del país. Autores como Bobbio (2020, p. 187) mencionan que "(...) simplemente son dos palabras que sirven desde hace más de un siglo para distinguir dos partes contrapuestas del universo político". Para el autor:

> El universo político, como por lo demás cualquier otra esfera del saber y de la acción, está dominado por grandes dicotomías: progreso-conservación, individualismo-comunitarismo, atomismo-organicismo, visión antagónica o armónica de la sociedad, predominio de las instancias de libertad o de las de justicia, que dan origen a proyectos de acción divergentes, cualquiera que sea el nombre con el que las partes contrapuestas sean llamadas. (p. 188)

A todas luces, las dicotomías presentadas por los actores políticos históricamente, desde la Revolución francesa, se han configurado en torno al eje de izquierda y derecha; se asocia a la primera con valores relacionados con el progreso, el comunitarismo, el organicismo, el predominio de las instancias de justicia y la visión antagónica de la sociedad entre diferentes grupos, como pueden ser las clases sociales. La segunda, por su parte, ha sido asociada con los valores de la conservación, el individualismo, el atomismo, la visión armónica de la sociedad, el predominio de la libertad y la prevalencia, en algunos casos, de valores religiosos.

En ese orden de ideas y, con la intención de mantener un carácter didáctico para el lector, el presente artículo se enmarcará en estas instancias expuestas sobre la dicotomía entre la izquierda y la derecha, se sugiere que mientras mayor o menor cercanía haya con estos valores se podrán catalogar en mayor o menor afinidad a las fuerzas del espectro político, a sabiendas de la multitud de variables y matices que corresponden a una posible categorización en dicho aspecto. Valga añadir, a su vez, que, en el caso colombiano, también se considerará como un aspecto la cercanía o distancia que exista con las élites políticas y las fuerzas de gobierno que tradicionalmente han ejercido los espacios decisorios en el país, destacando que las fuerzas orientadas hacia la derecha mantendrán una mayor afinidad política e ideológica hacia dichas élites y fuerzas, mientras que se presentará lo contrario en el caso de partidos y movimientos orientados a la izquierda.

Dicho esto, uno de los retos que afrontó la academia colombiana tras la publicación de los resultados y la posesión del nuevo Congreso y del nuevo gobierno ha sido la de formular una caracterización del sistema de partidos tras las elecciones. Este desafío, en cualquier caso, resulta complejo por cuenta de las numerosas rupturas históricas que representó la victoria de Gustavo Petro y, eventualmente, por la construcción de una coalición de gobierno en la que varias de las fuerzas opositoras al nuevo Presidente durante la campaña electoral terminaron por integrar su coalición. Sin duda, dicha labor requiere de un ejercicio de formulación de variables, tanto cualitativas como cuantitativas (Cortés Aguilar *et al.*, 2019), que logren dar cuenta del proceso de modernización y apertura de la democracia colombiana, en torno a las cuales el presente artículo no ingresará de lleno.

Con el propósito de contribuir a la discusión sobre el sistema de partidos resultante tras la elección, el presente artículo pretende, en primera instancia, realizar un análisis en torno la evolución del sistema de partidos desde el siglo XIX hasta el 2018 y dar cuenta, por una parte, de las transformaciones que han configurado el sistema hasta la actualidad y, por otra, del estado de la democracia colombiana en el momento de la elección. En segunda instancia, se propondrá una hipótesis sobre cuál podría ser la nueva configuración del sistema mediante la observación de la organización de los partidos en la legislatura del Congreso posesionada en julio de 2022 y su distribución entre partidos de gobierno, independientes y de oposición respecto al gobierno del presidente Petro con la intención de que pueda funcionar como una primera impresión a la hora de caracterizar el sistema de manera detallada.

Además, se realizará una reflexión sobre la importancia que tiene establecer el sistema de partidos en un país para entender su gobernabilidad y la relación que esto tiene con la ingeniería electoral. En segundo término, se explicará en qué consiste la clasificación clásica de los sistemas de partidos a partir de Sartori (2005), Duverger (1957) y LaPalombara y Weiner (1966), y cómo se ha interpretado en torno al problema de la gobernabilidad. En tercer lugar, se pretende ilustrar gráficamente la evolución del sistema de partidos en Colombia en relación con las normas electorales que han influido en su transformación. Por último, se expondrá cuál se considera es el sistema de partidos actual o, por lo menos, cuáles parecen ser las opciones de alianzas en un futuro cercano y sus implicaciones en la realidad nacional.

Es oportuno aclarar que la ingeniería electoral o institucional, entendida como la inclusión de normas y leyes para regular las interacciones de los partidos, tiene una incidencia parcial a la hora de caracterizar el sistema de partidos en el caso colombiano porque las transformaciones evidenciadas también han respondido a otros factores como las dinámicas propias del sistema político y con las estrategias que los partidos han adoptado dentro de las coyunturas nacionales. En este sentido, se comparte la concepción de Sartori (2005), puesto que algunos autores como Lijphart (1995) y Nohlen (1994) hacen un énfasis especial sobre el análisis de otros elementos diferentes de la ingeniería institucional mientras que para Sartori, aunque con algunas salvedades, se evidencia relación de causalidad entre el desarrollo de la ingeniería institucional y las transformaciones de los sistemas de partidos.

1. ¿POR QUÉ ES IMPORTANTE EL TEMA DEL SISTEMA DE PARTIDOS?

Las democracias, que son más recientes de lo que se piensa[3], han sido observadas por los expertos y por los ciudadanos desde varios puntos de vista a través de los tiempos[4]. En algunos momentos exis-

---

3 Para diferentes autores, las democracias son sistemas políticos muy recientes que aparecen en su forma moderna aproximadamente hasta el siglo XIX. Se puede consultar más sobre historia política en los videos del canal "David Roll Democracia para extraterrestres", especialmente en: "Conferencia: Historia política para extraterrestres", mediante el siguiente enlace: http AQqNUOqzpUM s://youtu.be/

4 Si bien la idea de la democracia surgió hace varios años antes de Cristo, en Grecia, luego de que fracasó en Atenas, tuvo muy mala imagen hasta el siglo XIX y autores como Kant y Rousseau hablan negativamente de la democracia, pues se consideraba que generaba ingobernabilidad. De hecho, los tres momentos

tió una preocupación por hacer que las democracias fueran estables; en otros momentos la preocupación era explicar por qué se habían quebrado o terminado (Linz, 1987), más adelante se buscó la manera de transitar de gobiernos autoritarios a gobiernos democráticos (O'Donnell, Schmitter y Whitehead, 1987), pero luego de ello se buscó cómo hacer para que se consolidaran y, finalmente, cómo lograr una gobernabilidad dentro de los regímenes democráticos (Alcántara, 1995).

La consolidación del Estado en la modernidad y de la democracia durante el siglo XX trajo consigo una discusión constante en torno a la construcción del Estado. Y es gracias a la cuestión de la legitimidad y su extensión, que se consideraba que esta era fundamental y prioritaria en todo sistema político, trayendo consigo una mayor estabilidad a las democracias. Una transición efectiva en los regímenes no democráticos y, a grandes rasgos, una mayor cohesión política del Estado como institución política. Más adelante se entendió que la eficacia (Eckstein, 1971) era casi tan importante como la legitimidad, y todos los esfuerzos iban hacia el diseño de estructuras que garantizaran esa eficacia, consistente en buenas decisiones y no necesariamente en resultados.

---

clave para el surgimiento de las democracias en Occidente, tampoco significaron la difusión automática de la democracia. En su orden: las tres revoluciones liberales sucesivas en Inglaterra alrededor de 1653, la Revolución francesa de 1789 y en medio de ellos la independencia norteamericana en 1776. Fue después de la Primera Guerra Mundial cuando ya se habían disuelto y fragmentado varios imperios en naciones de pequeño y mediano tamaño que empezó a ser posible que la democracia no fuera un experimento. Además, muchas experiencias fueron frágiles y, si se mira bien, solo desde la Segunda Guerra Mundial tres grandes democracias de hoy como Alemania, Italia y Japón han tenido una estabilidad sin pausas. La prueba de todo ello es que, mientras que el coautor de este artículo, nació en un mundo totalmente democratizado, por lo menos en Europa y América Latina y alguno que otro país asiático y africano, al autor, David Roll, le tocó ser protagonista en la infancia de la transición a la democracia de los tres países clave del sur de Europa: España, Grecia y Portugal, una década después de todos los países latinoamericanos casi prácticamente sin excepción y, sobre todo, de la veintena de países europeos que antes eran comunistas y pasaron a ser democracias.

En ese análisis se incluyó la idea de que no solo deberían existir determinados partidos con unas características, sino que, a su vez, debía haber una interacción particular entre los partidos para que se dieran condiciones en la consolidación tanto de la gobernabilidad como de la eficacia. Es decir, se pensó que si existen unos partidos bien estructurados y con determinadas características, las democracias serían más estables y sería más sencillo construirlas, lo que llevaría a alcanzar altos niveles de institucionalización. Así pues, en palabras de Artiga (1999), quien comenta lo mencionado por Bartolini (1994), un sistema de partidos es la suma de las interacciones que se desarrollan por parte de los actores partidistas en el marco de la competencia política y electoral y en torno a la cual existe consenso dentro de la ciencia política.

A partir de esta afirmación resulta preciso señalar los diferentes enfoques que se han desplegado dentro de la disciplina para el estudio de los sistemas de partidos, como bien señala Artiga (1999). Es por ello por lo que se evidenció que no solo era menester una determinada forma de organización dentro de los partidos a la hora de lograr un sistema político equilibrado, sino, también, la forma en que ellos se interrelacionan y se distribuyen el poder político para que pueda consolidarse la democracia, con óptimos niveles de gobernabilidad, legitimidad y estabilidad. Así pues, surgió una discusión sobre la distribución del sistema de partidos con el fin de lograr los pretendidos resultados en el contexto democrático.

En cualquier caso, la preocupación por la transición y la consolidación de las democracias no siempre fue latente en términos políticos y académicos pues, con las revoluciones democráticas de las décadas de los 70, 80 y 90 alrededor del globo trajo consigo una confianza en la estabilidad del sistema de partidos. De acuerdo con Linz (1987), la transición dejó de ser una cuestión relevante por cuanto la posibilidad de retroceder a regímenes militares parecía cada vez más lejana e improbable. Dicho entorno de confianza en la estabilidad de las democracias trajo consigo una renovada preocupación por la gobernabilidad.

La búsqueda por construir democracias más gobernables desde todos sus puntos de vista, pero también desde el sistema de partidos, implicó un profundo interés académico y político, así como hubo otrora un debate sobre cuál sistema político era mejor para las democracias. Se discutía si uno con parlamentarismo, uno con presidencialismo, o ciertas formas intermedias, como bien lo puede ser el semipresidencialismo o el presidencialismo alternativo o intermitente de Sartori (1994) Por eso se dio paso a una discusión álgida sobre qué sistema de partidos era mejor, si un sistema multipartidista o un sistema bipartidista (Sartori, 1994).

Algunas personas pensaban que, si había dos partidos grandes que generalmente triunfan en las elecciones, turnándose por azar, esto es, con una alternancia en el poder, se lograría más gobernabilidad. Otros pensaban que un sistema de varios partidos, que no fueran muchos ni muy diferenciados (multipartidista moderado) daba más gobernabilidad. No obstante, la discusión se complejiza al considerar que dichas fórmulas eran imperfectas y que cada una de ellas tendría una serie de implicaciones a la hora de diseñar un sistema gobernable: por un lado, el bipartidismo tuvo casos exitosos y otros altamente desafortunados, así como, por otro lado, los tuvo el multipartidismo (Sartori, 1994).

Un posible ejemplo de lo anterior es lo sucedido en sistemas de partidos como el británico, en el que su carácter bipartidista ha sido asociado con una mayor gobernabilidad y eficiencia del sistema; sin embargo, se ha hecho evidente que en el periodo de gobierno de exprimer ministro Boris Johnson se presentó una creciente ingobernabilidad, inestabilidad y polarización dentro del sistema, pese a ser caracterizado como un sistema bipartidista. Por el contrario, en el caso español se ha presentado una competencia centrípeta entre los diferentes partidos del sistema político, a pesar de que en la actualidad se hable de un sistema multipartidista con dos partidos predominantes y podría experimentarse, desde la literatura académica, una mayor polarización e ingobernabilidad por la imposibilidad de alcanzar alianzas entre los partidos.

2. SISTEMAS DE PARTIDOS POSIBLES

Ilustración 1: Tipos de sistemas de partidos

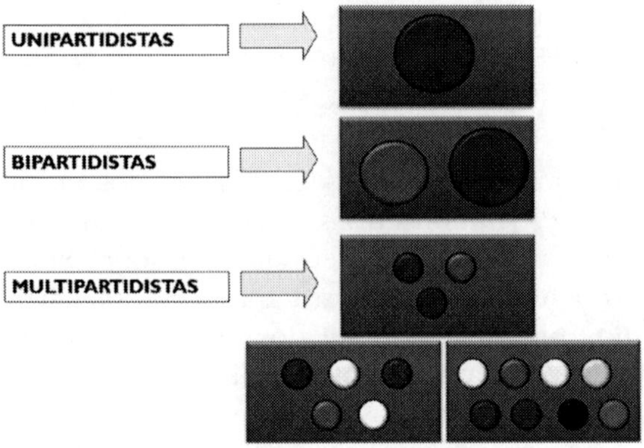

UNIPARTIDISTAS

BIPARTIDISTAS

MULTIPARTIDISTAS

Fuente: Elaboración propia.

La ingeniería institucional busca, entre otros objetivos, hacer gobernables democracias a partir de la promoción de determinado sistema de partidos que se considera mejor que otros, mediante la construcción de un marco normativo y legislativo. Desde que los actores de la política mudaron con la modernidad hacia un nuevo esquema, en el que se pasó de los Reinos y los Imperios a la figura del Estado como la principal institución política de la sociedad; los partidos políticos se convirtieron en el supuesto canal de comunicación entre el emergente Estado y la nueva sociedad civil. Así pues, si ya no existía la relación soberano y súbditos, este Estado se vio limitado a la hora de intervenir en las decisiones de la nueva sociedad civil y, por lo tanto, no podía establecer el tipo de partidos que podían existir y, sobre todo, qué sistemas de partidos. No obstante, en algunos casos, se rompió esta limitación, como fue el caso del Frente Nacional de Colombia, en 1958 (Roll Vélez, 1994).

Las primeras clasificaciones (Duverger, 1957) aluden a sistemas de partido único o comunistas y fascistas, sistemas de partidos bipartidistas y multipartidistas. Más tarde, la clasificación se fue sofisticando (Sartori, 2005), como se puede observar en la Ilustración 2 y se reconoció que, cuando hay un solo partido que gobierna, no siempre este es totalizante, sino que se podía dar el caso particular de que un partido ganara las elecciones de manera democrática y, simplemente, tuviera un amplio y consecutivo éxito electoral. A dicho sistema se le llamó sistema de partido predominante. Sin embargo, era posible que se diera el caso en el que se desarrollara una competencia electoral, pero la misma se encontraba restringida ya que se presentaba la exclusión táctica de los demás partidos. Para algunos autores, esta condición tipifica a un sistema de partido hegemónico y se tomaba como referencia el caso del Partido Revolucionario Institucional (PRI) durante el siglo XX.

Ilustración 2: Sistemas de partido único, hegemónico y predominante

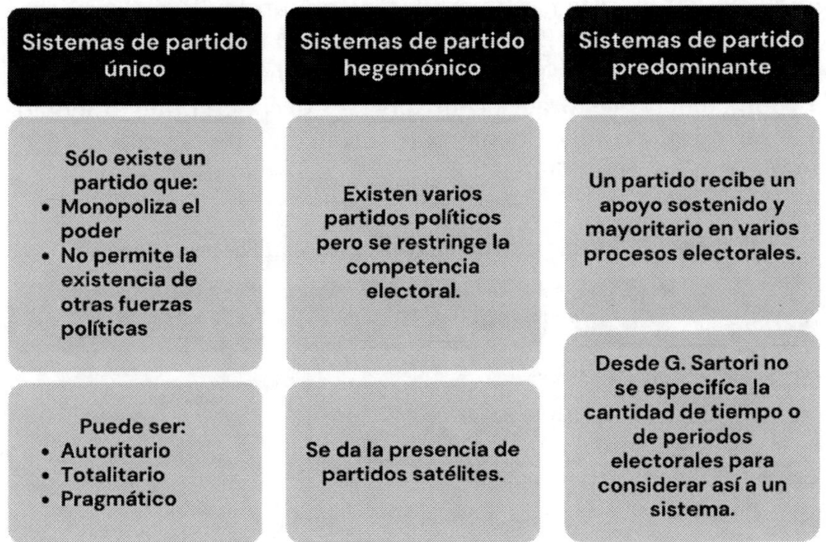

Fuente: Elaboración propia a partir de Sartori (2005).

También se hizo más sutil la clasificación del bipartidismo y se comentó que existía un bipartidismo perfecto cuando no era necesario que el partido triunfante tuviera que hacer alianzas con partidos menores para obtener las mayorías, especialmente en los sistemas parlamentarios; y un bipartidismo imperfecto, cuando esta condición sí era necesaria para la gobernanza del partido triunfante. Tal fue el caso de España, donde el Partido Socialista Obrero Español (PSOE) y el Partido Popular (PP) siempre tuvieron que pactar con partidos regionales y otras agrupaciones partidistas para tener las mayorías gobernables. Además, fue posible evidenciar que el bipartidismo podría ser rígido, como el caso de Inglaterra, en el que hay una relativa centralidad, o flexible, como en el caso estadounidense, que presenta la federalización del sistema.

Otra clasificación (ver Ilustración 3) que se conoce es la realizada por Maurice Duverger (1957) la cual caracterizaba los sistemas de partido único, sistema de partidos bipartidistas y sistemas de más de dos partidos (multipartidistas). En el caso de los sistemas de varios partidos, Sartori (2005) trata de establecer una delimitación todavía más rigurosa (ver Ilustración 4) y comenta que, dentro de esta categoría, existen los sistemas bipartidistas y multipartidistas y requieren una clasificación específica. Efectivamente, en los sistemas bipartidistas hay dos partidos principales y uno consigue la mayoría absoluta, la competencia electoral es centrípeta, es decir, está muy orientada al centro y las posturas ideológicas (normalmente en este tipo) de sistema son muy moderadas.

Ilustración 3: Clasificación de los sistemas de partidos para Duverger

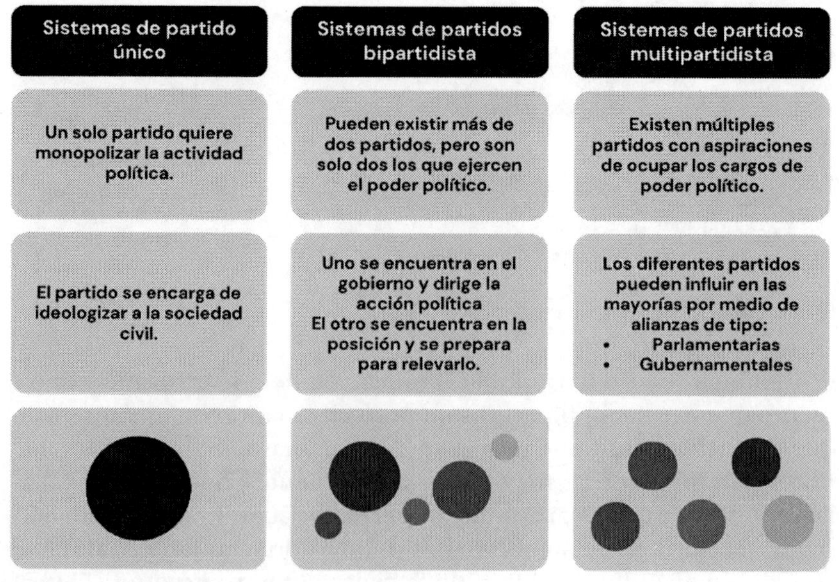

Fuente: Elaboración propia a partir de Duverger (1957).

Ilustración 4: Sistemas de varios partidos para Sartori

Sistemas bipartidistas	Sistemas de partidos de pluralismo limitado o moderado	Sistemas de partidos de pluralismo polarizado o extremo
Hay dos partidos principales. Solo uno consigue la mayoría relativa.	Hay de tres a cinco partidos.	Hay seis o más partidos donde: • Hay partidos antisistema • No hay mayorías absolutas
Hay una competencia electoral centrípeta. Se presentan posturas ideológicas moderadas.	Hay una competencia electoral centrípeta.	• Las coaliciones solo se dan con los partidos más próximos ideológicamente. • Se presentan oposiciones bilaterales

Fuente: Elaboración propia a partir de Sartori (2005).

El otro sistema de varios partidos es el multipartidista (también conocido como pluripartidista en algunos casos) el cual, sin embargo, tiene diferentes categorías (ver Ilustración 5). En primer lugar, se encuentra el multipartidismo limitado o moderado el cual, para Sartori (2005), es un sistema con pocos partidos (entre 4 y 6) que conforman coaliciones unos con otros y cuya competencia también es centrípeta, es decir, programáticamente esos partidos también tienden hacia el centro político y suele ser un sistema armónico porque no genera ingobernabilidad. Sin embargo, en segundo lugar, es posible encontrar un sistema de partidos multipartidista que es polarizado y es denominado por Sartori como multipartidismo extremo. Suelen ser sistemas más caóticos, cuentan con una gobernabilidad limitada y el índice de partidos suele ser mayor a 5 ó 6; a su vez, se presenta un alto grado de fragmentación o atomización y se dificulta la conformación de mayorías parlamentarias.

Ilustración 5: Sistemas multipartidistas para Sartori

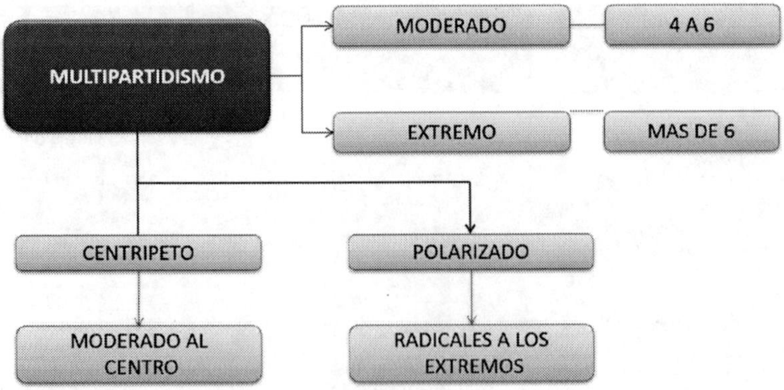

MULTIPARTIDISMO
MODERADO
4 A 6
EXTREMO
MAS DE 6
CENTRIPETO
POLARIZADO
MODERADO AL CENTRO
RADICALES A LOS EXTREMOS

Fuente: Elaboración propia a partir de Sartori (2005).

De todos modos, existe otro modo de calificación (ver Ilustración 6) realizado por LaPalombara y Weiner (1966), en el que se pueden ubicar sistemas competitivos y sistemas no competitivos. En los sistemas competitivos, en síntesis, solo se pueden presentar tres posibilidades: se desarrolla un multipartidismo porque hay muchos partidos; un bipartidismo porque hay dos partidos; o un sistema de partido predominante, que gana las elecciones por un amplio margen y de manera sostenida en el tiempo.

Ilustración 6: Sistemas de partidos para LaPalombara y Weiner

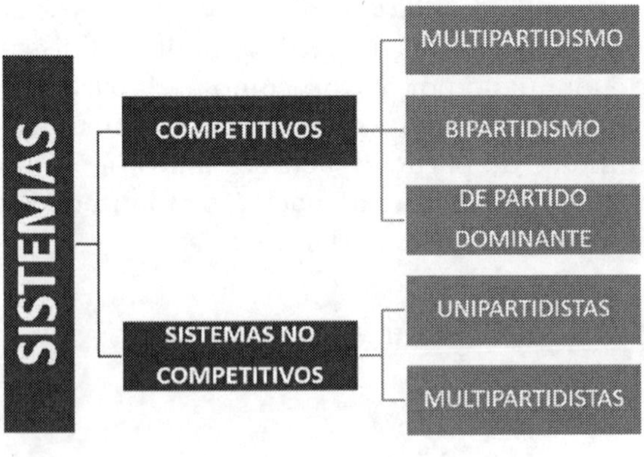

SISTEMAS
COMPETITIVOS
MULTIPARTIDISMO
BIPARTIDISMO
DE PARTIDO DOMINANTE
SISTEMAS NO COMPETITIVOS
UNIPARTIDISTAS
MULTIPARTIDISTAS

Fuente: Elaboración propia a partir de LaPalombara y Weiner (1966).

En el caso de los sistemas no competitivos para LaPalombara y Weiner (1966), también se desarrollan "partidos-dictaduras" y no solo sistemas de partido único necesariamente, ya que existen dictaduras que permiten varios partidos, pero no se desarrolla una verdadera competencia electoral. Bien sean unipartidista, bipartidistas o multipartidistas, los sistemas de partidos pueden ser competitivos o no competitivos: en los primeros puede darse el caso de un partido que siempre gana las elecciones de forma democrática, hay dos partidos que dominan la competencia electoral o son muchos los partidos que están en posición de triunfar o uno; y, en el caso de los no competitivos, puede existir uno, dos o incluso varios partidos pero siempre hay uno que ganará, lo que restringe institucionalmente de manera radical la competencia electoral con los demás.

3. EVOLUCIÓN DEL SISTEMA DE PARTIDOS EN COLOMBIA

• *El sistema de partido hegemónico a finales del siglo XIX e inicios del siglo XX*

Lo primero que hay que decir sobre el sistema de partidos en Colombia[5], es que no se trató de un sistema bipartidista en estricto sentido, como se ha planteado dentro de la literatura académica (Roll Vélez, 2002). Si se piensa en el siglo XIX se encuentra que más que dos partidos en un sistema bipartidista, lo que había era la sucesión de sistemas de partidos hegemónicos, en los que el que ganaba la guerra mantenía el poder hasta que era derrotado, nuevamente en un contexto bélico, y por eso Hernando Valencia Villa (1987, p. 105) llamó a esos desarrollos constitucionales de posguerra como "cartas de batalla".

El caso del sistema de partidos en Colombia a finales del siglo XIX e inicios del siglo XX no se podía caracterizar como un sistema bipartidista y, por el contrario, es más pertinente la caracterización de este

---

5 Para consultar más sobre el sistema de partidos en Colombia puede dirigirse al siguiente video del canal "Democracia para extraterrestres" del profesor David Roll: https://youtu.be/UfsdJAZsbow.

como un sistema de partido hegemónico en el periodo comprendido entre 1886 y 1930. En términos generales, se puede afirmar que durante el siglo XIX se presentó un sistema de partidos que puede ser caracterizado, según Roll Vélez (2002, p. 112) como: "(...) un sistema bipartidista *sui generis*, toda vez que, si bien los partidos Liberal y Conservador han ejercido casi exclusivamente el poder, desde su nacimiento a mediados del siglo XIX hasta la actualidad, ha habido una dinámica intermitente de conflicto-alianza exclusiones (...)".

Es pertinente recordar entonces la distinción clásica entre lo que es un sistema de partido único y un sistema de partido hegemónico (Duverger 1957 y Sartori, 2005). En el primero se excluyen los demás partidos de los procesos e interacciones político-electorales y, en el segundo, los demás partidos se ven restringidos, como sucedió en Colombia durante el siglo XIX y primera parte del siglo XX. Es decir, aunque el Partido Liberal existía y entraba las votaciones, no se le permitía tener el juego de un sistema bipartidista, igual a lo que sucedió en México durante muchas décadas con el PRI.

- ***La revolución en marcha: aparición del sistema de partido predominante y retorno del sistema de partido hegemónico***

Entonces, a pesar de que los partidos políticos colombianos son de los más antiguos del mundo y, sobre todo, de América Latina, por ser fundados alrededor del año 1850 (Duverger, 1957), solo se tiene un sistema de partidos consolidado cuando en 1930 el Partido Liberal ganó las elecciones con Enrique Olaya Herrera (1930-1934), después con Alfonso López Pumarejo (1934-1938), luego con Eduardo Santos Montejo (1938-1942) y, finalmente, otra vez con López Pumarejo (1942-1945)[6]. Esto se dio hasta que pierden las elecciones en 1946 con Mariano Ospina Pérez del Partido Conservador por la división creada por Jorge Eliécer Gaitán dentro del liberalismo. (Roll Vélez, 1994 y Roll Vélez, 2001).

En la Tabla 1 es posible observar cómo, en la mayor parte de la historia de Colombia, no se ha desarrollado el bipartidismo en tér-

---

6 Interinato de un año de Alberto Lleras Camargo, de 1945 a 1946, tras la renuncia de López Pumarejo el 7 de agosto de 1945.

minos estrictos. Para el periodo comprendido desde el inicio del gobierno de Olaya Herrera hasta 1946 hubo un sistema bipartidista, sin duda. Pero para algunos, si se considera la sucesión de gobiernos liberales por 16 años (y las mayorías liberales en el Congreso desde 1934), puede ser catalogado como un sistema de partido predominante. Sin embargo, con el magnicidio de Jorge Eliécer Gaitán, en 1948, se cierra el Congreso, inicia un periodo de dictadura civil y se retorna a un sistema de partido hegemónico, que se prolonga con el triunfo dudoso por persecución oficial del Partido Conservador con Laureano Gómez.

Tabla 1: Sistema de partidos en Colombia desde el siglo XIX hasta finales del siglo XX

PERÍODO	SISTEMA DE PARTIDOS	DOMINIO	ACTITUD DEL OPOSITOR
SIGLO XIX	HEGEMONÍAS LIBERALES O CONSERVADORAS	LIBERAL O CONSERVADOR.	GUERRA.
1900-1930	DE PARTIDO HEGEMÓNICO	CONSERVADOR	GUERRA RESIGNACIÓN – COLABORACIÓN OPOSICIÓN.
1930-1946	BIPARTIDISMO O DE PARTIDO PREDOMINANTE	LIBERAL	COLABORACIÓN OPOSICIÓN
1946-1957	DE PARTIDO HEGEMÓNICO (DEL 48 AL 53)	CONSERVADOR 53-57 DICTADURA	COLABORACIÓN OPOSICIÓN EXILIO COLABORACIÓN
1957-1974	DE BIPARTIDISMO HEGEMÓNICO (O CONSOCIACIONAL)	LIBERAL – CONSERVADOR PACTADO	OTROS = OTROS OPOSICIÓN GUERRA
1974-1991	DE PARTIDO PREDOMINANTE (O BIPARTIDISTA)	LIBERAL/ CONSERVADOR NO PACTADO	COLABORACIÓN O OPOSICIÓN TÍMIDA
1991-2003	?	LIBERAL / CONSERVADOR	PACTOS COYUNTURALES

Fuente: Adaptado de Guzmán y Roll (2005, p. 31).

Tras el golpe de Estado de 1953, liderado por el general Gustavo Rojas Pinilla, quien a todas luces era un conservador, no es posible hablar de sistema bipartidista porque se desarrolla un régimen autocrático en el que el dictador restringe la figura de los partidos y, evidentemente, el sistema se cierra, aunque de forma matizada. Esto, en virtud de que, por un lado, la Asamblea Nacional Constituyente convocada por Rojas Pinilla contó con la participación de miembros de los dos partidos y porque el dictador finalmente era un conservador aunque más moderado que el destituido presidente.

- ***El Frente Nacional: hacia un bipartidismo consosacional***

Con la caída de Rojas Pinilla y la transición hacia la democracia, mediante la convocatoria a elecciones por parte de la Junta Militar, y el Pacto de Benidorm firmado por Alberto Lleras Camargo y Laureano Gómez, se da inicio a la era del Frente Nacional. Dentro de la literatura de la ciencia política se suele argumentar que durante el desarrollo de este pacto entre las élites de ambos partidos se representó un auténtico bipartidismo, pero esta afirmación resulta ser insuficiente (Roll Vélez, 2002 y Roll Vélez, 2005) ya que, como bien se ha evidenciado, la esencia del bipartidismo competitivo (LaPalombara y Weimer, 1966) es que uno de los dos partidos pueda ganar la elección pero que no se sepa cuál y que mucho menos esté pactado. Si hay un bipartidismo pactado no es bipartidismo en sentido estricto, sino una especie de hegemonía bipartidista, o, como algunos autores lo llamaron, un bipartidismo consociacional (Dix, 1980 y Hartlyn, 1986).

Si se observa la Tabla 1, es visible que existen algunos elementos del sistema de partido predominante y, por lo tanto, algunos autores sugieren que a partir del fin del Frente Nacional se tiene un sistema de partido predominante, que es el Partido Liberal, por el hecho de que ganaba la mayoría del Congreso desde 1938 y porque la mayor parte de los presidentes, con algunas excepciones, fueron liberales. Esto implica, en términos de lo propuesto por Roll Vélez (2002, p. 113), que no sea posible hablar de un bipartidismo clásico sino, más bien, “de un sistema consociacional bipartidista, combinado con uno de alternancia pragmática que tiende a la moderación programática de los partidos.

Durante todo el periodo posterior al Frente Nacional hubo bipartidismo, aunque no en sentido estricto, e incluso hasta el gobierno de Ernesto Samper es posible hablar de un sistema de bipartidismo consociacional (Roll Vélez, 2002), pero también en cierta forma de partido predominante. Esta consideración debido a que, una vez finaliza el periodo del Frente Nacional, aún se ven dinámicas propias del cogobierno entre los liberales y los conservadores pese a que, formalmente, ya no existía un pacto entre ambas fuerzas para alternar y compartir el gobierno. Si bien el acuerdo entre ambos partidos debía durar en un inicio 16 años, dadas las condiciones de violencia política en el país el pacto de alternancia entre liberales y conservadores se vio superado por la realidad social que afrontaba el país a finales de la década de los años 80. Bien explica Roll Vélez (2002) que:

> En la década de 1970 la clase política dominante se percató de los problemas que estaba causando la prolongación de esos acuerdos bipartidistas (clientelismo extremo, oposición armada, etc.), y decidió comenzar el proceso conocido como "el desmonte del Frente Nacional" o apertura del sistema político. En el mismo fueron claves la Reforma Constitucional que hizo posible la elección popular de alcaldes en 1988, y sobre todo la Constitución de 1991, resultado de un pacto político que intentó ser incluyente para generar la paz e impulsar una competencia pluripartidista a través de fórmulas de ingeniería institucional. (p. 114)

La pregunta que se plantea entonces es si a partir de la Constitución de 1991 se logró, por vía de ingeniería electoral, la pretendida apertura del sistema de partidos y la transición de un sistema bipartidista consociacional hacia un sistema multipartidista competitivo y eficiente. La respuesta resultó ser desalentadora ante las expectativas que en su momento se formaron en torno a la nueva carta constitucional, lo que derivó en un periodo de transformaciones inconclusas y ambigüedades (Roll Vélez, 2001) como otrora sucedió con la Revolución en Marcha de Alfonso López Pumarejo y el Frente Nacional de la élite liberal y conservadora.

- ***La Constitución de 1991: un fallido intento de apertura al multipartidismo***

Como se ha sostenido, la Constitución de 1991 planteó una serie de horizontes para el sistema de partidos que, posteriormente, no tendrían los resultados esperados. Se pueden caracterizar cinco grandes lineamientos institucionales que la carta magna planteó para realizar una apertura del sistema de partidos: primero, la consolidación programática de los partidos[7]; segundo, la institucionalización política del sistema de partidos[8]; tercero, la prevención y sanción del sistema de partidos[9] y, en cuarto lugar, la transparencia de los partidos políticos[10] (Roll Vélez, 2001; Cortés Aguilar *et al.*, 2019). Según Roll Vélez (2002), para el año de publicación del texto Rojo Difuso, Azul Pálido:

> De momento ninguno de los dos objetivos se ha logrado, pues la guerra es más intensa que nunca (las guerrillas actuales no participaron en dicha Asamblea y ha surgido un ejército ilegal antiguerrillero conocido como paramilitares, los partidos tradicionales siguen dominando el panorama político y las prácticas consociacionales se mantienen, aunque adaptadas a las nuevas reglas. Sin embargo, ese poder ya no es tan hegemónico debido a la fragmentación interior de los partidos que generó en parte el nuevo ordenamiento, al desafío guerrillero y paramilitar en muchas zonas y a los éxitos ocasionales pero muy parciales aún de terceras fuerzas políticas. (p. 115)

Las transformaciones del sistema de partidos durante la década de los 90 e inicios del siglo XX con la nueva Constitución implementaron formas tardías de regulación de los partidos (Roll Vélez, 2002) las cuales, a su vez, pretendieron una apertura del sistema por cuanto otorgaron libertades para la creación de nuevos partidos políticos. Sin embargo, el efecto no fue el esperado, como señalan diferentes autores (Roll Vélez, 2002; Basset, 2018 y Rodríguez Pico, 2016) puesto que se presentó un inesperado fenómeno de atomización de los partidos tradicionales y los partidos Liberal y Conservador se fragmentaron internamente a través de la fórmula electoral de residuo.

---

7 Constitución Política de Colombia, artículos 107, 108 y 112.

8 Constitución Política de Colombia, artículos 262 y 263.

9 Constitución Política de Colombia, artículos 107, 108 y 110.

10 Constitución Política de Colombia, artículo 109.

Gráfica 1: Aumento de partidos por cada legislatura entre 1991 y 2002

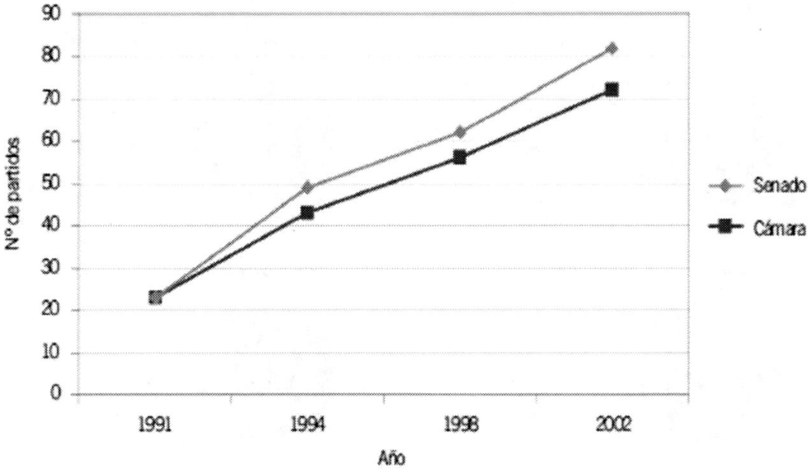

Fuentes: Tomado de Guzmán y Roll (2005).

Las "terceras fuerzas" que ingresaron y tuvieron un despegue en cantidad, como se evidencia en la Gráfica 1, no llegaron a consolidarse a lo largo del tiempo en términos institucionales y, salvo algunos éxitos en las elecciones regionales, tampoco llegaron a tener una presencia sólida en el escenario nacional del sistema de partidos (Roll Vélez, 2002, p. 116). La pretensión de un sistema multipartidista quedó en el aire con el paso de las elecciones y, para los comicios de 1991 y 1994 se persistía en la dinámica de un partido predominante con prácticas del bipartidismo consociacional que, eventualmente, recibiría una categorización *ad hoc* por su alto grado de fragmentación: un fraccionalismo concéntrico (Guzmán y Roll, 2005).

Gráfica 2: Curules y votos obtenidos por los partidos en Senado y Cámara en las elecciones legislativas de 1991 y 1994

Cámara 1991. Curules obtenidas

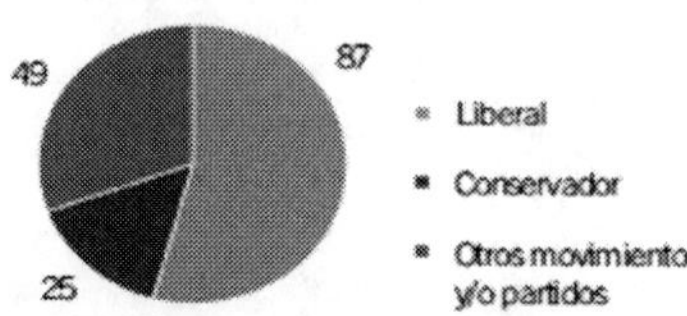

Senado 1991. Curules obtenidas

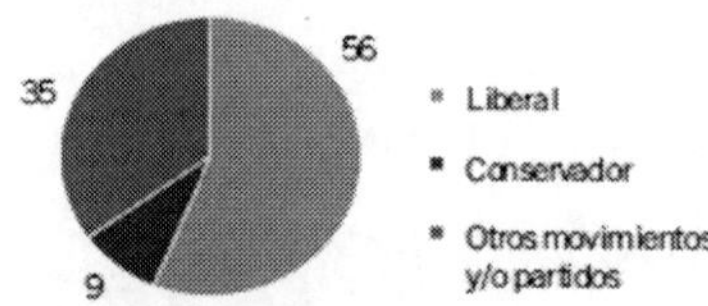

Camara 1991. Votos obtenidos

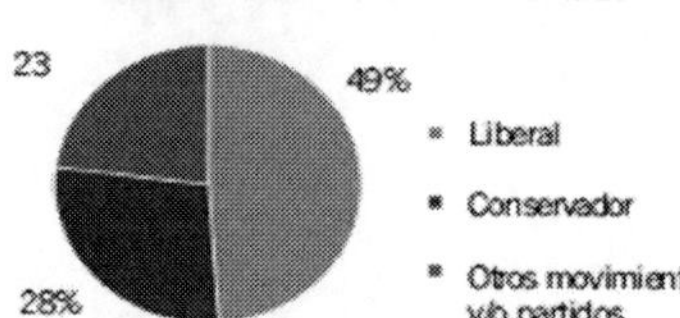

Senado 1991. Votos obtenidos

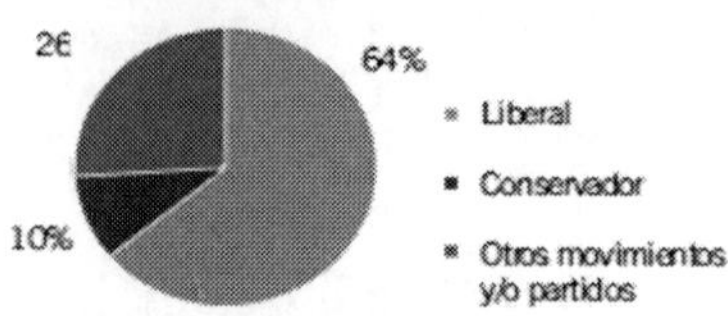

Cámara 1994. Curules obtenidas

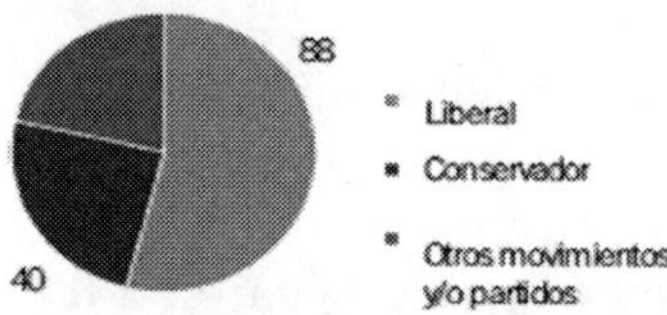

Senado 1994. Curules obtenidas

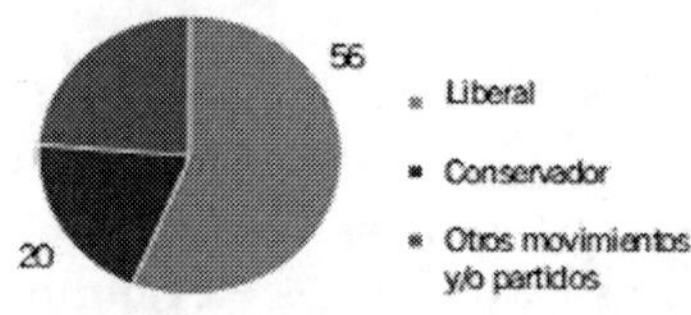

Camara 1994. Votos Obtenidos

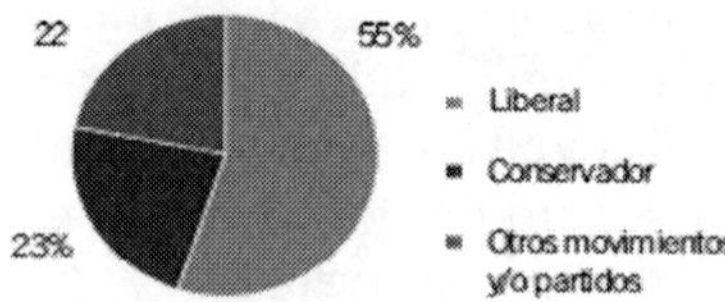

Senado 1994. Votos Obtenidos

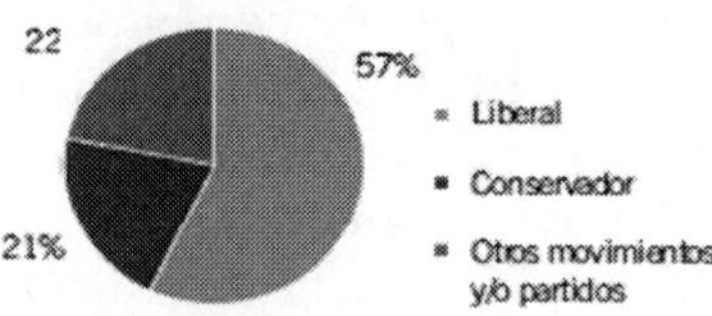

Fuente: Guzmán y Roll (2005).

Gráfica 3: Curules y votos obtenidos por los partidos en Senado y Cámara en las elecciones legislativas de 2002

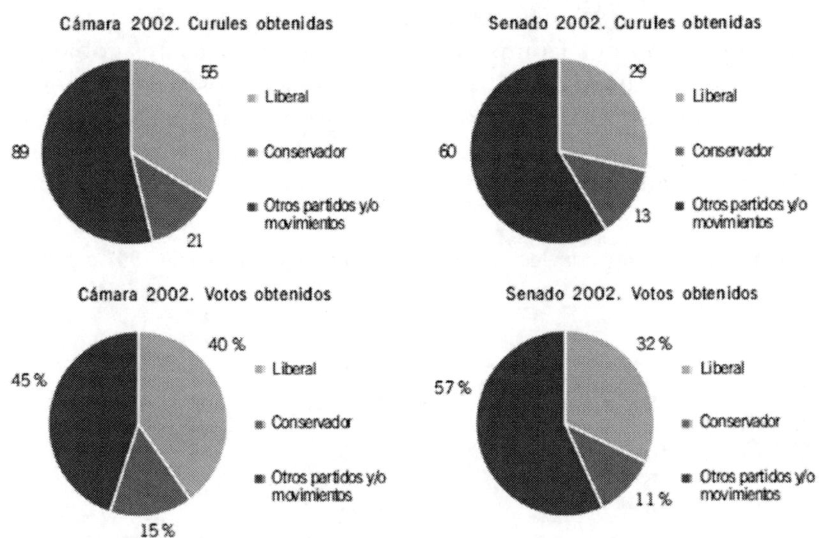

Fuentes: Tomado de Guzmán y Roll (2005).

Gráfica 4: Rendimiento electoral del Partido Liberal en las elecciones legislativas de 1986 a 1998

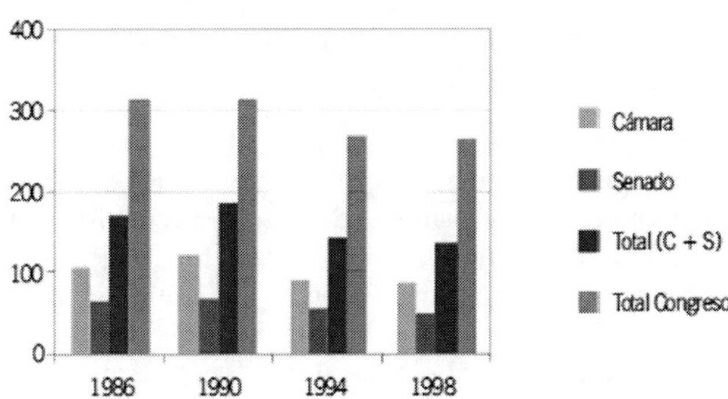

Fuente: Tomado de Guzmán y Roll (2005).

Si se observan detalladamente las Gráficas 3, 4 y 5, hay que advertir que no es posible afirmar que las fórmulas de ingeniería institucional de la Constitución de 1991 hayan logrado consolidar un sistema multipartidista. Resulta visible la predominancia que mantiene el Partido Liberal en las votaciones como en las curules ocupadas dentro de la corporación que, acompañada de la seguidilla de tres gobiernos liberales consecutivos, de 1986 a 1998, siguió persistiendo una gran mayoría liberal y una segunda mayoría conservadora. No es hasta 2002 que, con la elección de Álvaro Uribe Vélez[11] como presidente, empieza a reducirse el rendimiento electoral del Partido Liberal.

Gráfica 5: Rendimiento electoral de los partidos en Colombia de 1991 a 2002

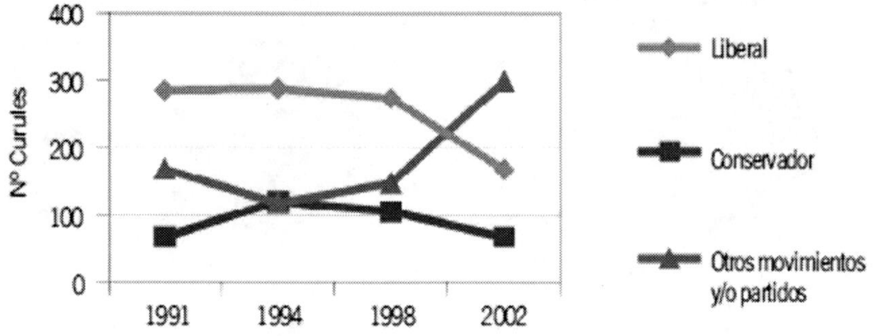

Fuente: Tomado de Guzmán y Roll (2005).

- ***Reforma política de 2003: un lento avance hacia la consolidación del multipartidismo***

La reforma política de 2003 llevada a cabo por el congreso de la república supuso una reforma política que traería un cambio muy importante respecto a las fórmulas de ingeniería institucional vigentes en el país que buscarían ordenar el caos que trajo al sistema de partidos los cambios introducidos con la Constitución de 1991. Así pues, se promulgó el Acto Legislativo 01 de 2003[12] que traería consigo: 1. Lista única, 2. Umbral electoral de 2%, 3. Cambio de fórmula

---

11 Álvaro Uribe se presentó a la elección de 2002 como disidente liberal tras haber perdido la candidatura oficial del partido con Horacio Serpa.

12 Para consultar más sobre el sistema de partidos en Colombia puede consultar el siguiente video sobre la Historia de las Reformas Políticas en Colombia del

electoral: del sistema Hare al sistema D'Hont, 4. La circunscripción nacional para Senado, 5. La limitación de avales y 6. La lista abierta con voto preferente opcional y 8. Democracia interna de los partidos.

A todas luces, esta fórmula resultó más amigable a la hora de brindar un mayor grado de institucionalidad y continuidad al sistema de partidos (Basset, 2018); sin embargo, el propio autor plantea que hubo u elementos que, en cualquier caso, limitaron los alcances de las nuevas fórmulas de ingeniería institucional:

> Sin embargo, en contraparte, la adopción del «voto preferente», que permite a los partidos optar por un sistema de listas no bloqueadas, limitó el efecto cohesionador del sistema electoral para los partidos (Rodríguez Raga y Botero 2006; Hoyos 2007). Así, la reforma política permitió la reagrupación de los partidos en menos de 10 actores relevantes, pero todavía frágiles y fragmentados. Dejó, por tanto, mucho escepticismo en cuanto a la consistencia de estos nuevos actores. (p. 110)

El sistema que se empezó a configurar con la reforma de 2003 mantuvo algunos rasgos del sistema de partido predominante que se presentó tras la época del Frente Nacional como es visible en las Gráficas 6, 7 y 8, donde el Partido Liberal mantenía una preponderancia sobre los demás por las coyunturas políticas del momento y las dinámicas internas de los partidos. Con las elecciones legislativas del año 2006 el sistema resultante, si bien aún no alcanzaba a desarrollar un multipartidismo moderado (de 4 a 6 partidos), presentó una mejora sustancial con respecto a lo elaborado por las reformas constitucionales de 1991. Basset (2018, p. 111) reconoce que el caso de esta elección legislativa y presidencial representó un caso excepcional en la trayectoria del sistema de partidos de Colombia puesto que se acomodó un "esquema mayoría-oposición relativamente bien definido". Esto fue posible ya que, por primera vez, el Partido Liberal se reconoció oficialmente como parte de la oposición, junto con el partido de izquierda Polo Democrático Alternativo.

---

canal "Democracia para extraterrestres" del profesor David Roll: https://youtu.be/1e5HfltqJso.

Gráfica 6: El espectro izquierda-derecha en el sistema de partidos colombiano. Coyuntura reelección

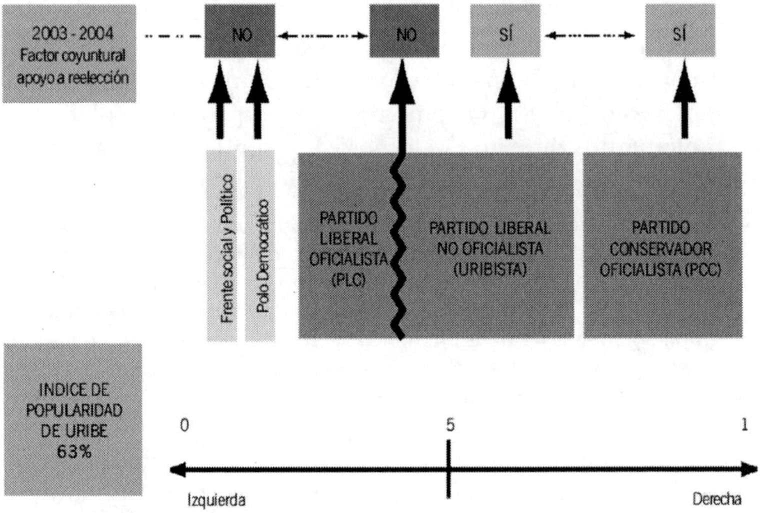

Fuente: Tomado de Guzmán y Roll (2005).

Gráfica 7: El espectro izquierda-derecha en el sistema de partidos colombiano. Coyuntura apoyo al referendo

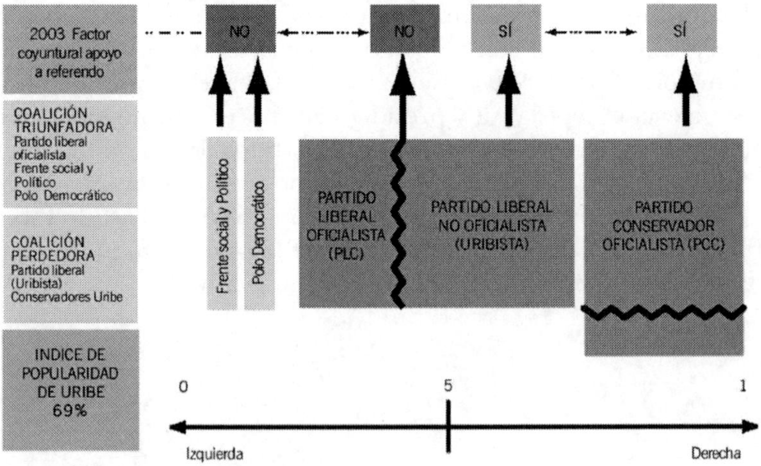

Fuente: Tomado de Guzmán y Roll (2005).

Gráfica 8: El espectro izquierda-derecha en el sistema de partidos colombiano. Coyuntura elección de alcalde de Bogotá (año 2003)

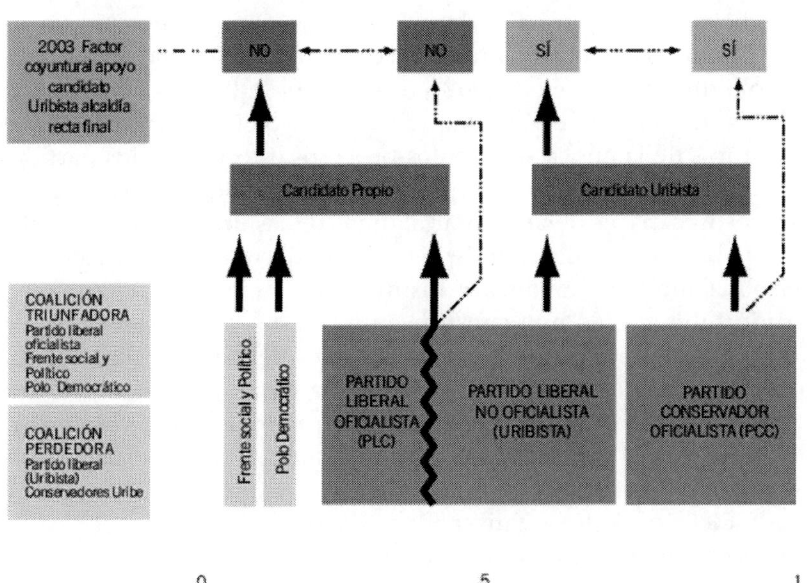

Fuente: Tomado de Guzmán y Roll (2005).

Por otra parte, Basset (2018) señala que para el año 2006 se consolidan los resultados de la reforma de 2003, lo que hace evidente un sistema relativamente estable en el que la interacción de los partidos se desarrolla en torno a dinámicas de un sistema multipartidista (ver Gráfica 9):

> Finalmente, el año 2006 registra los efectos de la reforma de 2003. Los partidos tradicionales se estabilizan ambos entre el 15% y el 20% y conservarán este caudal hasta hoy. Más importante, los micropartidos tienden a desaparecer y caen a menos del 15% del voto en conjunto con el voto blanco. Finalmente, y lo realmente decisivo para nosotros, es que en el medio aparecen nuevas fuerzas con un peso comparable a las tradicionales y que persistirán en el tiempo, en particular, el Partido Social de Unidad Nacional, más conocido como «Partido de la U»; Cambio Radical (CR), y el Polo Democrático Alternativo. (p. 114)

Roll Vélez (2005) manifiesta que la composición del sistema tras la reforma se debe, en parte, a la disciplina de los partidos y que, en cualquier caso, la transición derivó en un sistema multipartidista *sui generis,* como bien sucedió en otros contextos del sistema de partidos de Colombia (Roll Vélez, 2002 y Roll Vélez, 2005). Parte del éxito de la transición, según el autor, no solo estuvo en la reforma y en las coyunturas de la época sino en los procesos internos de los partidos políticos de la época, sobre todo a partir de 2006, donde los partidos fueron capaces de adelantar algunas de las líneas que pretendió materializar la Constitución de 1991 y que derivaron en procesos de consolidación programática e institucionalización. Por ejemplo, el Partido Liberal creó una constituyente interna y el Partido Conservador celebró unas elecciones con las bases del partido, algo similar sucedió con el Polo Democrático el que, aunque ya tenía mayor trayectoria participativa por su origen de izquierda, solo se vino a consolidar gracias al umbral, como ellos mismos lo reconocían cuando los estudiantes visitaron el partido por esos tiempos. (La clase de Partidos y Elecciones de la Universidad Nacional, que desde 1998 visita con los estudiantes las sedes de los partidos).

Ilustración 7: El sistema de partidos en 2006[13]

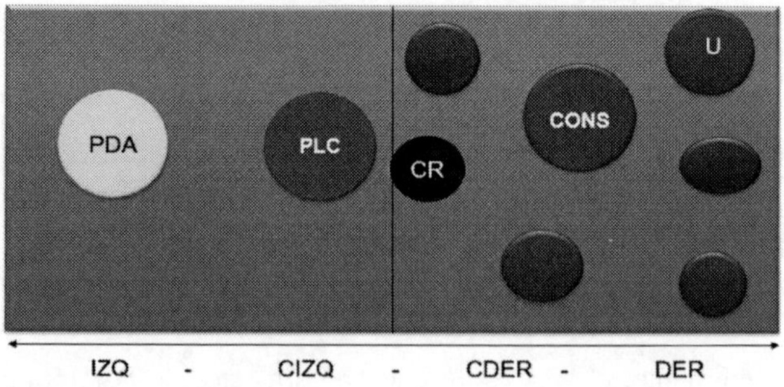

Fuente: Elaboración propia.

[13] Los círculos sin letras corresponden a los partidos Alas Equipo Colombia, Partido de Integración Nacional, Partido Colombia Democrática, Partido Mira y Movimiento Colombia Viva que obtuvieron una representación minoritaria en el Congreso.

- ***El acuerdo de paz con las FARC y el sistema de partidos del posconflicto***

Tras el gobierno de Álvaro Uribe, cada elección, entonces, representó una serie de concursos de cábalas para ver qué sistema de partidos se iba a dar y cuáles eran las posibilidades que se presentaran. Durante la presidencia de Juan Manuel Santos, entre los años 2010-2018, se desarrolló un proceso de polarización en el sistema de partidos, dado que las izquierdas se unieron por primera vez después de mucho tiempo y la derecha se consolidó en torno a la formación de un nuevo partido. Aunque de todos modos se trató de una estructura caótica en el caso de la izquierda, la cual, en cualquier caso, no fue obstáculo para su eventual éxito electoral en 2022, por otras circunstancias.

Gráfica 10: El sistema de partidos tras la elección de 2010

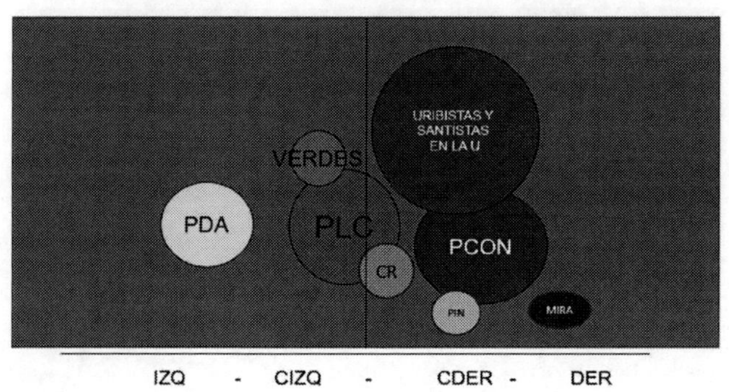

Fuente: Elaboración propia.

Para Basset, (2018, p. 111) la elección de Santos en 2010 implicó un retorno a lo que denomina el sistema de grandes coaliciones con oposiciones marginales en las que, si bien se alcanzan altos niveles de gobernabilidad por obtener mayorías consolidadas dentro del Congreso, la figura de la oposición queda marginada. Es el expresidente Álvaro Uribe quien rompe el consenso político en torno al gobierno de Unidad Nacional[14] del primer gobierno de Santos, lo que lleva a

[14] Nombre de la coalición de gobierno del primer periodo de Juan Manuel Santos.

una nueva transformación dentro del sistema de partidos y el multipartidismo, que empezó a asomarse en 2006 nuevamente, se encontró en reconfiguración para 2014. Basset (2018) plantea que:

> Entre 2010 y 2014 apareció un cambio mayor en el sistema partidario con la constitución de Centro Democrático (CD), una nueva organización creada por el expresidente Uribe con el fin de hacer oposición al presidente Juan Manuel Santos. Aunque Santos fue elegido en 2010 como candidato de la continuidad, se distanció rápidamente de su antecesor al abrir un proceso de negociación con la guerrilla de las FARC (...). (...) Más allá de este éxito cuantitativo, la irrupción de CD va a trastornar por completo la estructura del sistema de partidos en consolidación desde la reforma de 2003. (p. 121)

Gráfica 11: Sistema de partidos tras la elección de 2014

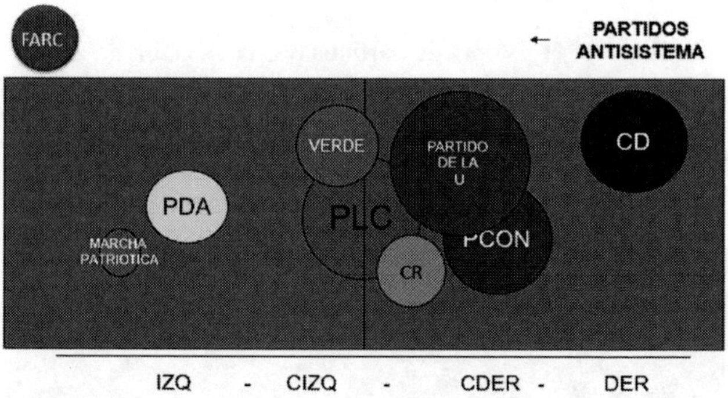

Fuente: Elaboración propia.

La reelección de Santos en 2014 implicó una nueva reacomodación del sistema de partidos por cuanto el índice de número efectivo de partidos volvió a aumentar tras estar en decrecimiento desde 2006 (Basset, 2018). En este nuevo sistema, el ingreso del Centro Democrático y la fusión del Partido Verde con el Movimiento Progresistas dio como resultado un sistema con una creciente tendencia a la polarización (sin poder ser catalogado como tal), se marcan dos fuerzas opositoras: una de derecha (Centro Democrático) y de centroizquierda e izquierda (Alianza Verde y Polo Democrático Alternativo), y una fuerza moratoria de gobierno que, aunque amplia, tampoco resultó aplastante como en el sistema de 2010, como plantea Rodríguez Pico (2016):

> (...) se puede observar que no existen en la actualidad partidos grandes en términos de votación o curules, que muestren un amplio predominio sobre los otros, sino que, a la luz de su peso electoral, el sistema de partidos está conformado por una amplia gama de organizaciones "medianas", "pequeñas" y "muy pequeñas" (Rodríguez, 2016a), muy heterogéneas entre sí. (p. 6)

La dinámica de oposición, en todo caso, se vio influenciada por el desarrollo de los Acuerdos de Paz con las FARC. De esta manera, el sistema de partidos nuevamente evidenció fluctuaciones, pues la izquierda apoyó a la Unidad Nacional de Santos en su agenda del proceso de paz, la cual, sin duda, fue preponderante dentro de este periodo, lo que tradujo este apoyo en una fórmula de multipartidismo atípico y fluctuante. Sumado a ello, se dio una apertura del sistema para la transición de las FARC de fuerza antisistema a partido político, hecho que planteó serias dudas en torno a las implicaciones para el sistema de partidos y su continuidad dentro del sistema, como plantean Nossa y Echandía (2019):

> La reincorporación política de la FARC resulta ser un proceso de largo aliento y que aún enfrenta múltiples desafíos. Por ejemplo, en el mediano y largo plazo no es tan clara la continuidad de este nuevo partido dentro del Poder Legislativo. (p. 95)

La apertura del sistema, con la implementación del estatuto de la oposición y la integración de las FARC mediante la creación de 10 curules especiales transitorias (cinco en cada Cámara del Congreso) provistas por el Acuerdo Final de Paz junto con las 16 curules para las víctimas del conflicto armado en la Cámara de Representantes (Citrep) trajeron consigo un sistema que, en un inicio, dio indicios de tender a la polarización, pero que, en cualquier caso, mantuvo el carácter multipartidista del sistema más con una incidencia mayor de la fragmentación, como bien considera Cortés Aguilar et al., (2019, p. 135). Eso sí, es visible el progresivo aumento electoral de la izquierda y los sectores progresistas, lo que muestra que estas fuerzas, otrora críticas del sistema, se han ido institucionalizando y consolidando dentro del sistema de partidos, lo cual resultó clave como antesala de lo que se desarrollaría en 2022.

Gráfica 12: Sistema de partidos tras las elecciones de 2018

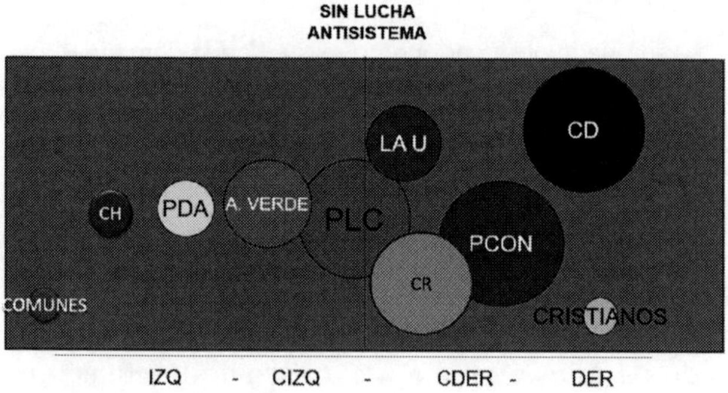

SIN LUCHA
ANTISISTEMA

CD
LA U
CH
PDA
A. VERDE
PLC
PCON
CR
COMUNES
CRISTIANOS

IZQ - CIZQ - CDER - DER

Fuente: Elaboración propia.

2. ELEMENTOS PARA CONSIDERAR EL SISTEMA DE PARTIDOS TRAS LA ELECCIÓN DE UN MULTIPARTIDISMO ANÓMALO

El presente artículo no pretende realizar una clasificación del sistema de partidos en la actualidad, pero sí proponer algunas consideraciones académicas y politológicas para una posible propuesta de clasificación. Para sorpresa de casi todo el mundo, lo que se pensaba que iba a ser un aislamiento de una izquierda irreflexiva en el poder, sin fuerza en el Congreso, se convirtió, más bien, en lo que se conoce en Colombia como la fórmula de aprobación de leyes, la llamada Aplanadora. En términos de los sistemas electorales, esto es una mayoría absoluta alcanzada mediante alianzas, quizá programáticas, pero, sobre todo, burocráticas, con los partidos tradicionales y mayoritarios y los que de ellos habían surgido.

En los tiempos en que los liberales eran gobierno y ocupaban la mayoría absoluta del Congreso se hablaba de una aplanadora liberal (Roll Vélez, 2002), en el sentido en el que la toma de decisiones y los procesos de deliberación y aprobación de los proyectos legislativos los lograban convertir en ley y, muchas veces, en reforma constitucional. Como en Colombia los partidos tienen que decidir si son de gobierno o de oposición, fue una sorpresa que partidos tradicionales (particularmente el Partido Conservador), que son, a priori, contradictores ideológicos de los principios de la actual administración, se declararon partidos de gobierno cuando ganó la izquierda del actual Presidente. Entonces, algunos piensan que va a haber una especie de aplanadora porque esos partidos están recibiendo lo que en Colombia se llama de forma coloquial como *mermelada* y, en la ciencia política, incentivos (Payne, 2006), para aprobar leyes a gusto del presidente Gustavo Petro.

En ese sentido, es pertinente evidenciar que, como ha sido la constante en la historia de las reformas políticas de Colombia, nos encontramos con un sistema ambiguo a todas luces que, como en otras ocasiones (Roll Vélez 2005 y Roll Vélez 2017), valdría la pena clasificar —a manera de hipótesis— como un sistema de partidos *sui generis*: un fuerte multipartidismo atípico, que, a pesar de lo que en un inicio podría pensarse como un sistema polarizado por la emergencia electoral en el poder legislativo de la izquierda. Con el ascenso del Pacto Histórico como partido de gobierno, y la consolidación de un bloque de izquierda y uno de derecha con un centro ligeramente reducido, se ha presentado como un sistema en el que hay una alta gobernabilidad por cuenta de las dinámicas legislativas en detrimento de la consolidación programática de los partidos y por la latencia de prácticas clientelares dentro de la coalición de gobierno.

Este sistema verá su consolidación o transformación en las elecciones regionales de 2023 y, en caso de que el proyecto de reforma política del gobierno de Gustavo Petro llegue a ser aprobada, se desarrollarán nuevas fórmulas de ingeniería institucional que, junto con los procesos internos de los partidos, presentarán una mayor claridad sobre el estado actual del sistema de partidos tras la elección de 2022. En cualquier caso, será pertinente evidenciar cómo las variables de ingeniería institucional, reformas políticas, polarización, volatilidad electoral, fragmentación, entre otros índices e indicadores que permiten la caracterización del sistema de partidos (Cortés Aguilar et al., 2019), se relacionarán para aproximar una respuesta disciplinada viable.

Es pertinente resaltar el hecho de que el sistema de partidos de la actualidad parece tener como prioridad la gobernabilidad por sobre la consolidación programática, la transformación del sistema de partidos y el régimen democrático en torno a prácticas de mayor transparencia y apertura por parte de los actores partidistas. La búsqueda pragmática de la gobernabilidad resulta cuanto menos semejante a las prácticas institucionales de cambio y continuidad ambiguas (Roll Vélez, 2001) que históricamente se han desarrollado en el transitar del sistema de partidos en Colombia.

Este tipo de prácticas recuerdan el caso de los legisladores *lentejos* o *colaboracionistas* durante las administraciones de Andrés Pastrana y de Ernesto Samper, entre otros casos, para que el poder presidencial logre alcanzar mayorías mediante el reparto de incentivos burocráticos, conocidos popularmente como "CVY" (¿Cómo voy yo?). En cualquier caso, el partido de gobierno aún tiene el reto de consolidar su coalición como partido en el caso del Pacto Histórico, de construir gobernabilidad a través de acuerdos programáticos y, a su vez, de mantener la coalición de gobierno ante las asperezas que genera la reforma a la salud, la reforma política, la reforma a la seguridad social y la estrategia de paz con los grupos insurgentes conocida como "Paz Total".

Gráfica 13: Hipótesis gráfica del sistema de partidos en la actualidad

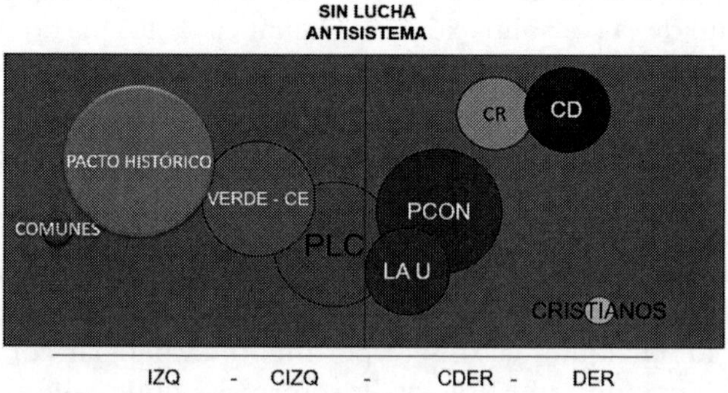

Fuente: Elaboración propia.

CONCLUSIONES

Como se mencionó al inicio del artículo, las democracias, que son más recientes de lo que se piensa, han tenido una preocupación por lograr una gobernabilidad dentro de los regímenes democráticos posteriormente a las transiciones democráticas del siglo XX. La ingeniería institucional, en ese contexto, buscó hacer gobernables democracias a partir de la promoción de determinados sistemas de partidos que se consideran mejor que otros. Para el caso colombiano, la evolución del sistema de partidos partió de una "fórmula criolla", como bien se mencionó antes, donde el bipartidismo en sentido estricto no se desarrolló durante el siglo XIX y tampoco a comienzos del siglo XX, puesto que fue desde finales del siglo XIX y hasta 1930 un sistema de partidos hegemónico liderado por el Partido Conservador.

Para el periodo comprendido desde el inicio del gobierno de Olaya Herrera, en 1930, hasta 1946, hubo un sistema bipartidista que, si se considera la sucesión de gobiernos liberales por 16 años, puede ser catalogado como un sistema de partido predominante. Sin embargo, con el magnicidio de Jorge Eliécer Gaitán, en 1948, se cierra el Congreso, se inicia un periodo de dictadura militar y se retorna a un sistema de partido hegemónico que se prolonga con el triunfo en contexto de no garantías del Partido Conservador con Laureano Gómez. En el periodo posterior al Frente Nacional hubo efectivamente bipartidismo, aunque no en un sentido estricto, pues es posible caracterizarlo como un sistema de bipartidismo consociacional (Roll Vélez, 2002) o hasta de bipartidismo hegemónico residual.

Las transformaciones del sistema de partidos durante la década de los 90 e inicios del siglo XX, con la nueva Constitución, implementaron formas tardías de regulación de los partidos (Roll Vélez, 2002) las cuales, a su vez, pretendieron una apertura del sistema porque otorgaron libertades para la creación de nuevos partidos políticos. Sin embargo, el efecto no fue el esperado, como señalan diferentes autores (Roll Vélez, 2002; Basset, 2018 y Rodríguez Pico, 2016) puesto que se presentó un inesperado fenómeno de atomización de los partidos tradicionales y los partidos Liberal y Conservador se fragmentaron a través de la fórmula electoral de residuo, lo que derivó en un multipartidismo *ad hoc*: un fraccionalismo concéntrico (Guzmán y Roll, 2005).

Tras la reforma política de 2003 se logró consolidar lenta y constantemente un multipartidismo gracias a los lineamientos de ingeniería institucional de la reforma como a la disciplina de los partidos y que, en cualquier caso, la transición derivó en un sistema multipartidista *sui generis*, como bien sucedió en otros contextos del sistema de partidos de Colombia (Roll Vélez, 2002 y Roll Vélez, 2005). Parte del éxito de la transición, según el autor, no solo estuvo en la reforma y en las coyunturas sino en los procesos internos de los partidos políticos de la época, sobre todo a partir de 2006. La dinámica del sistema, sin embargo, se vio influenciada por el desarrollo de los Acuerdos de Paz con las FARC, lo que se tradujo en los resultados de los acuerdos en temas de participación política en una fórmula de multipartidismo de carácter atípico y fluctuante.

Estas fluctuaciones, cambios, continuidades y ambigüedades dentro del sistema de partidos se ven reflejadas en la coyuntura de la administración actual, en la que existe una apuesta por la gobernabilidad pero que, en cualquier caso, utiliza mecanismos burocráticos y clientelares, otrora criticados durante la campaña el actual Presidente para consolidar sus mayorías en el Parlamento. Esto ha derivado en una confusa situación en la que se puede presentar, a modo de hipótesis, un sistema multipartidista anómalo en tanto existe, *a priori*, un alto grado de polarización, se presenta una supuesta alta gobernabilidad a veces tambaleante dentro del sistema, en el momento de escribir este texto. En cualquier caso, resulta notable la relación de causalidad que existe entre la evolución de las fórmulas de ingeniería institucional y las transformaciones en el sistema de partidos que, sumado a diferentes coyunturas políticas, han permitido el ingreso de nuevos actores en la política electoral, y a la izquierda ser una alternativa de poder por primera vez en la historia republicana de país.

EPÍLOGO: LO QUE FUE Y LO QUE VIENE

En los años 90 se habló de la inestabilidad y continuismo en la dinámica del cambio político en Colombia (Roll Vélez, 1994), al terminar el milenio se hizo un balance de un Siglo de Ambigüedad (Roll Vélez, 2001), de un Rojo Difuso y Azul Pálido (Roll Vélez, 2002), que vaticinaba el fin de la dominación bipartidista *sui generis*. En la década se hizo referencia las Democracias Prepago (Roll Vélez, 2009) con serios problemas de financiación que estaban acabando con las identidades partidarias y, más recientemente, se señaló que era necesaria una Reforma Política Ya (Roll Vélez, 2018), antes de que los partidos se invisibilizaran ante la ciudadanía aún más.

El epílogo de todo ello es que Colombia, para el año 2023, tiene un Presidente que no se formó en ninguno de los dos partidos y pasó su vida criticándolos de diversas maneras, pero que muy estratégicamente gobierna con ellos para mantener mayorías parlamentarias y aprobar proyectos audaces. En términos de sistemas de partidos se dan varias interpretaciones sobre el modelo actual, más en las calles y en las redes que en la academia, aunque no se expresa de una manera politológica sino espontánea. Existen múltiples tesis en la actualidad entre las cuales se expresa, por un lado, que el Presidente y sus congresistas buscan un sistema de partido hegemónico, al estilo de la Hegemonía Conservadora del principio del siglo pasado, para aprovecharse del patrimonio del Estado, en alianza, incluso, con organizaciones delincuenciales con las que se pacta de manera en parte pública y en parte secreta. Se postula que esta situación es solo transitoria para dar camino a un sistema de partido único, con tintes dictatoriales cada vez más evidentes, al estilo de Venezuela y Nicaragua e irá "cubanizando" el país.

Tesis más moderadas plantean, sin usar los términos técnicos claros, que quienes recién llegaron al poder después de más de un siglo y medio de espera, solo aspiran a ser los líderes de un partido predominante de larga duración, aunque con pausas, como lo fue el Partido Liberal desde 1934 hasta hace muy poco, y en ese periodo transformar el país de acuerdo con un ideario entre socialdemócrata y de socialismo más radical pero institucionalista. Sin embargo, como se ha detallado en el presente artículo, es observable la presencia de un multipartidismo caótico que se aleja de la aspiración a un multipartidismo armónico, lo que deriva en cierta nostalgia por el supuesto bipartidismo anterior.

Tesis más optimistas postulan que la llegada al poder de la coalición de partidos de izquierda y sus aliados será el comienzo de un multipartidismo con opciones alternantes, lo que normalizaría la vida política colombiana al estilo de otros países de Europa y América, en los que domina uno o dos periodos una corriente socialdemócrata y luego es reemplazada por una de estilo conservadora por otro tiempo. Sin embargo, la gran mayoría de tesis desde la academia, los medios de comunicación, los líderes de opinión y los líderes de los partidos, al momento de escribir este texto, a comienzos de 2023, no sabe lo que está pasando.

No falta quien afirme que la llegada de la izquierda al poder va a durar poco porque no fue el fruto de un partido consolidado sino de una coyuntura apoyada en un paro nacional surgido del impacto económico doble de la masiva inmigración venezolana y la pandemia, así como el tradicional personalismo del presidencialismo colombiano que obstaculiza la conformación de un proyecto político estable a lo largo del tiempo. Eventualmente las élites políticas retomarán, sin grandes aspavientos, el poder a medida que se vaya disolviendo esa alianza endeble, que no creen tenga poder en las regiones, en las que la clase política electoralista siempre seguirá mandando.

En ese orden de ideas y ante el mar de confusión que puede presentarse en el momento de redactar el presente artículo, el análisis de la ciencia política en Colombia debe seguir apostando por una modernización del sistema político, a través de normas electorales para disciplinar a las organizaciones partidarias. También debe realizar un llamado a los partidos y a los ciudadanos para crear dinámicas de alternancia partidaria y propuestas de modernización política, económica y social, que no vayan en contra del espíritu democratizador de la Constitución de 1991. Pero ¿habrá alguien que haya escuchado antes, cuando se advirtió del peligro de las anomias partidistas, o que escuche ahora?

En el 2023, en el mes de octubre se dieron las elecciones para alcaldes, gobernadores y cuerpos colegiados, locales y regionales. El partido y la coalición que lograron la presidencia, no ganaron la alcaldía de Bogotá, ni la de Medellín, y en general se puede decir que fracasaron, aunque numéricamente, tiene más alcaldías y gobernaciones, que antes, como bien señaló el propio presidente. Esto hace parte de un análisis posterior, pero los analistas me están indicando que tal vez hay un desgaste prematuro de esta izquierda que llegó triunfante a la presidencia y al congreso.

Para la fecha de conclusión de este capítulo la desaprobación del presidente llegaba a unos números preocupantes, aunque inferiores a los del anterior presidente, en su último año, teniendo la pandemia como variable determinante (*El Tiempo*, 2023).

Y en síntesis, se va a mantener la anomalía del sistema de partidos en Colombia, pero lo cierto es que si se pasó de un bipartidismo hegemónico a un multipartidismo criollo difícil de categorizar.

REFERENCIAS

Acto Legislativo 01 del 2003. (2003). Congreso de la República. Por el cual se adopta una Reforma Política Constitucional y se dictan otras disposiciones.

Alcántara Sáez, M. (1995). *Crisis, gobernabilidad y cambio.* México: FCE.

Artiga González, Á. (1999). Enfoques para el estudio de los sistemas de partidos. Realidad: *Revista de Ciencias Sociales y Humanidades,* (71), 545-559. https://dialnet.unirioja.es/servlet/articulo?codigo=6520839.

Basset, Y. (2018). ¿Cuándo cambia un sistema de partidos? Una perspectiva de análisis electoral desde el caso de Colombia. *Representaciones sociales y culturales,* (78), 107-126.

Bobbio, N. (2020). Izquierda y derecha. *Bajo el volcán. Revista del posgrado de sociología. BUAP, 1*(7).

Constitución Política de Colombia. (1991). Artículos 107, 108, 109, 110, 112, 262 y 263. Gaceta Asamblea Constituyente de 1991.

Cortés Aguilar, A. F., Morales Pérez, I., Mariño Peña, C., Arias Suárez, S., Torres Téllez, L., y Muñoz Díaz, K. (2019). *Observatorio de Partidos Políticos en Colombia.*

Dix, R. (1980). Consociational democracy: The case of Colombia. *Comparative Politics,* (12), 303-321.

Duverger, M. (1957). *Los partidos políticos* (1a ed.). Fondo de Cultura Económica.

Eckstein, H. (1971). *The evaluation of political performance, problems and dimensions.* Sage.

El Tiempo, C. E. E. (2023, diciembre 13). *Desaprobación del presidente Petro aumentó: Cerró 2023 con 66 por ciento, según Invamer.* https://www.eltiempo.com/politica/gobierno/desaprobacion-del-presidente-petro-aumento-cerro-2023-con-66-por-ciento-segun-invamer-835237

Guzmán y Roll. (2005). *Factores que dificultan la comprensión y caracterización del sistema de partidos en Colombia en el ámbito parlamentario.* En Partidos políticos y Congreso: élites políticas y mayorías parlamentarias en Colombia en la década de los noventa. Universidad -Nacional de Colombia, Fundación Konrad Adenauer.

Hartlyn, J. (1986). Colombia: The politics of violence and acommodation. En: L. Diamond; J, Lizn, y M. Seymur, *Democracy in developingcountries* (pp. 249-307), LatinAmerica, Vol. VI, LynneRienner.

LaPalombara, J. y Weiner, M. (1966). *Political Parties and Political Development.* Princeton University Press.

Lijphart, A. (1995). *Sistemas electorales y sistemas de partidos.* Centro de Estudios Constitucionales.

Linz, J. (1987). *La quiebra de las democracias.* Alianza Editorial.

Misión de Observación Electoral (MOE). (2022). *Resultados electorales Congreso y presidencia 2022.* MOE - Misión de Observación Electoral. https://www.moe.org.co/libro-moe-resultados-electorales-Congreso-y-presidencia-2022/.

Nohlen, D. (1994). *Sistemas electorales y partidos políticos. Cap. III Sistemas electorales y sistemas de partidos políticos: una introducción al problema con carácter orientador.* Fondo de Cultura Económica. http://ru.juridicas.unam.mx/xmlui/bitstream/handle/123456789/10874/iii-sistemas-electorales-y-sistemas-de-partidops-politicos-una-introduccion-al-problema-con-caracter-orientador.pdf?sequence=6&isAllowed=y.

Nossa, I. A. C., & Castilla, C. E. (2019). Retos institucionales y no institucionales para el partido Fuerza Alternativa Revolucionaria del Común (FARC) en las elecciones legislativas de 2018. *Estudios Políticos,* (56), 92-121.

Rodríguez Pico, C. R. (2016). *Los partidos políticos colombianos ante los acuerdos de paz de La Habana.* Facultad de Ciencias Económicas.

Roll Vélez, D. (1994). *Inestabilidad y continuismo en la dinámica del cambio político en Colombia* (Doctoral dissertation, Universidad Complutense de Madrid).

Roll Vélez, D. (2001). *Un siglo de ambigüedad: para entender cien años de crisis y reformas políticas en Colombia.* IEPRI.

Roll Vélez, D. (2002). *Rojo Difuso, Azul Pálido. Los partidos tradicionales en Colombia: entre el debilitamiento y la persistencia.* Universidad Nacional de Colombia.

Roll Vélez, D. (2005). *Partidos políticos y Congreso: élites políticas y mayorías parlamentarias en Colombia en la década de los noventa.* Universidad Nacional de Colombia, Fundación Konrad Adenauer.

Roll Vélez, D. (2017). *Debates sobre Gobernabilidad y Partidos Políticos. Clase de Partidos Políticos y Sistemas Electorales.*

O'Donnell, G., Schmitter, P., y Whitehead, L. (comp) (1988). *Transiciones desde un gobierno autoritario.* Paidós, cuatro volúmenes.

Sartori, G. (1994). *Ingeniería constitucional comparada.* Fondo de Cultura Económica.

Sartori, G. (2005). *Partidos y Sistemas de Partidos* (2a ed.). Alianza Editorial S.A.

Payne, M. (2006). Sistemas de partido y gobernabilidad democrática. En F. Carrillo- Flórez, K. Echebarría, J. M. Payne, A. Allamand Zavala, E. Jarquín Calderon, F. Freidenberg, y D. Zovatto, *La política importa: Democracia y desarrollo en América Latina.* Banco Interamericano de Desarrollo.

Valencia, H. (1987). *Cartas de batalla. Una crítica al constitucionalismo colombiano.* Cerec.

Weber, M. (1963). *Economía y sociedad.* Fondo de Cultura Económica.

MINORÍAS ÉTNICAS Y ELECCIONES EN COLOMBIA 2022

CARLOS A. FLÓREZ LÓPEZ[1]
Institución Universitaria Colegio Mayor de Antioquia

INTRODUCCIÓN

En Colombia, la reforma constitucional de 1986, abrió el camino para la elección popular de alcaldes. Ello significó una ruptura en la forma de hacer política en los contextos local y regional. Por primera vez los ciudadanos tenían acceso a elegir en las urnas a su mandatario en las ciudades capitales de municipios. Así, la democracia local empezó a producir grandes dividendos para los partidos políticos tradicionales (Liberal y Conservador) y, en menor medida, para alternativas políticas emergentes. Tal como menciona en aquella época Pilar Gaitán:

Con la puesta en marcha de la elección popular de los alcaldes, los proponentes de la reforma municipal abrigaron la esperanza de que la nueva institución contribuiría a la conquista de espacios en favor de la civilidad y les restaría posibilidades a las soluciones de fuerza. Aunque la sola consagración formal de dicha institución multiplica los escenarios donde es posible participar y decidir y donde es factible propiciar la concertación política (Gaitán, 1988, p. 64).

De esta manera, en la primera elección popular de alcaldes, se fortaleció el bipartidismo, pero inicia una carrera de terceras fuerzas

---

1 Doctor en Historia de la Universidad Nacional de Colombia. Director Grupo de Investigación en planeación, desarrollo y educación, PLAND + E, Profesor asociado adscrito a la Facultad de Ciencias Sociales y Educación de la Institución Universitaria Colegio Mayor de Antioquia. Sus líneas de investigación se centran en memoria, historia política y estudios culturales. Correo electrónico: carlos.florez@colmayor.edu.co

políticas y coaliciones para ocupar dicho cargo de representación en el futuro. El resultado de aquellas elecciones se resume en la Tabla 1:

Tabla 1: Resultado elección popular de alcaldes de 1988

Circunscripción	Partido Liberal	Nuevo Liberal	Partido Conser-vador	Unión Patrió-tica	Coali-ciones	Otros Inscritos	Total
Antioquia	58		52	4	2	8	**124**
Atlántico	16		5			2	**23**
Bolívar	24		5	1	1	1	**32**
Boyacá	35		76		3	8	**122**
Caldas	8		14		1	2	**25**
Caquetá	6		5	2		2	**15**
Cauca	22		9			5	**36**
Cesar	16		7		1		**24**
Córdoba	18	1	3		3	1	**26**
Cundinamarca	38	3	49	1	2	22	**115**
Chocó	11		3	1		4	**19**
Huila	9	1	24		1	2	**37**
La Guajira	4	1	2		1	1	**9**
Magdalena	16		3		1	1	**21**
Meta	10		8	4	1	1	**24**
Nariño	20		27		1	8	**56**
N. de Santander	10		24			3	**37**
Quindío	6		2			4	**12**
Risaralda	4		9		1		**14**
Santander	31	2	40	1	2	10	**86**
Sucre	12		7		2	3	**24**
Tolima	24		15		2	5	**46**
Valle	17		21			4	**42**
Arauca	4			2			**6**
Casanare	18		1				**19**
Putumayo	4		1			2	**7**
San Andrés						1	**1**

Circunscripción	Partido Liberal	Nuevo Liberal	Partido Conser-vador	Unión Patrió-tica	Coali-ciones	Otros Inscritos	Total
Amazonas	1		1				**2**
Guainía	1						**1**
Guaviare	1						**1**
Vaupés						1	**1**
Vichada	2						2
TOTAL	446	8	413	16	25	101	1009
	(44.2)	(0.8)	(40.)	(1.6)	(2.5)	(10.0)	(100.0)

Fuente: Registraduría Nacional del Estado Civil (Gaitán, 1988, p. 69)

Como denota el anterior Tabla, se impusieron las mayorías liberales y conservadoras y poca fuerza registraron el Nuevo Liberalismo y la Unión Patriótica. No obstante, llaman la atención otras fuerzas políticas o coaliciones que se presentaron en dichos comicios. En este sentido, sugiere Gaitán:

> Frente a unas elecciones que, en esencia, confirman el tradicional comportamiento político de los partidos y de los electores, el fenómeno de las Coaliciones se revela como una de las más novedosas e importantes formas de participación ciudadana. (...) Aunque es evidente que tras el fenómeno de las Coaliciones está presente el manejo de la mecánica electoral y que las alianzas resultan más urgentes cuando se trata de conquistar una alcaldía que cuando están en juego varias curules, dicha forma de agrupamiento indica una mayor capacidad de convocatoria y arrastre electoral. (Gaitán, 1988, p. 64)

Es menester hacer evidente que dichas coaliciones avizoraban una novedosa forma de participación ciudadana que se fue consolidando con el paso de cada fecha electoral para el caso colombiano. Posterior a esta primera elección popular de alcaldes, dichas coaliciones se convirtieron en una forma de hacer política para acceder a diferentes cargos de representación popular. Las elecciones para presidente de la Republica, también fueron permeadas por dicha estrategia multipartidista, en particular, después de la Constitución de 1991 que determinó nuevas reglas, que:

> (...) incluyeron una gran flexibilidad para la creación de partidos (ahora solo se requiere el respaldo de 50.000 firmas); se permitió la inscripción

> de candidatos independientes pues no había que pertenecer a un partido para postularse; se estableció la segunda vuelta en elecciones presidenciales a partir de 1994 si un candidato no obtenía en la primera vuelta la mitad más uno de los votos; se prohibió la reelección del presidente; se amplió la financiación estatal parcial de los partidos y de las campañas, aunque se estableció un esquema de reposición de votos que favorece a los candidatos de partidos ya establecidos; el Estado empezó a financiar de forma más amplia a los partidos y también las consultas internas y empezó a hacer reposición de dinero según los votos que obtengan los precandidatos. (Duque, 2020, p. 18)

Estos cambios electorales, causados por la Constitución de 1991, también impactaron a un sector de la población que, desde el mismo proceso preconstituyente, alzó su voz para el reconocimiento de sus derechos. Se trata de las minorías étnicas, organizadas en pueblos indígenas y comunidades afrodescendientes, las cuales propugnaron por conseguir una participación efectiva y decidida en el Congreso de la República. Tal como plantea Kymlicka en relación con los derechos de tales minorías:

> (...) resulta legítimo y, de hecho, ineludible, complementar los derechos humanos tradicionales con los derechos de las minorías. En un Estado multicultural una teoría de la justicia omniabarcadora incluirá tantos derechos universales, asignados a los individuos independientemente de su pertenencia de grupo, como determinados derechos diferenciados de grupo, es decir, un "estatus especial" para las culturas minoritarias (...) los derechos de las minorías están limitados por los principios de libertad individual, democracia y justicia social. (Kymlicka, 1996, p. 19)

Así, el proceso constituyente de 1991, creó espacios de participación ciudadana que reclamaban y aspiraban reivindicaciones de derechos de acuerdo con el contexto social de la década de los años 90 del siglo XX. Las minorías étnicas, desde sus propuestas y narrativas autónomas, asumieron el reto de establecer una agenda política propia desde su cosmovisión e identidades para su reconocimiento. En concordancia con lo sugerido por Charles Taylor, respecto a la relación entre identidades y reconocimiento, se puede señalar:

> (...) la exigencia de reconocimiento se vuelve apremiante debido a los supuestos nexos entre el reconocimiento y la identidad, donde este último término designa algo equivalente a la interpretación que hace una persona de quién es y sus características definitorias, fundamentales como ser humano. La tesis es que nuestra identidad se moldea en arte por

> el reconocimiento o por la falta de éste; a menudo, también, por el falso reconocimiento de otros, y así, un individuo o grupo de personas puede sufrir un verdadero daño. (Taylor, 1993, p. 43)

El reconocimiento de sus identidades como grupos étnicos ha sido el motor para el reclamo de sus derechos, con la perspectiva de incluir en la nueva Constitución la búsqueda del reconocimiento de un Estado pluriétnico y multicultural. Así, el artículo 171 de la Constitución política de Colombia, contempla lo siguiente:

> El Senado de la República estará integrado por cien miembros elegidos en circunscripción nacional. Habrá un número adicional de dos senadores elegidos en circunscripción nacional especial por comunidades indígenas. Los ciudadanos colombianos que se encuentren o residan en el exterior podrán sufragar en las elecciones para Senado de la República. La circunscripción especial para la elección de senadores por las comunidades indígenas se regirá por el sistema de cociente electoral. Los representantes de las comunidades indígenas que aspiren a integrar el Senado de la República, deberán haber ejercido un cargo de autoridad tradicional en su respectiva comunidad o haber sido líder de una organización indígena, calidad que se acreditará mediante certificado de la respectiva organización, refrendado por el Ministro de Gobierno.

De igual manera, dicha Constitución aprobó una curul por circunscripción especial indígena a la Cámara de representantes. Por su parte, la circunscripción especial afrodescendiente puede elegir dos curules a la Cámara de representantes. Se aplica el mismo procedimiento, los candidatos deben demostrar que hacen parte de dichas comunidades y representan sus intereses. No obstante, este mecanismo de participación política ha permitido, entre otras cosas:

> (...) fortalecer la democracia del sistema político colombiano en la medida en que le han dado visibilidad a colectividades históricamente marginadas. Sin embargo, no se puede desconocer que desde la creación de estas curules no han cesado los debates sobre su efectividad relacionados con la heterogeneidad cultural y geográfica de las minorías cuya representación se busca asegurar, la laxitud de requisitos para formar partidos étnicos, la cooptación de dichas comunidades por individuos que no representan sus intereses y las dificultades para incidir en las decisiones del Congreso. (Cedae, 2015, p. 8)

Estos debates sobre la efectividad de las curules y su impacto en la defensa de los intereses del movimiento indígena y afrodescendiente, cobra vigencia, en cada coyuntura electoral, pues, se evidencian disputas dentro de los mismos grupos étnicos, diferencias ideológicas y partidistas que dividen la defensa de su cultura y territorios, enfrentamientos por los respectivos liderazgos, prácticas clientelares y formas de hacer política tradicional que fragmentan las prácticas culturares ancestrales, entre otros aspectos que marcan el devenir electoral de los grupos en mención.

1. MINGA Y PROTESTA SOCIAL

El movimiento indígena y, en particular, las comunidades indígenas del Cauca, han liderado grandes manifestaciones en pro de la defensa de sus derechos y la reivindicación de la protección de sus territorios ancestrales. Estas inconformidades se han tramitado con la unión de importantes pueblos ancestrales bajo la figura de La Minga, escenario de unidad, lucha y convergencia étnica. "*Minka*", palabra de origen quechua, según Martha Peralta Epiayú, del Movimiento Alternativo Indígena y Social (MAIS), "se deriva del conocimiento que tenían los aborígenes sobre el trabajo compartido para el bien común. Es el encuentro en el que circula la palabra, se piensa y se construye una calidad de vida" (AS, 2020).

De allí, la connotación comunitaria y colectiva que define La Minga y su accionar social y político, que ha recibido el apoyo de otros colectivos, organizaciones sociales, afrodescendientes, sindicatos, entre otros actores políticos que han respaldado sus peticiones. No obstante, también ha recibido voces de rechazo y oposición de sectores que no están de acuerdo con estas manifestaciones que dan lugar a discursos, retóricas y narrativas excluyentes y discriminatorias frente a comunidades indígenas y afrodescendientes. Un ejemplo de ello se puede constatar en esta caricatura:

Caricatura 1. El "apartheid de Paloma Valencia"

Fuente: https://twitter.com/matador000/status/578213167559507968

La senadora Paloma Valencia, en 2015, escribió en su cuenta de Twitter:

> Propongo un referendo o una consulta para que el departamento del Cauca se divida en dos. Un departamento indígena y otro para los mestizos", con el fin de crear: "un departamento indígena para que ellos hagan sus paros, sus manifestaciones y sus invasiones, y un departamento con vocación de desarrollo, donde podamos tener vías, donde se promueva la inversión y donde haya empleos dignos para los caucanos". *(El Espectador,* 2015)

Sin duda, el caricaturista Julio César González, conocido como "Matador", ilustra de manera irónica dicha propuesta. La senadora Valencia, por su atuendo, es dibujada como una explotadora esclavista. En su mano izquierda porta un látigo al parecer de cuero de tres puntas, utilizado para azotar y castigar. Con su mano derecha señala a dos personas y expresa su mensaje de dividir el departamento del Cauca entre esclavos y amos. Las personas a que se refiere representa a un indígena y a un afrodescendiente, dibujados a la usanza de la esclavitud, con grilletes y cadenas que atan sus manos. En la parte superior se ilustra al expresidente Álvaro Uribe Vélez, quien, en forma expectante y en actitud de asombro, escucha la propuesta de la mencionada senadora. La imagen descrita resume la coyuntura de aquel momento. La postura de sectores de derecha que rechazan los movimiento étnicos con un discurso excluyente.

Frente al rechazo de dichos sectores, en diversas coyunturas, La Minga indígena ha logrado importantes puntos de acuerdo con los diferentes gobiernos. En la mayoría de los casos los acuerdos no se cumplen a cabalidad, tal como lo ilustra la siguiente caricatura:

Caricatura 2. Levantada La Minga indígena

Fuente: https://www.vanguardia.com/opinion/caricaturas/levantada-la-minga-indigena-FGVL415536

Esta caricatura ilustra lo sucedido con La Minga en 2017. En la imagen se ilustran cuatro personajes en un camino desértico. Un campesino, un hombre y una mujer con un bebé, al parecer indígenas, por su vestimenta, que refleja un atuendo a la usanza de los nativos del norte de América. El campesino les pregunta, en forma expectante, si consiguieron algo con La Minga. El indígena, con su bastón de mando en la mano izquierda y hojas de papel en su mano derecha, le responde, al parecer, en forma indignada que únicamente lograron más promesas inconclusas. La mujer que lleva el niño a sus espaldas, camina a paso firme, pero con mirada absorta y gesto de tristeza en su rostro. Sin duda, el caricaturista registra el camino difícil que recorre La Minga, con el fin de ser escuchados y, al final, los acuerdos suscritos con el Gobierno nacional, se cumplen de forma parcial, o, en el peor de los casos, no se cumplen. Campesinos e indígenas, en sus respetivos movimientos sociales, han realizado alianzas para conseguir objetivos comunes. De allí, el diálogo que establecen en la siguiente caricatura:

Caricatura 3. El ejemplo de La Minga

Fuente: https://twitter.com/yeyonet/status/1320328839797469184

Los detractores y opositores de La Minga indígena, en reiteradas ocasiones, la han acusado de estar infiltrada por grupos subversivos. En diversos momentos, sus miembros han sido atacados a su paso, pues, en la mayoría de los casos, su ruta termina en la ciudad de Bogotá. Los incidentes más fuertes se registraron en la ciudad de Cali en el año 2021. Los organizadores siempre han rechazado dicha estigmatización. Esta ilustración, realizada por el caricaturista "Yeyo", representa una mano alzada, con puño cerrado, en actitud de protesta. La mano sostiene un bastón utilizado por la guardia indígena, con una leyenda que hace alusión a la supuesta infiltración de La Minga, para destacar que se identifica con dos cualidades, a saber: la grandeza y la dignidad de sus miembros.

Caricatura 4. Hormingas

Fuente: https://www.elheraldo.co/caricaturas/el-mundo-de-turcios-767464

En esta caricatura, hecha por el caricaturista "Turcios", se enfrentan dos personajes. Un indígena, por su atuendo y rasgos identitarios, y el presidente de Colombia de aquel momento, Iván Duque Márquez. El indígena muestra un cartel en su mano derecha, con símbolos de insulto e indignación. Su cuerpo está conformado por indígenas que hacen parte de La Minga para simbolizar la unidad y cohesión del movimiento indígena que la congrega. Por su parte, Iván Duque trata de evadir a los manifestantes y son metaforizados por el dibujante como "hormigas", La misma caricatura lleva por nombre dicha analogía. Ello, para representar el desinterés ofrecido por el Gobierno del momento y su forma de concebir La Minga.

A pesar de lo anterior, el movimiento indígena no ha logrado capitalizar y conducir dicho descontento e inconformidades históricas en las urnas. Como se analizará más adelante, en las últimas elecciones el voto en blanco y los votos nulos sumaron una gran cantidad de votos para la circunscripción especial, lo que devela la necesidad de dicho movimiento por analizar su papel en esta dinámica electoral, el impacto que pueden tener sus divisiones internas y la intromisión de sectores políticos tradicionales que han pretendido apropiarse de dichas curules, al igual que la posibilidad de ejercer candidaturas propias por fuera de la circunscripción.

2. ELECCIONES CIRCUNSCRIPCIÓN INDÍGENA AL SENADO 2022

Desde la creación del CRIC, Consejo Regional Indígena del Cauca, en 1971, el movimiento indígena en Colombia inició un camino de reconocimiento de cuatro de sus banderas de lucha: Unidad, Tierra, Cultura y Autonomía. Una década más tarde, hacia 1982, con la creación de la ONIC, Organización Nacional Indígena de Colombia, se reafirma la defensa y promoción de estos cuatro principios a nombre del primer congreso indígena nacional, que contó con la asistencia de más de 2.500 delegados de diferentes pueblos originarios. El logo del CRIC resume las identidades políticas y plataforma de lucha del movimiento indígena:

Imagen 1. Logo CRIC

Fuente: https://onx.la/5d908

Estos principios se han agitado a lo largo y ancho de los territorios indígenas y en las diversas manifestaciones, convites y mingas con el fin de dar a conocer el trasfondo de sus intereses políticos. No obstante, en temas electorales, se han transformado en movimientos de diverso tipo por la participación dispersa y fragmentada de los mismos indígenas en las diferentes instancias electorales:

> La circunscripción indígena al Senado ha estado vigente en forma ininterrumpida desde la promulgación de la Constitución de 1991. Fue el epicentro del auge de la participación de candidatos indígenas a las elecciones a lo largo de la década de los 90 y hasta 2002 cuando el caudal del voto indígena creció de manera importante, llegando a multiplicarse por cuatro con respecto al voto obtenido por los dos candidatos indígenas elegidos para la Constituyente de 1991 y alcanzar su techo histórico con más de 225.000 votos. Sin embargo, la tendencia ascendente de la votación indígena se interrumpió bruscamente entre 2002 y 2006, lapso en el cual los candidatos indígenas no lograron reunir 100.000 votos entre todos, repitiéndose el fenómeno en 2010. Solo en 2014 el voto indígena logró recuperarse, aunque sin llegar a los niveles de 2002. (Cedae, 2015, p. 15)

Para las elecciones de 2022 el panorama electoral para la circunscripción especial indígena contó con una amplia participación de iniciativas de movimientos y partidos que competían para quedarse con las dos curules, en listas preferentes y no preferentes. El siguiente tarjetón electoral da cuenta de dicho proceso:

Imagen 2. Tarjetón electoral circunscripción especial indígena

Fuente: https://caracol.com.co/radio/2022/01/12/politica/1642017037_314736.html

Cada una de las iniciativas que se presentó al debate electoral denota intereses particulares que vale la pena destacar. En primer lugar, se presentaron cinco iniciativas con voto no preferente, a saber:

Tabla 2: Iniciativas voto no preferente 2022

Nombre	Logo	Representación simbólica
Asociación Nacional de Cabildos Indígenas por Colombia		Según el logo de campaña, se ilustra una casa, dentro de un círculo, en señal de participación e inclusión de quienes hacen parte del movimiento político
Democracia desde Abajo la Palma	DDA DEMOCRACIA DESDE ABAJO	Este logo alude a un círculo que alberga, de forma simbólica, figuras humanas para fortalecer la idea de inclusión y participación
Anicol. Asociación Nacional de Cabildos y Autoridades Indígenas de Colombia		El logo enfatiza en un bastón de mando como símbolo de poder de las comunidades indígenas y un sol que ilumina el horizonte
Resguardo Campo Alegre	RESGUARDO CAMPO ALEGRE MIN Movimiento de Inclusión Nacional	El logo contiene el mapa de Colombia y cuatro manos de diferente color de piel, para representar la diversidad cultural. Esta propuesta alberga el lema de "Movimiento de inclusión nacional"
OSA. Organización Socio - política Ancestral	OSA	El logo ilustra una figura de osa de anteojos. El nombre del movimiento utiliza la metáfora de una osa, para las siglas de la organización de carácter político y enfoque "ancestral"

Fuente: Elaboración propia.

En segundo lugar, se presentaron cuatro iniciativas con voto preferente, a saber:

Tabla 3: Iniciativas preferente 2022

Nombre	Logo	Representación simbólica
Partido Indígena Colombiano	PIC	Con una corona, penacho o tocado multicolor se representa uno de los principales íconos de mando o poder dentro de una comunidad indígena. El nombre del partido retoma en sus siglas la bandera de Colombia
Movimiento Alternativo Indígena y social	MAIS MOVIMIENTO ALTERNATIVO INDIGENA Y SOCIAL	El movimiento alternativo indígena y social, por sus siglas MAIS, retoma el símbolo de maíz, grano alimenticio originario de Mesoamérica, que está presente a lo largo y ancho de América Latina. El maíz es parte de la dieta alimentaria desde tiempos ancestrales
Mandato Ambiental	MANDATO AMBIENTAL	Mandato ambiental, supone la defensa del medio ambiente. Dos montañas con un símbolo en forma de caracol dan cuenta de la identidad del movimiento político
Movimiento de Autoridades Indígenas de Colombia	MOVIMIENTOS DE AUTORIDADES INDIGENAS DE COLOMBIA AICO	AICO, cuenta en su logo con una mano en puño cerrada y, en actitud fuerte, sostiene un bastón de mando para emular poder dentro de las comunidades indígenas

Fuente: Elaboración propia

Al final del conteo de votos y, al consolidar los resultados, se puede apreciar lo siguiente:

Tabla 4: Votación Senado 2022. Circunscripción especial

	Partido	Votación escrutinios	%de votos	Curules escrutinios
1	Movimiento Alternativo Indígena Social "MAIS"	89.199	30,40%	I
2	**Votos en blanco**	**71.978**	**24,53%**	
3	Movimiento Autoridades Indígenas de Colombia "AICO"	63.373	21,60%	I
4	Asociación de Cabildos Indígenas por Colombia	40.740	9,65%	-
5	Partido Indígena Colombia P.I.C.	28.312	5,05%	-
6	Mandato Ambiental	14.825	4,63%	-
7	Asociación de Cabildos y Autoridades Indígenas en Colombia "Anicol"	7.514	1,62%	-
8	O.S.A. Organización Socio - Política Ancestral	6.156	1,28	-
9	Resguardo Campo Alegre	4.749	0,70%	-
10	Democracia Desde Abajo La Palma	1.580	0,54%	-
	Votos nulos	44.088	11,73	
	Tarjetones no marcados	38.215	10,17%	
	Votos válidos	328.426	78,10%	
	Total votos	410.729		

Fuente: MOE, 2022, p. 79.

Las curules en mención fueron ocupadas por una lideresa proveniente del partido MAIS y un candidato del AICO, movimientos políticos mencionados anteriormente. Vale la pena destacar a Aida Marina Quilcué Vivas, senadora de MAIS, por su trayectoria en el movimiento indígena del Cauca. Tal como se reseña en el periódico *El Tiempo*:

> Desde hace más de 30 años defiende los derechos de los pueblos indígenas. Ha luchado por el cese de la guerra en su región y defendido a las mujeres. En su trabajo por la defensa de su gente tuvo que enfrentar en el 2008 la muerte de su cónyuge. Era el 16 de diciembre de ese año, cuando José Eduin Legarda viajaba en un vehículo adscrito al Cric aparentemente, efectivos de las Fuerzas Militares dispararon contra el automóvil. El comunero recibió dos impactos de bala, uno de los cuales fue en la parte derecha del pecho. Horas más tarde, falleció en el hospital San José de Popayán. Según testigos, el objetivo era Aida. El dolor no paró ahí. La justicia la acusó de ser la responsable del homicidio. Durante el juicio ella

> y su hija, para ese momento menor de edad, fueron víctimas de diversas acusaciones. Finalmente, la lideresa fue absuelta y la justicia condenó a 40 años de cárcel a seis militares, señalados de ser los responsables. Pese a su pérdida y a las persecuciones, Aida Quiicué siguió con la fuerza que la ha caracterizado siempre, reafirmando los procesos en pro de la vida y la protección del territorio. Por todo esto y más, en el 2021, fue merecedora del Premio Nacional de Derechos Humanos por toda una vida en la defensa del movimiento indígena en Colombia. (*El Tiempo*, 2022)

El candidato de AICO, Polivio Leandro Rosales Cadena, con experiencia como gobernador del cabildo indígena de San Juan (2016-2021). Profesional en Sociología de la Universidad Nacional de Colombia y Magíster en Desarrollo Rural de la Universidad Javeriana. Líder indígena, comprometido con las causas de los pueblos indígenas del país.

No obstante, en términos generales, frente a los resultados electorales de dicha circunscripción especial, se puede inferir, entre otras cosas, lo siguiente:

En primer lugar, el voto en blanco. Entre los dos aspirantes que ganaron las curules, suman el 52% de los sufragantes. MAIS obtuvo el 30,60%, mientras que AICO el 21,60%. El voto en blanco se aproxima a la mitad de la votación de quienes ganaron las elecciones, con un 24, 53% de los votantes. Ello deja entrever, al menos tres asuntos: 1. Un voto de opinión de castigo, rechazo o indignación para todo el proceso y quienes se presentaron para ser elegidos. 2. Una voz de protesta por la forma en la que se consiguen los avales para ser candidato. 3. La ilusión de no validar las elecciones, en el caso de obtener las mayorías del voto en blanco.

En segundo lugar, es evidente la fragmentación del movimiento indígena, al menos en lo relacionado con el tema electoral. Los diversos movimientos y partidos políticos, tanto en voto preferente como no preferente, por la disputa de dos curules, dan cuenta de la atomización de intereses regionales y culturales, lo que se considera como un traslape de las prácticas clientelistas de partidos tradicionales a este tipo de movimientos y partidos de reciente creación.

En tercer lugar, la deficiente pedagogía política entre las comunidades. Los altos porcentajes de votos nulos (11,73%) y tarjetones no marcados (10,13%) para un total de 21,86% del total de la votación, permite inferir que aún falta una pedagogía electoral entre las comunidades indígenas. El Estado, los partidos y movimientos indígenas descritos anteriormente, deben hacer mayores esfuerzos para socializar a las comunidades programas pedagógicos que permitan afianzar el proceso electoral.

En cuarto lugar, a pesar de la victoria obtenida por Aida Marina Quilcue Vivas, fiel representante de las luchas y reivindicaciones del movimiento indígena, los pueblos originarios de forma unida y organizada, podrían obtener otras curules a Senado por fuera de la circunscripción especial, situación que permitiría afianzar y consolidar la defensa de sus derechos y territorios.

3. ELECCIONES CIRCUNSCRIPCIÓN NEGRITUDES A LA CÁMARA DE REPRESENTANTES 2022

La población afrodescendiente, a diferencia de la indígena, no logró obtener en el cambio constitucional de 1991, circunscripción especial para el Senado, pero, sí logró:

> (...) dos curules en la Cámara para las negritudes. Posteriormente, y con ocasión del proceso conducente a reformar el equilibrio de poderes del Estado, el Congreso de la República convino en darles a los raizales del archipiélago de San Andrés y Providencia una de las curules destinadas a la representación de los colombianos en el exterior, respondiendo a las particularidades étnicas de dicho grupo. (Cedae, 2015, p. 7)

Para las elecciones de 2022, se presentaron 48 iniciativas, lideradas por movimientos políticos y consejos comunitarios. De ellas, 20 escogieron el camino del voto preferente y 28 el no preferente, como se aprecia en el siguiente tarjetón electoral:

Imagen 3. Tarjetón electoral circunscripción especial comunidades afrodescendientes

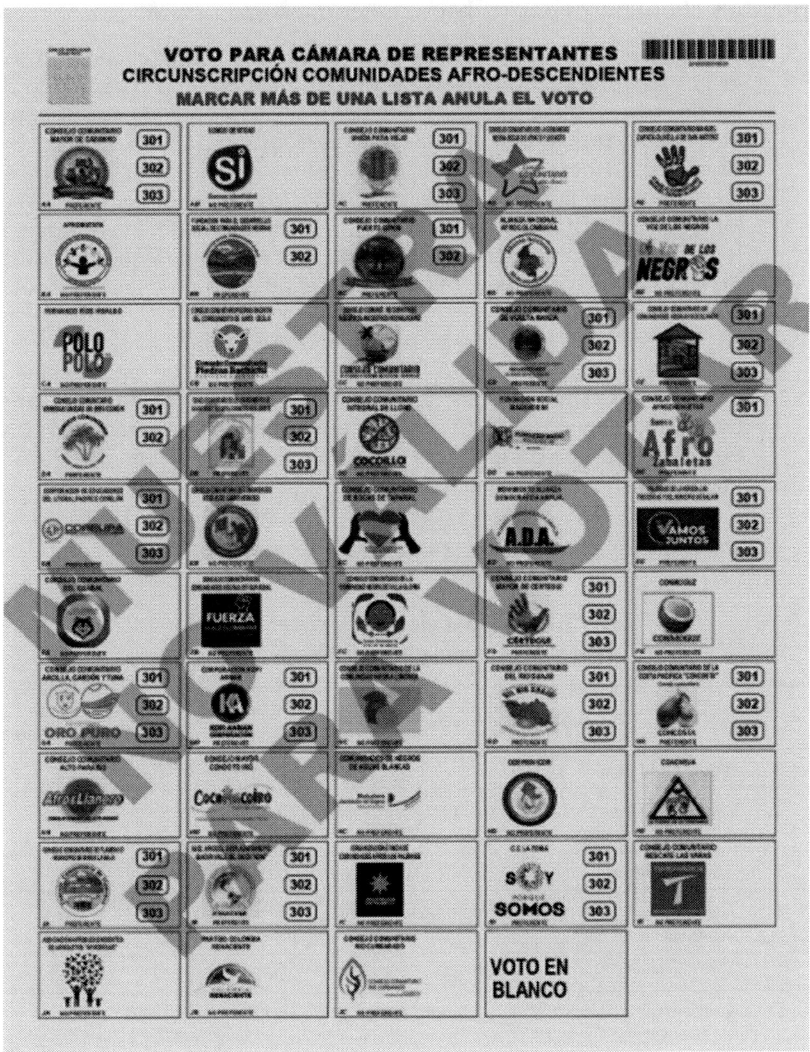

Fuente: MOE, 2022, p. 115.

A diferencia de los indígenas, la lucha electoral por las dos curules afro ha sido objeto de disputa por diferentes movimientos de negritudes, consejos comunitarios y partidos políticos tradicionales. Estos últimos han aterrizado allí para "ocupar" un escaño para sus intereses clientelares y partidistas, tal como señala *La Silla Vacía:*

> Con 127 candidatos compitiendo por dos curules, la circunscripción es la más competida de todas las de la Cámara. Y más porque uno de los dos representantes actuales, Hernán Banguero Andrade, quiere repetir. Las dos curules, que garantizan la participación de las comunidades negras en las decisiones de país, son competidas porque para lanzarse no se requieren firmas o aval de un partido, sino el de un Consejo Comunitario o una organización inscrita ante el Ministerio del Interior que, si logra elegir un congresista, se puede convertir en partido y entregar avales durante cuatro años, como mínimo. Además, no hay un mínimo de votos para obtenerlas.
>
> Por eso, en la disputa han participado incluso personas que no son afro y vienen de partidos tradicionales, y que no siempre representan los intereses de la comunidad negra. Esta vez no es la excepción: en el tarjetón hay académicos, líderes afro que aspiran por primera vez, otros con experiencia en cargos públicos y algunos con políticos tradicionales y maquinaria que los apoyan. (2022)

Los resultados electorales corroboran lo anterior:

Tabla 5: Resultados elecciones circunscripción especial comunidades afrodescendientes

	Partido	Votación escrutinios	%de votos	Curules escrutinios
1	**Votos en blanco**	**87.809**	**18,59%**	
2	Palenque de la Vereda Las Trescientas y del Municipio de la Galapa	66.474	14,07%	I
3	Fernando Ríos Hidalgo	40.049	8,48%	I
4	Consejo Comunitario de la Comunidad Negra Limones	39.924	8,45%	-
5	C.C. La Toma	25.602	5,42%	-
6	Consejo Comunitario Manuel Zapata Olivella de San Antero	25.322	5,36%	-
7	Consejo Comunitario Afrozabaletas	20.189	4,27%	-
8	Consejo Comunitario de la Costa Pacífica "Concosta"	12.605	2,67%	-
9	Consejo Comunitario Bocas del Atrato Leoncito	12.306	2,60%	-

	Partido	Votación escrutinios	%de votos	Curules escrutinios
10	Consejo Comunitario La Voz de Los Negros	11.730	2,48%	-
11	Consejo Comunitario de Comunidades Negras de Guayabal	11.081	2,35%	I
12	Organización Étnica de Comunidades Negras de Campo Hermoso	9.285	1,97%	
13	Consejo Comunitario Mayor de Casimiro	7.834	1,66%	I
14	Consejo Comunitario Mayor de Certegui	7.654	1,62%	-
15	Consejo Comunitario de Comunidades Negras de Campo Hermoso	6.181	1,31%	-
16	Partido Colombia Renaciente	6.152	1,30%	-
17	Consejo Comunitario Bocas de Taparal	5.270	1,12%	-
18	Somos Identidad	5.031	1,06%	-
19	Movimiento Alianza Democrática Amplia	4.298	0,91%	-
20	Consejo Comunitario Integral de Lloró	4.263	0,90%	-
21	Consejo Comunitario de la Comunidad Negra de Villa Gloria	4.074	0,86%	-
22	Consejo Comunitario Veredas Unidas Un Bien Común	4.056	0,86%	-
23	Consejo Comunitario Unión Patía Viejo	4.015	0,85%	-
24	Consejo Comunitario del Rio Guajui	3.963	0,84%	-
25	Consejo Comunitario Piedras Bachichi Correg. Santa Cecilia	3.613	0,76%	-
26	Fundación para el Desarrollo Social de Comunidades Negras	3.356	0,71%	-
27	Alianza Nacional Afrocolombiana	2.976	0,63%	-
28	Consejo Comunitario de Comunidades Negras Socolando	2.942	0,62%	-
29	Consejo Comunitario Río Curbaradó	2.681	0,57%	-
30	Conmoguz	2.456	0,52%	-
31	Consejo Comunitario de Famenco. Municipio María La Baja	2.330	0,49%	-
32	Asoc. Afrocol. Desplazados Mcpio. Guacarí Valle del Cauca "ADAG"	2.322	0,49%	-
33	Consejo Comunitario de Alto Paraíso	2.296	0,49%	-
34	Consejo Comunitario de Puerto Girón	2.147	0,45%	-

	Partido	Votación escrutinios	%de votos	Curules escrutinios
35	Consejo Comunitario Arcilla, Cordón y Tuna	2.113	0,45%	-
36	Consejo Mayor de Condoto Iró	1.923	0,41%	-
37	Consejo Comunitario de Vuelta Manza	1.860	0,39%	-
38	Consejo Comunitario Recuerdo de Nuestros Ancestros Río Mejicano	1.804	0,38%	-
39	Consejo Comunitario de los Corregimientos de San Antonio y El Castillo, municipio de El Cerrito	1.750	0,37%	-
40	Consejo Comunitario Rescate las Varas	1.687	0,36%	-
41	Consejo Comunitario de Guabal	1.624	0,34%	-
42	Corporación Kofi Annan	1.594	0,34%	-
43	Corporación de Educadores del Litoral Pacífico Corelipa	1.186	0,25%	-
44	Afromutatá	1.087	0,23%	-
45	Asociación Afrodescendientes de Arboletes "Afrodesar"	996	0,21%	-
46	Coacneja	937	0,20%	-
47	Fundación Social Magende Mi	633	0,13%	-
48	Odeprivicor	542	0,11%	-
49	Comunidad de Negros de Aguas Blancas	404	0,09%	-
	Votos válidos	472.426	83,86%	
	Votos nulos	**50.311**	**8,93%**	
	Tarjetones no marcados	**40.606**	**7,21%**	
	Total votos	**563.343**		

Fuente: MOE, 2022, pp. 116-117.

Ganaron las curules dos colectividades, a saber: Palenque de la Vereda Las Trescientas y del Municipio de Galapa, con Ana Rogelia Monsalve Álvarez y el Consejo Comunitario Fernando Ríos Hidalgo, con Miguel Abraham Polo Polo. Las dos candidaturas fueron rechazadas por las mismas comunidades negras, pues aseguran que no se sienten representadas por los personajes en mención, por lo siguiente:

> (....) De Monsalve señalan que su hermano, Rumenigge Monsalve Álvarez —que es alcalde de Soledad, Atlántico— habría apoyado su candidatura a través de maquinarias políticas, pues en ese departamento obtuvo 21.566 votos, y allí se concentró su campaña. De hecho, según se conoció, Monsalve se gastó 143'484.416 de pesos en el proceso de campaña, la única contribuyente que tuvo fue Amparo Álvarez Díaz, quien es su madre y habría aportado 145 millones de pesos. En el caso de Miguel Polo Polo y Lina Martínez, las comunidades afrodescendientes insisten en que recibieron votos de amplios sectores políticos que no representan a las comunidades afro como el Centro Democrático y el Conservador. (*El Tiempo*, 2022).

Al final del proceso, tanto Monsalve Álvarez como Polo Polo, actuales representantes a la Cámara, por dicha circunscripción especial, han generado un gran debate dentro de la población afro, quienes de manera mayoritaria no se identifican con ninguno de los dos, dado los intereses políticos partidistas a los que pertenecen, que distan de las auténticas reivindicaciones y derechos de las comunidades afrodescendientes. En especial, Polo Polo ha producido un gran debate por sus posturas políticas y su forma de concebir al movimiento afro. El siguiente tabla ilustra los resultados finales de las elecciones:

Tabla 6: Resultados consolidados comunidades afrodescendientes

	Listas inscritas	%votación total
1	**Voto en blanco**	**15.59%**
2	Palenque de la Vereda Las Trecientas y del Municipio de Galapa	11,80%
3	Votos nulos	8,93%
4	Tarjetones no marcados	7,21%
5	Fernando Ríos Hidalgo	7,11%

Fuente: MOE, 2022, p. 122.

En términos generales, frente a los resultados electorales de dicha circunscripción especial, se puede inferir, entre otras cosas, lo siguiente:

En primer lugar, el voto en blanco. Entre los dos aspirantes que ganaron las curules suman el 18,91% de los sufragantes. Palenque de la Vereda Las Trescientas y del Municipio de Galapa obtuvo el 11,80%, mientras que el consejo comunitario Fernando Ríos Hidalgo, el 7,11%; el voto en blanco supera en votación a la candidata con mayores votos, con un 15,59% de los votantes. Ello permite constatar, al menos tres asuntos: 1. Visibilizar el rechazo o la indignación por parte de las comunidades afro, debido a quienes se presentaron para ser elegidos. 2. Una voz de protesta por la forma en la que se consiguieron los avales para ser candidato y la procedencia política de los mismos. 3. La posibilidad de no validar las elecciones, en el caso de obtener las mayorías del voto en blanco. No obstante, la votación en blanco no logró dicho cometido.

En segundo lugar, la deficiente información electoral entre las comunidades. Los altos porcentajes de votos nulos (8,93%) y tarjetones no marcados (7,21%) para un total de 16,14% del total de la votación, permite inferir que aún falta una pedagogía electoral entre las comunidades afro. Al sumar el voto en blanco, los votos nulos y los tarjetones no marcados, se obtiene un 31,73% del total de los votos, es decir, este porcentaje supera, de lejos, en votos a quienes ganaron las dos curules, que suman un total de 18,91%. La posible confusión que puede generar el voto preferente y no preferente, puede ser un factor determinante para propiciar una pedagogía electoral clara y eficiente entre las comunidades afro.

En tercer lugar, es evidente la lucha de los partidos tradicionales por cooptar las curules de las comunidades afro, para lo cual se valen de la flexibilidad de la norma para presentarse por dicha población en tanto tienen la opción de aplicar toda la maquinaria política de que disponen, en claro desequilibrio con aquellos consejos comunitarios afro que no poseen los recursos ni la infraestructura para competir en igualdad de condiciones con las prácticas clientelares de dichos partidos.

En cuarto lugar, a pesar de las denuncias y resistencias que ofrecieron sectores populares y comunitarios afro, frente a las candidaturas que, a la postre, ganaron las elecciones, queda una gran impotencia e inconformidad por la forma en que intereses partidistas tradicionales usufructúan y se lucran a nombre de unas comunidades olvidadas y marginadas que reclaman la visibilización de sus derechos, tal como lo consigna la Constitución Política de 1991.

CONCLUSIONES

A pesar de que el cambio constitucional de 1991 determinó la naturaleza del Estado colombiano como pluriétnico y multicultural por cuanto reconoce los derechos de pueblos y comunidades indígenas y afrodescendientes, sus derechos colectivos y reivindicaciones sociales siguen en deuda en las diferentes agendas de las administraciones gubernamentales. Sus territorios son objeto de disputa por los actores del conflicto armado, que ven en ellos riquezas madereras, mineras, lugares estratégicos, entre otros, y muchos de sus líderes han sido perseguidos o exiliados en el marco de tales disputas.

Estas luchas por el control de sus territorios también se han trasladado al plano electoral. Los partidos tradicionales, en su afán por acaparar el mayor número de curules en la Cámara de representantes y el Senado de la República, se han lanzado con candidatos, campañas, clientelismo y maquinarias para obtener los votos necesarios y quedarse con los escaños de las respectivas circunscripciones. Por el lado de los indígenas, ha sido más difícil dicha cooptación debido a la fortaleza y liderazgo del CRIC, la ONIC y otras organizaciones étnicas. Los movimientos afro no han contado con la misma fuerza organizativa, y han sido ocupadas sus curules por los partidos mencionados.

La falta de una pedagogía y cultura política en temas electorales afecta a gran parte de la población en Colombia. En repetidas coyunturas políticas electorales, votos nulos y tarjetones no marcados, están a la orden del día; por la confusión que generan los tarjetones, por el desconocimiento entre voto preferente y no preferente, por la falta de propuestas de los candidatos que no producen confianza o credibilidad, o simplemente por el desconocimiento e implicaciones de la votación. Las comunidades afrodescendientes e indígenas no escapan a dicha dinámica.

La consolidación de un movimiento indígena organizado y unificado, al igual que la población de comunidades negras, afrocolombianas, raizales y palenquera, unida y consolidada, permitiría afianzar su participación política no solo en las curules determinadas en la Constitución de 1991, sino que podrían ampliar su injerencia directa en otros escaños, por fuera de las respectivas circunscripciones especiales, de tal manera que pudiesen actuar como bloque electoral para consolidar sus identidades culturales, luchas y reivindicaciones. No es fácil dicha pretensión por la fragmentación de intereses y pugnas personales y partidistas dentro de las mismas.

Finalmente, se puede afirmar que son múltiples los retos que tienen las minorías étnicas en Colombia en temas electorales. Son retos entre los que se destacan lo organizacional y lo político, que, seguramente, han sido y son tenidos en cuenta en cada coyuntura electoral. Sus identidades culturales y prácticas ancestrales pueden ser el motor que oriente dichos retos.

REFERENCIAS

Centro de Estudios en Democracia y Asuntos Electorales. (2015). *Representación, participación y curules especiales de minorías étnicas.* (1 edición), Registraduría Nacional del Estado Civil.

Delgado, B. (2020). Minorías étnicas o pueblos originarios. El otro en la era del reconocimiento constitucional. *Análisis Jurídico - Político, 1*(2), 93-114.

Duque, D. (2020). Candidaturas presidenciales en Colombia 1974-2018. Factores condicionantes de su evolución. *Desafíos*, 32(2), 1-38.

Gaitán, P. (1988) Primera elección popular de alcaldes: expectativas y frustraciones. *Análisis Político,* (4), 63-83.

Herrán O. (2009). Las minorías étnicas colombianas en la Constitución política de 1991. Prolegómenos. *Derechos y Valores, XII* (24), 189-212.

Kymlicka, W, (1996). *Ciudadanía multicultural. Una teoría liberal del derecho de las minorías* (1 edición). Ediciones Paidós.

Misión de Observación electoral. (2022). *Resultados electorales Congreso 2022. Observatorio político electoral de la democracia.* (1 edición), MOE.

Taylor, C. (1993). *El multiculturalismo y la "política del reconocimiento"* (1 edición), Fondeo de Cultura Económica.

CIBERGRAFÍA

AS. (2020). Minga indígena: significado de la palabra y por qué se llama así. *AS.com.* https://colombia.as.com/colombia/2020/10/21/actualidad/1603303618_264538.html.

Bravo, N. y Gamboa J. (2022). Los principales candidatos a la Cámara por las curules Afro. *La Silla Vacía.* https://www.lasillavacia.com/historias/silla-nacional/los-principales-candidatos-a-la-camara-por-las-curules-afro/.

El Tiempo.(2022). Miguel Polo Polo en disputa por la curul afro con Lina Martínez. *Eltiempo.com.* https://www.eltiempo.com/elecciones-2022/congreso/miguel-polo-polo-quien-se-quedara-con-la-curul-afro-661073.

Rodríguez, G. (2015) ¿Multiculturalismo a "apartheid"? *El Espectador.com.*

https://www.elespectador.com/opinion/columnistas/cesar-rodriguez-garavito/multiculturalismo-o-apartheid-column-550505/.

Romeleroux, M. (2022). Dos lideres indígenas llegan al Congreso por el Cauca. *Eltiempo.com.* https://www.eltiempo.com/colombia/otras-ciudades/dos-lideres-indigenas-llegan-al-congreso-por-el-cauca-658283.

III. ELECCIONES PRESIDENCIALES

EL OBJETIVO DE DESARROLLO SOSTENIBLE "PAZ, JUSTICIA E INSTITUCIONES SÓLIDAS" (ODS 16) EN LOS PROGRAMAS DE GOBIERNO DE GUSTAVO PETRO Y RODOLFO HERNÁNDEZ

PORFIRIO CARDONA RESTREPO[1]
Universidad Pontificia Bolivariana

ANDREA A. STEINHÄUSER[2]
Estudiante de Doctorado en Estudios Políticos y Jurídicos
Universidad Pontificia Bolivariana

---

1 Doctor en Filosofía por la Universidad Pontificia Bolivariana, profesor Titular de la Facultad de Ciencias Políticas, coordinador del Doctorado en Estudios Políticos y Jurídicos de la misma Universidad y Editor de la revista *Analecta Política*. Sus principales áreas de investigación son la teoría política, el conflicto armado, la estética y la política en el ámbito neopragmático. Correo electrónico: porfirio.cardona@upb.edu.co

2 Candidata a Doctora en Estudios Políticos y Jurídicos en la Universidad Pontificia Bolivariana. Miembro del grupo de investigación Estudios Políticos (categoría A de Colciencias), línea de investigación Lenguaje y acción, adscrito a la Escuela de Derecho y Ciencias Políticas de la Universidad Pontificia Bolivariana. Magíster en Literatura por la Universidad Pontificia Bolivariana. Magíster en Administración de Negocios (Master in Business Administration) por la University of London - London Business School (Londres, Reino Unido). Bachelor of Arts en Relaciones Internacionales por University of Pennsylvania (Filadelfia, Estados Unidos de América). Sus líneas de investigación se centran en estudios políticos; historia intelectual y cultural; historia intelectual e historia de las ideas; análisis del discurso en relación con la historia intelectual; literatura; lengua, cultura y literatura; y relaciones internacionales. Publicaciones recientes: *El concepto de* xenia *en la* Odisea (2020), *La literatura como formadora social: el caso de Karl May* (2018). Correo electrónico: a.a.steinhauser@gmail.com / andrea.steinhauserav@upb.edu.co

INTRODUCCIÓN

La victoria de Gustavo Petro en Colombia en las pasadas elecciones del 19 de junio de 2022 se suma a la de Pedro Castillo en Perú, el 6 de junio de 2021[3], a la de Gabriel Boric en Chile, el 9 de diciembre de 2021 y a la más reciente, la de Lula da Silva en Brasil, el 30 de octubre de 2022. La expansión de la izquierda en América Latina marca lo que se ha denominado como una nueva "Marea rosa" que recuerda aquella primera que comenzó con la presidencia de Hugo Chávez en Venezuela en 1998.

Colombia no ha sido ajena al escenario internacional, especialmente en América Latina que, desde 2019, ha sido testigo de intensas y prolongadas protestas masivas por cuestiones relacionadas con la inconformidad con los gobernantes, la crisis económica y del sistema pensional, así como los problemas propios heredados de la pandemia de Covid-19 en todo el mundo. La democracia misma se ha puesto en juego por medio de la movilización colectiva que ha exhibido los dilemas propios de la representación democrática (Alcántara y Cardona-Restrepo, 2020).

Las elecciones presidenciales en Colombia de 2022 estuvieron marcadas, además de lo anterior, por los siguientes factores:

- Un ambiente hostil al Gobierno del presidente Iván Duque, que lidió con la pandemia y los efectos económicos y sociales que trajo consigo; una molestia con el Ejecutivo por haber ralentizado, en algunos casos, e incumplido en otros, los Acuerdos de La Habana firmados en 2016 con las FARC-EP; el aumento de muertes, la desaparición forzada de líderes sociales y desmovilizados tras el Acuerdo de Paz; el incremento de pie de fuerza de grupos fuera de la ley; el crecimiento de cultivos de coca; el desplazamiento forzado, entre otros elementos que terminaron en una sensación de inseguridad y desprotección en múltiples territorios; al igual que decisiones impopulares tomadas por el Ejecutivo como la de someter al Congreso de la República a una reforma tributaria, acto que causó malestar

---

[3] Fue destituido y detenido por rebelión el miércoles 7 de diciembre de 2022, después de que disolviera el Congreso.

e indignación en diversas regiones de la geografía nacional. El resultado medible de lo anterior fue el índice de desaprobación de alrededor del 76%, reportado por Invamer Poll en mayo del 2022, que hizo evidente la baja popularidad de Duque en el momento de dejar la Casa de Nariño el 7 de agosto de 2022.

- La participación en política, por parte de varios alcaldes, que fueron sancionados por la Procuraduría, así como el escándalo relacionado con el conteo de votos para las elecciones legislativas inmediatamente anteriores a las presidenciales, llevaron a cuestionar y deslegitimar a la Registraduría Nacional y al Consejo Nacional Electoral, asunto que fue subsanado con la entrega eficaz del resultado de los comicios presidenciales.
- Una atmósfera de pánico debido a que dos semanas antes de las elecciones se realizó un paro armado que tuvo presencia y repercusión en 178 municipios de 23 departamentos del país. Este paro fue ejecutado por orden de las Autodefensas Gaitanistas de Colombia —AGC— como respuesta a la extradición a Estados Unidos de su máximo dirigente, Dairo Antonio Úsuga, conocido con el alias de "Otoniel".
- La alta fragmentación y polarización de la sociedad favorecidas por la larga duración de las precampañas y campañas electorales en Colombia. La división entre petristas y antipetristas fue el eje de confrontación permanente. Desde hace más de siete décadas, el panorama electoral en Colombia ha estado atravesado por narrativas que impactan directamente en la exclusión y polarización, así como en discursos de miedo y odio que han pretendido evitar un posible gobierno de la izquierda (Rodríguez, 2022).
- La desafección hacia los partidos políticos tradicionales que enfrentan una crisis ideológica, a pesar de que siguen teniendo un notorio poder en el Congreso. Tanto el Partido Liberal como el Conservador se fracturaron internamente y muchos de sus integrantes pasaron a engrosar las filas de otros partidos, incluidas las del Pacto Histórico. Este fenómeno explica la fragmentación del Congreso de la República.

En este escenario de alta tensión, las dos propuestas de gobierno, que se enfrentarían en la recta final, intentaban deslindarse del continuismo que representaban el Centro Democrático y los partidos tradicionales. Dos figuras controvertidas estarían en las urnas: Gustavo Petro que representó al Pacto Histórico, con una amplia experiencia y conocimiento de la política y del funcionamiento del Estado, y Rodolfo Hernández, de la Liga de Gobernantes Anticorrupción que, catapultado por las redes sociales, con un discurso férreo contra la corrupción, además de su experiencia como empresario y como alcalde de la ciudad de Bucaramanga, del 1 de enero de 2016 al 17 de septiembre de 2019, resultaba un fenómeno político por ser una opción atractiva para muchos colombianos que veían surgir un candidato *outsider*.

Gustavo Petro fue elegido con 11.280.000 votos a su favor en la que se considera como la primera vez, desde su génesis como República, que un candidato de izquierda llega a la Presidencia. La participación del 58% de la población en los comicios es una de las más altas en la historia electoral de Colombia que, tradicionalmente, ha sido un país con una alta abstención electoral. Rodolfo Hernández, por su lado, logró 10,579.106 votos, lo que representa el 47.31% de la votación total (Registraduría Nacional del Estado Civil, 2022). Con una diferencia a favor de 700.894 votos, Petro tendrá que gobernar en medio de un país dividido y polarizado.

El anterior contexto sociopolítico, en el que se enmarcó la elección presidencial de Colombia de 2022, produjo interés en identificar aquellos temas centrales sobre los que giraron las campañas y programas de gobierno de Gustavo Petro y Rodolfo Hernández. El ambiente previo y durante las elecciones marcó un eje común compuesto por tres escenarios que tienen que ver con la construcción de paz, la confianza en las instituciones y la justicia, temas que coinciden con el Objetivo de Desarrollo Sostenible 16 (en adelante: ODS 16) impulsado por la Organización de las Naciones Unidas: Paz, justicia e instituciones sólidas. Según la ONU, con este objetivo se pretende "Promover sociedades pacíficas e inclusivas para el desarrollo sostenible, facilitar el acceso a la justicia para todos y crear instituciones eficaces, responsables e inclusivas a todos los niveles" (ONU, sif-a.).

Resulta crucial realizar un análisis de los programas de gobierno de los dos candidatos finales a la presidencia, frente al objetivo del

ODS 16, por la presencia de factores propios del país como la historia de guerra y violencia generalizada; el aumento de la corrupción, la impunidad y número de homicidios; la desconfianza institucional; la participación ciudadana; los altos niveles de pobreza y desigualdad, entre otros. Independiente del candidato que se eligiese como Presidente, la agenda del nuevo gobierno deberá dar prioridad a este objetivo. Esta es la razón por la que este trabajo se concentra en los programas de gobierno de Gustavo Petro y Rodolfo Hernández teniendo como referente su alineación y las posibilidades realistas de cumplir con el ODS 16.

La pregunta central de la investigación fue: ¿Cómo se alinean y cuáles son las posibilidades realistas de cumplir con los ODS, particularmente, con el ODS 16, en el marco de las propuestas de los dos candidatos presidenciales que pasaron al balotaje en las elecciones de Colombia 2022? Para responder a esta pregunta se realizó una investigación cuanti-cualitativa, cuya técnica de recolección fue el análisis morfológico porque, como técnica combinatoria, permitía descomponer una pregunta central. Para dicho análisis se construyó una matriz en la que se multiplicaron las relaciones entre las partes mencionadas [pregunta problemática (a) + parámetros esenciales (i + ii)].

Los pasos estuvieron centrados, primero, en la especificación de un objetivo: analizar la propuesta de los dos candidatos presidenciales de Colombia 2022 que pasaron al balotaje, frente al objetivo 16 de los ODS. Luego, se identificaron los parámetros que caracterizan el análisis: a) Programas de gobierno analizados de los dos candidatos presidenciales: Gustavo Petro y Rodolfo Hernández y, posteriormente, i) revisión del ODS 16 en relación con las ii) metas de este objetivo.

En el primer acápite del capítulo se presenta un recorrido sucinto de la forma en la que Colombia ha atendido los compromisos adquiridos en el cumplimiento de las agendas globales impulsadas por los organismos multilaterales en sus propios planes, programas y proyectos públicos. En el segundo, se hace un balance de lo logrado por Colombia en el cumplimiento de las metas específicas y en los indicadores reportados en el informe voluntario presentado ante la ONU en 2021. En el tercer y último acápite, se comparan las propuestas expuestas en los programas de gobierno de los dos candidatos a la segunda vuelta, Gustavo Petro y Rodolfo Hernández. Para este efecto, se toman, una a una, las metas específicas del ODS 16 y se exponen las propuestas de cada uno de los candidatos para dar cumplimiento, total o parcial, a estas. Inicialmente, se pensó comparar los dos programas de gobierno con todos los ODS. Esta tarea, sin embargo, resultó ambiciosa para este ejercicio. En vista de esto y dada la importancia que para Colombia ha tenido el asunto de la paz, se decidió concentrar el análisis en el ODS 16. La ventaja adicional de seleccionar este objetivo es su carácter "catalizador", como lo describió Villanueva (2019, p. 3), que, con la denominación "ODS 16+", interactúa con los demás ODS. El capítulo termina con una conclusión final.

1. PLANES DE DESARROLLO NACIONALES ALINEADOS A LOS ODS

Los debates en torno a la superación de la pobreza han ocupado la atención de la academia, las políticas públicas estatales y las agendas de organismos de cooperación multilateral en los últimos tiempos, siendo la última en este sentido la Cumbre de las Naciones Unidas sobre el Desarrollo Sostenible celebrada en el mes de septiembre de 2015 en la ciudad de Nueva York. Allí, la Asamblea General aprobó oficialmente la ruta para el desarrollo sostenible en el texto: "Transformar nuestro mundo: la Agenda 2030 para el Desarrollo Sostenible" (ONU, 2015).

En septiembre de 2022 se cumplieron siete años de esta ambiciosa pretensión global agrupada en 17 objetivos, 169 metas y 231 indicadores. A partir de la fecha, los esfuerzos de los países en el cumplimiento de estos objetivos requerirían el compromiso decidido de los gobiernos, el mejoramiento de prácticas, nuevos diseños institucionales, modelos de gestión y gobernanza ajustados a las nuevas demandas, así como la adopción de estrategias nacionales y regionales para hacerlos efectivos.

Hasta la fecha, 19 de los 33 países de América Latina y el Caribe, que pertenecen a la Comisión Económica para América Latina y el Caribe —Cepal—, han configurado sus planes de desarrollo con los ODS. El cumplimiento de estos objetivos alineados a la Agenda Global 2030, más allá de la integración y cooperación internacional, ha requerido de marcos de gobernanza pública (Rijo, 2021), como del compromiso decidido de los gobiernos por hacer del cumplimiento de estos objetivos parte de la política de Estado. La Cepal y otros organismos multilaterales en su informe: *Perspectivas económicas de América Latina 2019: Desarrollo en Transición* (OCDE, 2019, p. 18) han destacado la importancia y el efecto positivo de incluir en los planes de desarrollo nacionales aquellos programas enfocados en los ODS.

Colombia ha articulado sus políticas sociales y económicas con estos objetivos de alcance global, como en el caso de la formulación del documento Conpes Social 91 y 140 —modificación al Conpes Social 91— en los años 2005 y 2011, lo que ha permitido establecer metas y estrategias para alcanzarlos y ha posibilitado al país contar con el apoyo de otras naciones para encabezar cuestiones en torno a la ampliación de la dimensión social del desarrollo, incluidos aspectos ambientales y económicos.

El Plan Nacional de Desarrollo (en adelante PND) 2014-2018, "Todos por un nuevo país", integró dentro de su modelo una nueva visión de desarrollo, fruto de la negociación final de la Agenda 2030 y los ODS. La incorporación de 92 de las 169 metas estipuladas en los ODS dentro del PDN permitió adoptar, de manera temprana, un enfoque transversal mediante la estrategia "Crecimiento verde" para lograr un progreso económico sostenible. Las metas de los ODS incorporados giraban en "función de la educación, la disminución de las desigualdades y la construcción de la paz, metas a su vez relacionadas con el consumo responsable, la protección del medio ambiente marino y terrestre, las estrategias contra el cambio climático, la erradicación del hambre, y el acceso al agua y energía renovable" (Ramírez y Rivera, 2020).

El PND permitió que los Planes de Desarrollo Territorial —PDT— 2016-2019 se alinearan a sus apuestas y se vincularan, en mayor o menor proporción, a los ODS en su estructura y metas. Esta situación supuso nuevos retos toda vez que se hizo necesaria una estrategia para su implementación y un esquema de seguimiento y reporte que, desde los indicadores, examinara el horizonte del país en función de los ODS (DNP, 2018, p. 9), a partir de cuatro lineamientos definidos en el Conpes 3.918: "esquema de seguimiento y reporte, estrategia territorial, alianzas con actores no gubernamentales y acceso a datos abiertos" (Ramírez y Rivera, 2020).

Cada año el país presenta un informe de carácter voluntario de los avances de la implementación de cada ODS y sus respectivas metas e indicadores. El último informe presentado por Colombia data de 2021 (DNP, 2021); fue denominado: *Acelerar la implementación para una recuperación sostenible* y se produjo en el marco del PND "Pacto por Colombia, pacto por la equidad" 2018-2022 durante la presidencia de Iván Duque, de tal manera que concordara con la "Década de la acción" de la Agenda 2030 (ONU, sif-b) que inició en el 2020 para acelerar la implementación de los ODS. Ahora, ¿qué balance se puede hacer de su articulación y cumplimiento en el PND, además de algunos desafíos del ODS 16 en la etapa final del gobierno de Duque? Este será el objeto de lo que sigue.

2. PAZ, JUSTICIA Y EL FORTALECIMIENTO DE LAS INSTITUCIONES

El ODS 16 tiene en total 12 metas específicas numeradas de dos posibles maneras. La primera, con números, cuando hacen referencia a los resultados que se desean lograr y, la segunda, con letras, cuando corresponden a los medios de implementación que deben estar en pie para lograr las primeras.

De estas 12 metas puntuales, el Departamento Administrativo de Planeación —DAP—, tuvo en cuenta cuatro con sus respectivos indicadores para la publicación del informe anual del año 2022 (información de avance en la implementación de los ODS). De acuerdo con este informe, Colombia presenta un avance del 83,14% de las metas nacionales y un cumplimiento del 61,63% respecto al cumplimiento del horizonte al año 2030. A continuación, se presenta un análisis de cada uno de los indicadores en el marco de las categorías de paz, justicia e instituciones fuertes, teniendo presente, con base en este mismo informe, que los grandes retos se centran en temas como la seguridad, convivencia y cultura de la legalidad (DNP, 2021).

- ***La paz como promoción pacífica de la sociedad colombiana***

Los retos definidos como indicadores específicos de cada meta son cuatro. El primero es un indicador usado comúnmente para medir la percepción de seguridad de los estados y es denominado por la Agenda global como "tasa de homicidios por cada 100.000 habitantes", el cual, para el contexto propio de Colombia y, teniendo en cuenta los datos suministrados por el Sistema de Información Estadística, Delincuencia, Contravencional y Operativa del Ministerio de Defensa Nacional —Siedco—, en el año 2021 se ubica en 25.7 puntos. Aunque este indicador tiende a la baja, todavía es superior a la cifra deseada para el 2030. Hay que destacar que los resultados de este indicador se ven beneficiados por las medidas restrictivas adoptadas por el Gobierno en el marco de la pandemia Covid-19.

Según este indicador, se deben realizar e integrar ingentes esfuerzos entre todas las entidades e instituciones encargadas de guardar y preservar el orden público con el fin de mantener a la baja el indicador y alcanzar la meta al 2030 que es de 16,4 puntos. Es preciso anotar que se está a siete años, es decir, el equivalente a dos periodos presidenciales de alcanzar el horizonte de los ODS.

El segundo reto está relacionado con una de las acciones que usan los grupos armados al margen de la ley para sembrar terror en las comunidades y es el "número de víctimas directas de homicidios y desapariciones forzadas por cada 100.000 habitantes". Colombia se muestra optimista para cumplir este reto porque el resultado a 2022 es de 0.480 puntos, es decir, que va a la par con la meta para el 2030. El reto tiene un beneficio directo y es coherente con la Política Pública de "Paz con Legalidad", sancionada durante la presidencia de Iván Duque en el 2018, para priorizar la reparación de las víctimas, además de la estabilización y transformación de los territorios perjudicados por la violencia al denominarlos PDET.

Sin ser menos importante, en el reto tres se contempla la acción delictiva de apoderarse de lo ajeno. La agenda global ha denominado este indicador como "número de personas que ha sufrido hurtos, respecto al total de la población de 15 años y más por cada 100.000 habitantes". Este es semejante a la meta del horizonte 2030, al registrar alrededor de seis millones de personas perjudicadas, según la encuesta de Convivencia y seguridad ciudadana que fue elaborada por el Departamento Administrativo Nacional de Estadística —DANE—.

Como cuarto y, último reto de esta meta, la agenda global ha planteado el "número de lesionados por violencia interpersonal e intrafamiliar por cada 100.000 habitantes". Este, asimismo, muestra una leve disminución al registrar 233 lesionados para el año 2021, uno menos que el año 2020, según los registros del Instituto Nacional de Medicina Legal y Ciencias Forenses —Inmlcf—.

En lo que corresponde a la meta 16.4, a través de la política pública "Paz con Legalidad" antes mencionada, el Gobierno nacional ha buscado cumplir con lo pactado en el Acuerdo de Paz de La Habana en 2016, siempre y cuando la contraparte del tratado actúe con legalidad y favorezca la seguridad y la economía del país. En 2022 se desarticularon seis organizaciones al margen de la ley, categorizadas tipo A, que hacen presencia al mismo tiempo en varios departamentos debido a su estructura criminal. Gracias al avance de implementación de esta política pública, los actos de secuestro disminuyeron hasta llegar a 88 casos en el año 2020, según registros del Ministerio de Defensa Nacional —MDN—.

Aunque los informes de las entidades gubernamentales registran avances significativos en cumplimiento de las metas del ODS 16, es otra la realidad en algunos municipios del Estado colombiano. La débil presencia de este en los territorios en los que es fuerte la influencia de los grupos al margen de la ley hace que haya disputas por el control de algunas actividades de la economía criminal, debido a que estas les permiten financiar sus estructuras y expandirse por otros territorios.

Otro aspecto para destacar son las masacres. Según el Instituto de Estudios para el Desarrollo y la Paz —Indepaz—, en el año 2022 se cometieron un total de 94 masacres, con un saldo de 300 personas muertas, es decir, el equivalente a casi una persona muerta de manera violenta por día.

Con respecto al cultivo de coca, en los últimos años han aumentado las hectáreas dedicadas a la siembra y cuidado de esta planta. Según reportes de la Oficina de las Naciones Unidas contra la Droga y el Delito —Onudd—, en el 2021 se registraron 204.000 hectáreas, lo que significa un aumento del 70% en comparación con el año 2020.

- ***Las instituciones como el aparato administrativo incluyente del Estado***

En lo que respecta a la meta 16.10, se han dado adelantos significativos. Mediante el Decreto 1.499 de 2017, que adopta el Modelo Integrado de Planeación y Gestión —MIPG— para todas las entidades públicas, los entes territoriales son obligados al diligenciamiento del formulario único de avance a la gestión en cada vigencia. De acuerdo con la evidencia dispuesta en el formulario, el Departamento Administrativo de la Función Pública —DAFP— establece el indicador de desempeño institucional. De igual forma, la Procuraduría General de la Nación —PGN— estableció el Índice de Transparencia y Acceso a la Información Pública —ITA— para vigilar a los entes territoriales en el cumplimiento de los requerimientos establecidos en la Ley 1.712 de 2014. Colombia pasó de una línea base de 0% en este índice a un 31% en el 2020 y la meta para el horizonte 2030 es del 70%. Esto demuestra que aún se deben integrar esfuerzos para lograr esta meta de acceso a la información pública.

A pesar de los avances que se han logrado en materia de accesibilidad y transparencia, como lo es la Ley 1.474 de 2014, que establece los mecanismos de lucha contra la corrupción y de atención al ciudadano, todavía falta mucho y aún se observa una tendencia de este índice a empeorar. En los últimos años, los escándalos de corrupción en Colombia han adquirido una notoriedad y frecuencia preocupante. Entre ellos ha habido casos que superan los límites nacionales como el de Odebrecht, que afectó a varios países de Latinoamérica.

La corrupción es un fenómeno que invade tanto al sector público como al privado, lo que limita aún más el accionar estatal para alcanzar sus fines. Cada vez son más frecuentes las noticias que tienen que ver con actos de corrupción, lo que genera desconfianza en los funcionarios públicos y las entidades estatales por parte de la ciudadanía. Este descontento ciudadano se evidencia en momentos decisivos, como a la hora de elegir los mandatarios, cuando la abstención electoral todavía alcanza el 50%. Los más perjudicados con el fenómeno de la corrupción son los ciudadanos, pues la desviación de los recursos afecta la inversión en la política social y deja, en el peor de los casos, obras inconclusas.

El fenómeno de la corrupción cobra cada vez más protagonismo en la agenda mediática como se evidencia en el informe "*Así se mueve la corrupción: radiografía de los hechos de corrupción en Colombia*" del Monitor Ciudadano de la Corrupción de Transparencia por Colombia. No es extraño que Colombia ocupe el puesto 75 entre 174 países en cuanto a corrupción en el Índice de Transparencia Internacional de 2020.

Para avanzar en la lucha contra la corrupción y alcanzar la meta de 16.5, el DAFP pone a disposición de la ciudadanía la guía de identificación de riesgos de corrupción en la que recomienda a todas las entidades territoriales construir sus propios mapas. Con este instrumento estratégico se busca que las entidades ejerzan controles sobre estos riesgos y ejecuten acciones para mitigarlos. El descontento ciudadano con este fenómeno se manifestó a través de la Consulta Anticorrupción efectuada en el 2018 en la que participaron más de 11 millones de colombianos.

En este punto es crucial que Colombia siga avanzando con las alianzas internacionales que promueven un Estado abierto (Alianza Para el Gobierno Abierto) tendiente a la participación ciudadana, la transparencia, lucha contra la corrupción, la rendición de cuentas (*accountability*), acceso a la información con datos confiables y que incluya efectivamente las buenas prácticas establecidas desde el año 2021 en el Marco Ético para la Inteligencia Artificial (IA) (Departamento Administrativo de la Presidencia de la República, 2021).

- ***El acceso a la justicia en el estado colombiano y la justicia transicional***

Para promover sociedades justas, pacíficas e inclusivas, se requiere que el Estado focalice la inversión pública en las poblaciones que se han visto afectadas por el accionar de los grupos al margen de la ley. Hoy, alrededor del 20% de la población colombiana ha sido registrado como víctimas del conflicto armado, que reclaman más atención y presencia del Estado para salvaguardar sus derechos. De acuerdo con registros de la Unidad para la Atención y Reparación Integral a la Víctimas —Uariv—, el número de indemnizaciones otorgadas a víctimas del conflicto armado interno asciende a 965.383 en el año 2020 y se espera llegar a 1.984.635 indemnizaciones en 2030[4].

En términos de la JEP, en el año 2022 se materializaron varios aspectos clave que se esperaban en el marco de la implementación del proceso de paz. El primero tiene que ver con la expedición de la primera resolución de conclusiones, que contiene las propuestas de sanciones para los exjefes de las FARC. Otro hito ha sido la realización de tres audiencias públicas en materia de reconocimiento de responsabilidad. Se destaca, igualmente, el número de personas que han comparecido ante la JEP por parte de las Farc-EP, fuerza pública, agentes del Estado, terceros civiles y personas procesadas por cargos relacionados con protesta social (JEP. Jurisdicción Especial para la Paz).

Una de las prácticas inadecuadas que se ha ido tornando en algo "normal" es que en algunos territorios, los ciudadanos no acuden al sistema judicial para realizar sus demandas o reclamaciones porque temen que el proceso se demore en resolverse, se archive o porque no tienen confianza en la neutralidad de las decisiones de las instituciones de justicia. Si el derecho a la justicia es universal, debería reconocerse y garantizarse de forma imparcial a todas las personas. El Estado social de derecho es puesto en cuestión porque la desconfianza en el aparato institucional de justicia en dirimir procedimentalmente situaciones, es reemplazada muchas veces por los ciudadanos que acuden a grupos al margen de la ley. No se trata ya de la disputa del territorio entre los grupos armados y el Estado, sino por la competencia en la resolución fáctica y eficiente de los conflictos y violencia. A lo anterior, se le agrega la judicialización de la política, la corrupción judicial y la exacerbación del poder por parte de la Rama Judicial.

---

4 Para confrontar los datos del Plan Integral de Reparación Colectiva —PNRC— puede remitirse a: https://www.unidadvictimas.gov.co/es/atencion-asistencia-y-reparacion-integral/reparacion-colectiva/119.

El cumplimento de instituciones sólidas no solo pasa por la modernización del aparato judicial, creación de leyes de carácter restrictivo, aumento de controles y mecanismos para evitar la corrupción. Se requiere de una voluntad efectiva tanto de la ciudadanía como de las entidades públicas para garantizar la transparencia, eficiencia y, especialmente, la confianza en los procesos. No se trata del cumplimiento de un indicador del ODS 16, tal vez, de progresar moralmente, ejercer una cultura de la legalidad, el autocontrol y avanzar en una ética pública o de la responsabilidad ya insinuada en los trabajos de Weber (1991).

Si en el primer apartado se pudo evidenciar que ha sido una práctica en Colombia ajustar el PND a los objetivos y metas de los ODS en los últimos años, el segundo ha tenido como propósito presentar las tres categorías centrales del ODS: paz, justicia e instituciones en el cumplimiento según indicadores del PND al finalizar la presidencia de Duque. Aunque se presentan algunos avances, se requieren ingentes esfuerzos institucionales en materia económica, política, normativa y social para alcanzar las metas al año 2030. En consecuencia, ¿se continuará con la senda en los programas de gobierno de los candidatos a las elecciones presidenciales en 2022? Una descripción comparativa de tales programas ocupará la atención en lo que sigue.

3. ODS 16 EN LOS PROGRAMAS DE LOS CANDIDATOS A LA PRESIDENCIA DE COLOMBIA 2022

El ODS 16 propende por "promover sociedades pacíficas e inclusivas para el desarrollo sostenible, facilitar el acceso a la justicia para todos y crear instituciones eficaces, responsables e inclusivas a todos los niveles" (ONU, n.d.). Está conformado por las siguientes metas específicas:

Tabla No. 1. ODS 16: metas e indicadores

# META	DESCRIPCIÓN DE LA META	INDICADOR	INDICADOR #	DESCRIPCIÓN DEL INDICADOR
16.1	Reducir significativamente todas las formas de violencia y las correspondientes tasas de mortalidad en todo el mundo	Paz	16.1.1	Número de víctimas de homicidios intencionales por cada 100.000 habitantes, desglosado por sexo y edad
		Paz	16.1.2	Muertes relacionadas con conflictos por cada 100.000 habitantes, desglosadas por sexo, edad y causa
		Paz	16.1.3	Proporción de la población que ha sufrido violencia física, psicológica o sexual en los últimos 12 meses
		Sin definir	16.1.4	Proporción de la población que se siente segura al caminar sola en su zona de residencia
16.2	Poner fin al maltrato, la explotación, la trata y todas las formas de violencia y tortura contra los niños	Sin definir	16.2.1	Proporción de niños entre 1 y 17 años que han sufrido algún castigo físico o agresión psicológica a manos de sus cuidadores en el último mes
		Paz	16.2.2	Número de víctimas de la trata de personas por cada 100.000 habitantes, desglosado por sexo, edad y tipo de explotación
		Sin definir	16.2.3	Proporción de mujeres y hombres jóvenes de entre 18 y 29 años que sufrieron violencia sexual antes de cumplir los 18 años
16.3	Promover el Estado de derecho en los planos nacional e internacional y garantizar la igualdad de acceso a la justicia para todos	Justicia	16.3.1	Proporción de víctimas de violencia en los últimos 12 meses que han notificado su victimización a las autoridades competentes u otros mecanismos de resolución de conflictos reconocidos oficialmente.
		Justicia	16.3.2	Proporción de detenidos que no han sido condenados en el conjunto de la población reclusa total

# META	DESCRIPCIÓN DE LA META	INDICADOR	INDICADOR #	DESCRIPCIÓN DEL INDICADOR
16.4	De aquí a 2030, reducir significativamente las corrientes financieras y de armas ilícitas, fortalecer la recuperación y devolución de los activos robados y luchar contra todas las formas de delincuencia organizada	Paz	16.4.1	Valor total de las corrientes financieras ilícitas entrantes y salientes (en dólares corrientes de Estados Unidos)
		Paz	16.4.2	Proporción de armas incautadas, encontradas o entregadas cuyo origen o contexto ilícitos han sido determinados o establecidos por una autoridad competente, de conformidad con los instrumentos internacionales
16.5	Reducir considerablemente la corrupción y el soborno en todas sus formas	Instituciones	16.5.1	Proporción de personas que han tenido al menos un contacto con un funcionario público y que han pagado un soborno a un funcionario público, o a las que un funcionario público les ha pedido un soborno, durante los últimos 12 meses.
		Instituciones	16.5.2	Proporción de negocios que han tenido al menos un contacto con un funcionario público y que han pagado un soborno a un funcionario público, o a los que un funcionario público les ha pedido un soborno, durante los últimos 12 meses
16.6	Crear a todos los niveles instituciones eficaces y transparentes que rindan cuentas	Instituciones	16.6.1	Gastos primarios del gobierno en proporción al presupuesto aprobado originalmente, desglosados por sector (o por códigos presupuestarios o elementos similares)
		Instituciones	16.6.2	Proporción de la población que se siente satisfecha con su última experiencia de los servicios públicos

# META	DESCRIPCIÓN DE LA META	INDICADOR	INDICADOR #	DESCRIPCIÓN DEL INDICADOR
16.7	Garantizar la adopción en todos los niveles de decisiones inclusivas, participativas y representativas que respondan a las necesidades	Sin definir	16.7.1	Proporciones de plazas (desglosadas por sexo, edad, personas con discapacidad y grupos de población) en las instituciones públicas (asambleas legislativas nacionales y locales, administración pública, poder judicial), en comparación con la distribución nacional
		Instituciones	16.7.2	Proporción de la población que considera que la adopción de decisiones es inclusiva y responde a sus necesidades, desglosada por sexo, edad, discapacidad y grupo de población
16.8	Ampliar y fortalecer la participación de los países en desarrollo en las instituciones de gobernanza mundial	Sin definir	16.8.1	Proporción de miembros y derechos de voto de los países en desarrollo en organizaciones internacionales
16.9	De aquí a 2030, proporcionar acceso a una identidad jurídica para todos, en particular mediante el registro de nacimientos	Justicia	16.9.1	Proporción de niños menores de 5 años cuyo nacimiento se ha registrado ante una autoridad civil, desglosada por edad
16.10	Garantizar el acceso público a la información y proteger las libertades fundamentales, de conformidad con las leyes nacionales y los acuerdos internacionales	Instituciones	16.10.1	Número de casos verificados de asesinato, secuestro, desaparición forzada, detención arbitraria y tortura de periodistas, miembros asociados de los medios de comunicación, sindicalistas y defensores de los derechos humanos, en los últimos 12 meses
		Instituciones	16.10.2	Número de países que adoptan y aplican garantías constitucionales, legales o normativas para el acceso público a la información

# META	DESCRIPCIÓN DE LA META	INDICADOR	INDICADOR #	DESCRIPCIÓN DEL INDICADOR
16.a	Fortalecer las instituciones nacionales pertinentes, incluso mediante la cooperación internacional, para crear, a todos los niveles, particularmente en los países en desarrollo, la capacidad de prevenir la violencia y combatir el terrorismo y la delincuencia	Instituciones	16.a.1	Existencia de instituciones nacionales independientes de derechos humanos, en cumplimiento de los Principios de París
16.b	Promover y aplicar leyes y políticas no discriminatorias en favor del desarrollo sostenible	Instituciones	16.b.1	Proporción de la población que declara haberse sentido personalmente discriminada o acosada en los últimos 12 meses por motivos de discriminación prohibidos por el derecho internacional de los derechos humanos

Fuente: Elaboración propia a partir de Objetivos de Desarrollo Sostenible (https://www.un.org/sustainabledevelopment/es/sustainable-development-goal) y Marco de indicadores mundiales para los ODS y metas de la Agenda 2030 para el Desarrollo Sostenible: https://unstats.un.org/sdgs/indicators/Global%20Indicator%20Framework_A.RES.71.313%20Annex.Spanish.pdf

El programa de gobierno de Gustavo Petro dedica dos acápites, de cinco que lo conforman, a los temas relacionados con el ODS 16. Estos dos apartados, numerados como 4 y 5, se titulan, respectivamente, "Democratización del Estado, libertades fundamentales y agenda internacional para la vida" y "Dejaremos atrás la guerra y entraremos por fin en una era de paz". En ellos se presentan dos objetivos principales: 1) "avanzar en la construcción de la paz [...], reinterpretando la democracia y la gobernanza territorial, garantizando la convivencia y una seguridad humana que se mida en vidas, profundizando la democratización del Estado y proyectando una agenda internacional para [...] la paz [...]" (Petro y Márquez, 44) y 2) "superar la violencia y generar una cultura de paz para alcanzar la paz completa y el buen vivir de la población [...]" (p. 49).

El programa de gobierno de Rodolfo Hernández está conformado por cinco capítulos. De estos, el que más se ocupa del ODS 16 es el tercero, que lleva por título "Un Estado de iguales ante la ley". Adicional a este, hay otros sub-acápites dedicados a los temas de la paz, justicia e instituciones sólidas. Estos son: el 01.g. (titulado "Política de juventud"), el 01.h. ("Política de infancia y adolescencia"), el 04.d. ("La urgente modernización del Estado: una reforma burocrática profunda") y el 05.d. ("Población migrante venezolana"). El programa de gobierno presenta como su objetivo principal "salvaguarda[r] las libertades de los [con]ciudadanos, hace[r] "respetar la igualdad universal ante la ley y protege[r] la integridad de la Nación en todos los ámbitos de la vida comunitaria" (Hernández, 2022, 49). Su propuesta se basa en cinco ejes temáticos que se presentan en igual número de secciones y que son: 1) seguridad ciudadana y defensa nacional, 2) relaciones exteriores, 3) justicia, 4) política tributaria y 5) política laboral y pensional. La descripción de este programa de gobierno se concentrará en las secciones 1) y 3) que son las relacionadas con el ODS 16 del que se ocupa este texto.

En su programa, Hernández asevera que los problemas de seguridad del país, que incluyen problemas de orden público, de inseguridad ciudadana y de narcotráfico, tienen razones económicas. Añade que solo cuando estas sean eliminadas podrá verse una mejoría en los índices de seguridad, razón por la cual su propuesta de seguridad ciudadana tiene como núcleo la generación del empleo y la eliminación del hambre. Su argumento es que el bienestar disuade la violencia, de ahí que "mientras subsista un índice de inequidad tan alto en el país [...] y [...] una población sin sus mínimos vitales asegurados, habrá individuos dispuestos a hacer lo que sea para alcanzarlos y la delincuencia siempre estará ahí, como una opción" (Hernández, 2022, 50).

A continuación, se describirán las propuestas presentadas por los candidatos. Se tomarán, una a una, las metas específicas del ODS 16 y se expondrán las propuestas de cada uno de los candidatos para dar cumplimiento, total o parcial, a estas. Con este fin, se hará una síntesis de lo planteado sin entrar aún a analizarlas[5].

---

5 Todos los términos y frases que se encuentran en esta descripción entre comillas aparecen en los programas de gobierno de ambos candidatos (ver referencias).

- ***Meta 16.1***

Los objetivos específicos de ambos programas de gobierno para reducir significativamente todas las formas de violencia y las correspondientes tasas de mortalidad en Colombia giran alrededor de la elusiva paz. Es una meta en la que las propuestas de ambos candidatos incluyen puntos muy similares que presentan sobre todo variaciones de grado, a saber: la implementación del Acuerdo de Paz con las FARC, la negociación con (Petro) o acercamiento al (Hernández) ELN, y la protección de los reincorporados a la sociedad y de los firmantes del Acuerdo que lo hayan cumplido.

Petro, además, incluye como propósitos: la implementación de "un proceso pacífico de desmantelamiento del crimen organizado" (p. 49), el cambio de "paradigma de una guerra contra las drogas" a uno de "regulación" de estas (pp. 49-50), la "reparación integral" de todas las víctimas (p. 49) y la "reducción de la violencia" (p. 26) contra los firmantes del Acuerdo de Paz con las FARC. Tan solo en el punto relacionado con el cumplimiento del Acuerdo de Paz con las FARC menciona su propuesta sobre cómo lograrlo: a través de una reforma rural que sugiere como pilar de su plan de "democratización de la tierra" (p. 49).

Hernández, por su lado, plantea, como manera de lograr esta meta, la "generación de ingresos" para la población de tal manera que esta tenga una fuente de ingresos fija y pueda darles bienestar a sus familias. Además, incluye como una meta específica que haya "cero tolerancia" con la criminalidad en las cárceles.

- ***Meta 16.2***

Para lograr esta segunda meta, las propuestas son limitadas. Gustavo Petro plantea garantizar los derechos a la población migrante, mientras Rodolfo Hernández indica que la protección de la ciudadanía en las fronteras; la preservación de la soberanía nacional; así como el control del crimen transnacional con énfasis en el narcotráfico, el contrabando y la trata de las personas son el camino para lograrlo (p. 51).

- ***Meta 16.3***

Las iniciativas de ambos candidatos para lograr esta meta se dividen en tres grupos, unas relacionadas con la paz, otras con la justicia y otras con el tema de instituciones. Las propuestas relacionadas con la paz, tanto de Petro como de Hernández, giran alrededor del cumplimiento del Acuerdo de Paz con las FARC. Para lograrlo, Gustavo Petro propone lo siguiente: crear las condiciones para que la Comisión Especial de la Verdad —CEV— culmine su labor en el 2022; apoyar las instituciones como la Justicia Especial para la Paz —JEP—, la Unidad de Búsqueda de Población desaparecida —UBPD— y el Sistema de Verdad, Justicia, Reparación y No Repetición —Sivjrnr—, para que puedan cumplir con su mandato legal y constitucional; reactivar la Comisión Nacional de Garantías de Seguridad; promover las reformas institucionales y legislativas para garantizar el derecho a la reparación integral de las víctimas; fortalecer el Plan Integral de Reparación Colectiva —PIRC—; reestructurar la Unidad Nacional de Protección —UNP— para que su principal objetivo sea evitar los ataques a los líderes sociales. Adicionalmente, propone contribuir a la paz urbana para lograr una paz nacional. En su programa de gobierno, Petro no aclara los pasos que seguirá ni los recursos que requerirá —ni de dónde saldrán— para hacer realidad sus propuestas.

Rodolfo Hernández, a su vez, presenta dos propuestas puntuales, ambas referidas a las fuerzas armadas. La primera de estas plantea "fortalecer el sistema de justicia de la Fuerza Pública y generar las garantías que permitan la aplicación de la JEP para sus miembros" (Hernández, 2022, p. 51); y la segunda sugiere "garantizar el respeto de las competencias a las FFAA para que cumplan su función constitucional de mantener el orden en el territorio colombiano, así como la soberanía, integridad y preservación" del mismo (p. 51).

En cuanto a las propuestas relacionadas con la justicia, ambos proponen reformas a esta. Petro se refiere a "reformar la Justicia y los órganos de control" (Gustavo Petro & Francia Márquez, 2022, 46) mientras Hernández habla de "transformar el aparato judicial incluso a través de una reforma constitucional" (Hernández, 2022, 53). Adicional a esta gran meta, proponen otras que, en comparación, parecen menores, pero que son significativas. Petro, por ejemplo, agrega la implementación de una justicia restaurativa que busque la "humanización de la justicia transicional" y una justicia retributiva que busque el reconocimiento de las víctimas, la responsabilidad de los victimarios, su reintegro social y la reparación del daño causado (Petro y Márquez, 2022, 46). Hernández complementa su idea de una reforma judicial con otras propuestas como la despolitización de la justicia; la aplicación de la meritocracia para proveer los cargos en la administración de justicia; la creación de un sistema de evaluaciones para determinar los ascensos; la descongestión de los juzgados a través de la entrega de pequeños procesos a terceros como los consultorios jurídicos de las universidades; la reforma del Artículo 230 de la Constitución; la reducción de la impunidad; el seguimiento a las actuaciones de los jueces en relación con el cumplimiento de los términos para asegurar una justicia efectiva; la sanción de jueces que no cumplan con los términos de vencimiento; el aumento del número de jueces y fiscales, así como de las salas de audiencias (Hernández, 2022, 53-54).

Las propuestas de Petro en torno a las instituciones se concentran en proponer una reforma a la Procuraduría de la Nación y a la Contraloría General, así como al sistema de elección del Congreso a fin de lograr una mayor participación de los ciudadanos en el control y las decisiones del Congreso. Además, sugiere cambiar el mecanismo de elección del fiscal, garantizar el financiamiento público de las campañas electorales, y depurar, legitimar y fortalecer los partidos políticos. Otras propuestas se refieren a la necesidad de impulsar la sustitución de tierras y de economías para que la población rural deje de ser perseguida y judicializada y pueda participar de la nueva economía en calidad de propietarios; a implementar programas que garanticen ingresos seguros a la población rural y eliminen su dependencia de los capitales de la cocaína a través de la sustitución y comercialización de la coca que tendrá como base la democratización de la tierra, el crédito, el saber y la ayuda técnica para lograr una mayor productividad de cultivos alternos y la reinserción en la economía del pequeño productor; promover la regulación de las plantas de cannabis y de la hoja de coca y sus usos derivados; crear un marco legal que regule la producción y distribución de estos derivados; prohibir la aspersión aérea de glifosato por razones de salud pública y ambiental; introducir políticas de educación, prevención, tratamiento y atención a las personas consumidoras de sustancias psicoactivas para reducir el riesgo y daño de su salud; y pasar de la criminalización del consumo a darle manejo como un problema de salud pública (Petro y Márquez, 2022, 50-51).

Hernández resume sus propuestas en una gran reforma de la Fiscalía, que incluye cambiar la forma de elegir el Fiscal General de la Nación de manera que no involucre al Ejecutivo ni a los políticos, así como efectuar una revisión detallada de las hojas de vida de los candidatos (Hernández, 2022, 53-54).

- ***Meta 16.4***

Para lograr esta meta, Gustavo Petro propone, como primera medida, la implementación de un proceso de paz que lleve al "desmantelamiento del crimen organizado a través del diálogo y el sometimiento a la justicia de los grupos multicrimen y las organizaciones ligadas al narcotráfico". Para lograr esto, sugiere que se abran espacios de negociación judicial y sometimiento colectivo a la justicia sobre la base de tres puntos: el desmonte de todas las actividades criminales, la obtención de la verdad y la entrega de recursos provenientes de sus actividades ilegales para ser usados en la reparación y garantía de los derechos de toda la población. Esto, a su vez, encaja con su propuesta de cambiar el paradigma de la guerra contra las drogas por el de la regulación de las drogas. Asimismo, plantea identificar y combatir los grandes capitales del narcotráfico, las estructuras de traficantes, financiadores, procesadores y exportadores así como sus vínculos con el Estado. Como parte de lo anterior, indica que se garantizará la reparación integral de las víctimas, así como la reactivación de la Comisión Nacional de Garantías de Seguridad (Gustavo Petro y Francia Márquez, 2022, 50).

No se encontraron propuestas específicas por parte de Rodolfo Hernández en este sentido.

- ***Meta 16.5***

Esta meta y todos sus indicadores están relacionados con las instituciones. Como explica Villanueva (2019), la confianza en las instituciones se ha visto deteriorada en las últimas décadas tanto en lo global como en América Latina. Este fenómeno ha impulsado a candidatos antisistema, populistas y *outsiders*, al poder, situación que se puede observar en las elecciones de segunda vuelta del 2022 en Colombia. Tanto Gustavo Petro como Rodolfo Hernández, hicieron campaña con la bandera del cambio y sus propuestas reflejan un interés en reducir la corrupción como una manera de mejorar la confianza en las instituciones y, por ende, de superar la crisis democrática que se evidencia en el país. Petro habla de "luchar de manera frontal contra la corrupción" (Gustavo Petro & Francia Márquez, 2022, 47), mientras que Hernández anuncia "cero tolerancia frente a la corrupción" (Hernández, 2022, 54).

Para lograrlo, Petro propone identificar y combatir los vínculos de los grupos multicrimen con el Estado; enfrentar la corrupción dentro de la Policía a través de una veeduría ciudadana (Petro y Márquez, 2022, 45); impulsar la reforma y garantizar la independencia de la Registraduría y del Consejo Nacional Electoral; promover la creación de un Tribunal Electoral para garantizar la independencia del poder electoral de las demás ramas del poder público; fortalecer la vigilancia a la contratación pública; promover una legislación de protección al denunciante de la corrupción; lograr un servicio diplomático profesional (p. 47); y eliminar la corrupción en el Plan de Alimentación Escolar —PAE— y en el sistema de alimentación de la primera infancia (p. 30).

Hernández, por su lado, "propone crear un sistema central de control fiscal para disminuir la corrupción"; "diseñar un marco para el ejercicio del derecho con cero tolerancia a la corrupción"; alcanzar una meta de "cero impunidad para los políticos corruptos"; promover "la no prescripción de los delitos cometidos por políticos si atentan contra el patrimonio público"; revisar las funciones y resultados de las contralorías, impulsar una norma que exija "revisar la vida económica de los servidores y funcionarios públicos"; profesionalizar la Cancillería a fin de que no se nombren amigos y cuotas políticas, sino profesionales de la diplomacia; crear un fondo de recompensas para quienes denuncien la corrupción; y no dar trato preferencial a los corruptos (Hernández, 2022, 51-54).

- ***Meta 16.6***

Esta meta se refiere, al igual que la anterior, a las instituciones. Villanueva explica que los tres temas vinculados con esta meta son: "los arreglos institucionales y el enfoque gobernanza multinivel y multiactor", "las ideas de gobierno abierto" que incluyen la lucha contra la corrupción, la producción de datos confiables y el acceso a la información, y, por último, "la inclusión, participación, representación y coordinación de múltiples partes interesadas" (2019, p. 14).

Se puede apreciar que las propuestas presentadas por Gustavo Petro en su programa de gobierno en relación con esta meta están dirigidas, con particular énfasis, al tema de la "inclusión, participación, representación y coordinación de las partes interesadas" (Villanueva, 2019, 14). Algunas de estas son: la constitución del Fondo de Tierras; la creación de la jurisdicción agraria; el avance en la elaboración de Planes de Ordenamiento Social de la Propiedad Rural —POSPR—; la implementación del Registro de Sujetos de Ordenamiento —RESO— para contribuir a la resolución pacífica de conflictos y a la seguridad jurídica de la tenencia; la instauración de un Sistema Especial para la Garantía Progresiva del Derecho a la Alimentación de la población rural; la recuperación de los Planes de Desarrollo con Enfoque Territorial —PDET—, y la articulación de "los instrumentos del Plan Nacional de Sustitución de Cultivos y de los Planes Integrales Comunitarios y Municipales de Sustitución y Desarrollo Alternativo —PISDA— a la nueva política de economía productiva basada en la producción de alimentos dentro del marco de sustitución de tierras (Petro y Márquez, 2022, 49).

Rodolfo Hernández, a su vez, enfoca sus propuestas para lograr unas instituciones más eficaces y transparentes en el Inpec y en las fuerzas armadas. En lo que se refiere al Inpec, plantea reestructurarlo, así como mejorar la infraestructura penitenciaria del país. Para lograr esto último, sugiere lo siguiente: crear la "Ciudad Resocializadora" para "cambiar el concepto de cárceles" y garantizar la "optimización de recursos y resocialización de los penados"; "relocalizar las cárceles hacia lugares donde puedan organizarse actividades agropecuarias e industriales" para alcanzar "la autosostenibilidad y generación de bienestar"; y "mejorar las condiciones de las cárceles y las "de los funcionarios y empleados del Inpec" (Hernández, 2022, 50). En cuanto a las fuerzas armadas, considera definir una política de defensa nacional, que incluya tanto la soberanía como el conflicto interno, que integre "la compra y manutención de herramientas bélicas" y "mecanismos alternativos que busquen la estabilidad social en zonas en las que los actores armados ejercen control político", así como la conformación con miembros de las instituciones armadas del Estado de "equipos especializados para detener la deforestación, el desplazamiento de los campesinos, la caza ilegal, la contaminación de ríos, la explotación minera criminal y todas las acciones que deterioran el agua y la naturaleza" (p. 50).

- ***Meta 16.7***

El fortalecimiento de las instituciones es también el objetivo de esta meta. Algunos de los planteamientos de Gustavo Petro para lograrla tienen, además, una relación cercana con la paz. Una de sus principales propuestas es la construcción de una política pública de paz que él sugiere sea el resultado de un acuerdo con el Consejo Nacional de Paz. A esta nueva política de paz, se le deberán integrar los siguientes elementos: "la educación para la paz; la resolución alternativa de conflictos; el fortalecimiento y desarrollo de las casas de cultura; los centros deportivos, museos regionales, lugares de memoria y observatorios de pensamiento de los pueblos indígenas con el fin de fomentar una cultura de paz"; así como "el reconocimiento de la diferencia cultural, la diversidad, el conocimiento de los pueblos y la construcción de un proyecto común de nación". Adicionalmente, propone formar a la ciudadanía en derechos humanos y en democracia (p. 50).

Otras estrategias recomendadas en su programa de gobierno incluyen: la implementación de un "servicio social para la paz" que involucre a la "juventud en la construcción de paz y el impulso de los PDET"; la divulgación de "nuevas narrativas, imaginarios y símbolos de integración, democracia y equidad para superar la estigmatización y el lenguaje del odio"; la consolidación de diferentes "ciudadanías como sujetos sociales y políticos con el fin de consolidar la paz total"; el fomento de "iniciativas ciudadanas de paz en todo el territorio nacional" a fin de lograr la reconciliación (p. 50); la reforma de la Radio Televisión Nacional de Colombia —RTNC— para asegurar la "participación democrática en los medios de comunicación estatales" y, a la vez, "asegurar su carácter institucional, popular e independiente"; el impulso de "la independencia del ministerio TIC"; así como el perfeccionamiento de una "ley de radio pública" (p. 47).

En lo atinente con esta meta, no se encontraron propuestas por parte del candidato Rodolfo Hernández.

- ***Meta 16.8***

Esta meta no está vinculada con ninguno de los tres temas, es decir, paz, justicia e instituciones, por ser un asunto más de gobernanza global que nacional. A pesar de esto, y en virtud de que los candidatos hacen propuestas que incluyen el trabajo conjunto entre las instituciones nacionales y las mundiales, se aprovechará este espacio para presentarlas.

Gustavo Petro propone reorientar la cooperación internacional para pasar de recibir un financiamiento para la guerra contra las drogas a un nuevo paradigma que resulte en una nueva agenda internacional concertada que se base en los derechos humanos, la construcción de paz, la transformación económica de los entornos productores de droga sin criminalización de los cultivadores, la protección de la naturaleza, la regulación, el sometimiento de los grupos criminales, y el análisis del consumo desde la perspectiva de la salud pública. Asimismo, plantea fortalecer "los lazos de cooperación con las demás naciones, en especial, en lo regional con la CAN, y en lo global con la ONU, la UE, los EEUU, los países de la Cuenca del Pacífico, substancialmente, China, Japón, Corea de Sur y los países del sudeste asiático"; a la vez que se reestablece y se consolida el diálogo con los países vecinos a fin de "favorecer la integración regional, la solución amigable de conflictos y de la crisis humanitaria, económica, social y de violencia" en algunas fronteras (p. 48).

Rodolfo Hernández, por su parte, propone, en lo relacionado con la migración venezolana, establecer un plan de trabajo con la ONU, la Organización Internacional de Migraciones —OIM— y países de América Latina para asumir la contingencia humanitaria de la migración masiva (Hernández, 2022, p. 70).

- ***Meta 16.9***

Esta meta se refiere a la posibilidad que tiene la población de obtener una identidad jurídica que le permita reclamar y beneficiarse de los derechos adquiridos, así como tener acceso a los servicios públicos como educación y salud, participar de los procesos democráticos a través del voto, ser protegido por las autoridades, obtener justicia y denunciar, entre otros.

En el programa de gobierno de Gustavo Petro no se encontraron propuestas específicas en este sentido. Rodolfo Hernández, en cambio, propone que, en lo relacionado con la migración venezolana, Colombia avance en el cumplimiento de objetivos solidarios como el fortalecimiento del "trabajo de identificación y la caracterización de [esta] migración". Plantea, también, la construcción de una "política pública para los colombianos que retornan a[l] país con sus familias desde Venezuela con el fin de facilitarles el acceso a sus derechos como nacionales, así como el ejercicio de sus deberes fiscales en Colombia" (p. 70).

- ***Meta 16.10***

Esta meta se refiere a las instituciones y al acceso que tienen los ciudadanos a la información y a la protección de sus libertades fundamentales. Para el cumplimiento de esta meta, no se encontraron propuestas específicas en el programa de gobierno de Gustavo Petro. Por su parte, Rodolfo Hernández propone impulsar la formación de las fuerzas armadas en derechos humanos.

- ***Meta 16.a***

Las instituciones son, de nuevo, el foco en esta meta. Se trata de fortalecer las instituciones existentes de manera que logren recuperar la confianza de los ciudadanos para lo cual se puede recurrir a cualquiera de los tres temas mencionados anteriormente, es decir, a los arreglos institucionales; al gobierno abierto con sus tres posibilidades: la lucha contra la corrupción, la producción de datos confiables y el acceso a la información; y, por último, a la inclusión, participación, representación y coordinación de las partes interesadas (Villanueva, 2019, 14).

Gustavo Petro presenta varias ideas para acercarse a esta meta. De estas, las principales son: transformar el "enfoque de la seguridad basado en un enemigo interno para pasar a una seguridad basada en la igualdad, la protección de la soberanía y el cuidado de la vida y la naturaleza"; avanzar en la "desmilitarización de la vida social" (Petro y Márquez, 2022, 44); consolidar el "principio constitucional de la prevalencia de la autoridad civil sobre la militar", la promoción del "respeto y la garantía de los derechos de vida, la integridad, libertad y seguridad de todas las personas en el territorio nacional"; "reformar de manera progresiva las fuerzas armadas teniendo como eje central el bienestar y la educación de los ciudadanos que las conforman" (p. 44); al terminar el conflicto armado en el país, ajustar los roles, misiones y la llamada "doctrina de seguridad nacional" por una nueva "política de seguridad nacional"; hacer que el servicio militar sea voluntario y no obligatorio; "respetar la objeción de conciencia"; dar acceso a la educación superior a todos los miembros de las FFAA; ofrecer más y mejor "capacitación en DDHH, DIH y otras áreas" a las FFAA; ajustar los "ascensos por [...] meritocracia"; fortalecer "los procesos de investigación y juzgamiento de la justicia penal militar" para superar la impunidad y colaborar con la justicia ordinaria y transicional; impulsar la "eliminación del fuero militar"; prevenir y castigar "la violencia de género al interior de las FFAA y la sociedad"; redimensionar la Policía Nacional y ubicarla en el Ministerio del Interior o de Justicia; recuperar "el carácter civil" de la Policía; "redefinir sus funciones y prioridades"; desmontar el Esmad y orientar a la Policía hacia la "solución pacífica" de los conflictos; lograr que la Policía garantice la convivencia y seguridad humanas en vez de cumplir funciones de las fuerzas armadas (pp. 44-45).

Por su parte, Rodolfo Hernández, propone: "asegurar el bienestar del personal de las FFAA [...] incluidas las garantías jurídicas"; mejorar los sueldos y prestaciones a través de un recorte de gastos ineficientes; "modernizar el equipo militar [...] a través del impulso a la investigación, innovación y desarrollo de proyectos tecnológicos que reduzcan la dependencia de [...] [otros] países"; dar acceso a la educación formal a los miembros de las FFAA e incluirlos en los convenios de generación de patentes; "fortalecer el sistema de justicia de la fuerza pública y generar garantías que permitan la [...] aplicación de la JEP para sus miembros"; "garantizar el respeto por [...] [las] competencias de las FFAA para que cumplan [...] su rol constitucional"; "revisar y depurar la Policía Nacional [a fin de que se] recupere la confianza ciudadana y se minimicen los abusos de autoridad"; retirar los miembros de la fuerza pública que violen derechos humanos, y "proteger el derecho a la protesta de cualquier violación del Estado" (Hernández, 2022, 50-51).

- ***Meta 16.b***

Esta meta está relacionada con las instituciones y se refiere a la aplicación de leyes y políticas no discriminatorias. Presenta en su programa la propuesta de reparar los "impactos ecológicos y sociales [...] de los proyectos de desarrollo" (Petro y Márquez, 2022, p. 52) como las grandes obras de infraestructura, entre los que se encuentran tanto las vías de transporte como los puentes, túneles y embalses. Rodolfo Hernández, a su vez, plantea "diseñar una política migratoria solidaria con el pueblo venezolano que preserve sus intereses" (Hernández, 2022, p. 70).

Como conclusión de este tercer acápite, se evidencia que los programas de gobierno de los candidatos a la segunda vuelta tienen en cuenta algunas de las metas incluidas en el ODS 16. El programa de Gustavo Petro alude a casi todas las metas y los indicadores. Indica poco sobre cómo lograrlos tanto en lo que se refiere a las acciones puntuales que tomará en caso de ser elegido Presidente de los colombianos como a la manera como las financiará[6]. El escenario resulta confuso por cuanto el cumplimento efectivo es puesto en cuestión en este trabajo porque implica la voluntad política para aprobarse en el Congreso un aseguramiento de recursos consistentes en el PND y en los territorios. Rodolfo Hernández, por su lado, es menos ambicioso en cuanto a lograr la totalidad de las metas, muchas ni siquiera las menciona, pero propone con mayor frecuencia que su contrapar-

---

[6] En este caso, se compara únicamente con el programa de Rodolfo Hernández, quien propone, a grandes rasgos, varias maneras de financiar sus propuestas.

te, aunque no siempre, formas de proceder y de financiar acciones y políticas específicas para lograrlas.

El programa de Gustavo Petro se centró en recuperar el protagonismo de los acuerdos de paz, pasar de una política económica extractivista a una productiva basada en el respeto a la naturaleza, llevar a cabo una transición energética, garantizar la protesta social, retomar la negociación con el ELN, y reformar el sistema pensional, el de salud y la fuerza pública. Por su parte, el programa de Rodolfo Hernández se enfocó en erradicar la corrupción, construir la ciudad resocializadora, ofrecer una mayor cobertura en educación, reducir los impuestos como el IVA que propuso disminuir del 19% al 10%, y en proveer viviendas dignas para evitar el desplazamiento desde el campo a los centros urbanos.

CONCLUSIÓN

Si bien es cierto que en Colombia se han creado los instrumentos, mecanismos, políticas, programas, entre otros, para garantizar la paz, el fortalecimiento de las instituciones y el acceso efectivo a la justicia, todavía se está lejos del alcance de las metas deseadas en los ODS. En el cumplimiento de dichos objetivos, Colombia ocupó en 2022 el puesto 75 entre 163 países del mundo según el *ranking* mundial (Sachs *et al.*, 2022), es decir, retrocedió siete puestos con respecto al mismo *ranking* en 2021, cuando ocupó el puesto 68, y 6 puestos en relación con 2020 en el que ocupó el 67.

La década de la acción deberá ponerse a prueba en el nuevo Gobierno 2022-2026 en un contexto al que llega por primera vez la izquierda al poder con el plan de gobierno "Colombia, potencia mundial de la vida" con el que se intenta "un nuevo contrato social que propicie la superación de injusticias y exclusiones históricas" (Petro y Márquez, 2022). Este contrato avizora reformas en materia tributaria, política, pensional, laboral, salud, energía, entre otros, que puede ralentizar el crecimiento económico; además, del escenario complejo pospandémico, inflación, elevado precio del dólar, recesión económica o recomposición geopolítica que afecta los intereses nacionales.

Este escenario hace poco previsible que los compromisos de largo plazo (2023-2031) para el cumplimiento de los Acuerdos de La Habana según el Plan Marco de Implementación —PMI, monitoreado y verificado por el Instituto Kroc mediante la Iniciativa Barómetro de la Matriz del Acuerdo de Paz (PAM), puedan llevarse a cabo (Cardona y Muñoz, 2022). Este será un desafío para el gobierno entrante.

Desde que Gustavo Petro asumió la Presidencia, las masacres no han cesado. En los primeros dos meses del año 2023 van registradas 21 masacres que dejan 67 víctimas. Según este Instituto, la última masacre registrada sucedió en Gachantivá el 27 de febrero de 2023 en Boyacá, con un saldo de tres muertos. A la par, un crecimiento significativo en el cultivo de coca no deja de preocupar a las autoridades nacionales e internacionales porque al 15 de marzo de 2023 no se había erradicado una sola hectárea de coca, lo que le ha valido críticas al plan antidrogas al llegar el cultivo de coca a máximos históricos con un incremento de un "35% entre 2020 y 2021, una cifra récord y el mayor aumento interanual desde el año 2016" (Onudd, 15 de marzo de 2023). Los escándalos de corrupción en el país, los de la familia de Petro y de algunos funcionarios del Gobierno hacen que no disminuya el deterioro en la confianza institucional. Su propuesta de gobierno de "paz total" en la que intenta negociar con la guerrilla y grupos armados al margen de ley se ha visto afectada por el paro minero en el Bajo Cauca de Antioquia, que ha hecho suspender el cese bilateral con las Autodefensas Gaitanistas de Colombia. Ante el avance de la inseguridad y recrudecimiento de la violencia en los territorios la Federación Nacional de Departamentos en la Cumbre de Gobernadores en Armenia los días 16 y 17 de marzo de 2023, le hicieron un llamado a través del lema: "Libertad y orden" al presidente Petro para que no descuide estos temas prioritarios del país.

Ante este panorama, y cuando al cierre de esta investigación (26 de marzo de 2023), el PDN no había sido aprobado por el Congreso de la República, los temas paz, justicia e instituciones sólidas, que están en el corazón del ODS 16, cobran mayor relevancia y urgencia. El cumplimiento efectivo de la Agenda 2030 en su ODS 16 exige la consolidación del Estado de derecho, reformas efectivas anticorrupción, la convivencia ciudadana, disminución de los índices de criminalidad, el aumento en la confianza de las instituciones, buenas prácticas de transparencia en la rendición de cuentas, el apoyo a la democracia que supera el 43% de acuerdo con Latinobarómetro 2021 y un aseguramiento efectivo del presupuesto en el PND 2022-2026.

Finalmente, algunos retos que se desprenden de este trabajo, son: ¿Cómo incrementar y hacer efectiva la presencia del Estado en aquellos territorios en los que históricamente ha sido nula o débil su influencia, pero donde ha sido fuerte el accionar de los grupos al margen de la ley cuyas actividades en torno a la economía criminal se han realizado en ecosistemas geoestratégicos del país? ¿Cómo dar continuidad a los esfuerzos y logros alcanzados por las administraciones locales que finalizan su periodo en diciembre de 2023, y se da el inicio a unas nuevas en las que se elaborarán otros planes de desarrollo territorial? ¿Cómo avanzar en una articulación eficaz entre el programa de gobierno, el PDN y los PDTS cuando persisten aún dificultades de autonomía administrativa y fiscal?

Son retos en los que el programa "Colombia, potencia mundial de la vida" pueda aportar el cumplimiento de los ODS 16 y evite seguir retrocediendo en su observancia.

REFERENCIAS

Alcántara Sáez, M; Cardona-Restrepo, P. (Editores). (2020). *Dilemas de la representación democrática.* Tirant lo Blanch/Universidad Pontificia Bolivariana.

Alianza Para el Gobierno Abierto. (s.f.). *Colombia, hacia un Estado abierto.*

Cardona-Restrepo, P. y Muñoz, O. (27 de mayo de 2022). *La difícil transición a la paz. https://www.politicaexterior.com/la-dificil-transicion-a-la-paz/.*

Departamento Administrativo de la Presidencia de la República. (2021). *Marco Ético para la Inteligencia Artificial (IA).* https://dapre.presidencia.gov.co/TD/MARCO-ETICO-PARA-LA-INTELIGENCIA-ARTIFICIAL-EN-COLOMBIA-2021.pdf.

DNP. (2021). *Reporte nacional voluntario 2021 ODS Colombia: acelerar la implementación para una recuperación sostenible.* chrome-extension://efaidnbmnnnibpcajpcglclefindmkaj/https://sustainabledevelopment.un.org/content/documents/282902021_VNR_Report_Colombia.pdf.

Encuesta de convivencia y seguridad ciudadana (ECSC). (2022). Departamento Administrativo Nacional de Estadística DANE.

Formulario Único Reporte de Avances de la Gestión (Furag). (2022). Departamento Administrativo de la Función Pública (DAFP).

Hernández, R. (2022). *Programa de gobierno 2022-2026. De Colombia para Colombia. https://acmineria.com.co/acm/wp-content/uploads/2022/05/Rodolfo-Hernandez-ProgramaDeGobierno.pdf.*

Índice de percepción de la corrupción (2021). *Transparencia internacional.* Berlín.

Índice de Transparencia Internacional. (2020). *Corruption Perceptions Index.* https://img.lalr.co/cms/2021/01/28112058/REPORTE-TRANSPARE-CIA-INTERNACIONAL.pdf.

Latinobarómetro. (2021). https://www.latinobarometro.org/lat.jsp.

Modelo de Atención, Asistencia y Reparación Integral a las Víctimas (Maariv). (2022). Unidad para la Atención y Reparación Integral a las Víctimas (Uariv).

Observatorio ciudadano de corrupción, (2022). *Monitor Ciudadano de la Corrupción de Transparencia por Colombia.- https://www.monitorciudadano.co/.*

OCDE. (2019). *Perspectivas económicas de América Latina 2019: Desarrollo en Transición,* Resumen. https://www.oecd.org/dev/americas/Overview_SP-Leo-2019.pdf.

Oficina de la Naciones Unidas Contra las Drogas y el Delito -Ondoc- (2010). https://www.unodc.org/e4j/es/anti-corruption/module-1/key-issues/effects-of-corruption.html.

Oficina de las Naciones Unidas contra la Droga y el Delito -Onudd-. (15 de marzo de 2013). https://www.unodc.org/e4j/es/index.html.

ONU. (21 de octubre de 2015). *Transformar nuestro mundo: la Agenda 2030 para el Desarrollo Sostenible.* Resolución aprobada por la Asamblea General de las Naciones Unidas. https://unctad.org/system/files/official-document/ares70d1_es.pdf.

ONU. (sif-a). *Paz, justicia e instituciones sólidas: por qué es importantes.* https://www.un.org/sustainabledevelopment/es/wp-content/uploads/sites/3/2017/01/Goal_16_Spanish.pdf.

ONU. (sif-b). *Década de acción.* https://www.un.org/sustainabledevelopment/es/decade-of-action/.

Petro, G. y Márquez, F. (2022). *Programa de Gobierno 2022-2026, Presidente y Vicepresidenta. Colombia, potencia mundial de la vida.* https://drive.google.com/file/d/1nEH9SKih-B4DO2rhjTZAKiBZit3FChmF/view.

Ramírez, A. & Rivera, S. (2020). *Análisis de la implementación de los Objetivos de Desarrollo Sostenible en las entidades públicas adheridas a Pacto Global Colombia.* Tesis de Maestría en Administración de Empresas. Colegio de Estudios Superiores de Administración CESA. https://repository.cesa.edu.co/bitstream/handle/10726/2519/MBA_1075220481_2020_1.pdf?sequence=6&isAllowed=y.

Registraduría Nacional del Estado. (2022). https://congreso2022.registraduria.gov.co/estadisticas.

Registro Único de Víctimas (RUV). (2022). Unidad para la Atención y Reparación Integral a las Víctimas (Uuariv).

Rijo, R. (2021). *Impulsando el Desarrollo Sostenible desde la Gestión Pública.* https://www.linkedin.com/pulse/impulsando-el-desarrollo-sostenible-desde-la-gesti%C3%B3n-p%C3%BAblica-rijo/?originalSubdomain=es.

Rodríguez, É. (28 de junio de 2022). Colombia: desafíos para un nuevo gobierno. *Análisis Carolina* (12). *https://www.fundacioncarolina.es/wp-content/uploads/2022/06/AC-12-2022.pdf.*

Sachs, J. et al. (2022). *Sustainable Development Report 2022. From Crisis to Sustainable Development: the SDGs as Roadmap to 2030 and Beyond. Includes the SDG Index and Dashboards.* Cambridge University Press. *https://www.sustainable-development.report/reports/sustainable-development-report-2022/.*

Sistema de Información Estadística, Delincuencial, Contravencional y Operativa (Siedco), (2022). Ministerio de Defensa Nacional.

Ugaz, J. (2018). *Informe corrupción 2018. La gran corrupción en Venezuela y su impacto en la región latinoamericana.* https://transparenciave.org/wp-content/uploads/2019/11/La-gran-corrupci%C3%B3n-en-venezuela-y-su-impacto-en-la-regi%C3%B3n-latinoamericana.pdf.

Villanueva, R. (2019). La implementación del ODS 16 y los compromisos de la cooperación internacional. ¿Hacia dónde vamos con la paz, la justicia y las instituciones en América Latina? *Documentos de Trabajo* (20), (2ª época). Fundación Carolina.

Weber, M. (1991). *El político y el científico.* Alianza Editorial.

CIBERGRAFÍA

Alianza Para el Gobierno Abierto. Colombia, hacia un Estado abierto.

JEP. Jurisdicción Especial para la Paz. https://www.jep.gov.co/Paginas/casos.aspx.Monitor Ciudadano de la Corrupción de Transparencia por Colombia. https://www.monitorciudadano.co/.

Plan Integral de Reparación Colectiva -PNRC. https://www.unidadvictimas.gov.co/es/atencion-asistencia-y-reparacion-integral/reparacion-colectiva/119.

LAS ELECCIONES PRESIDENCIALES EN COLOMBIA DE 2022. GIRO A LA IZQUIERDA Y MOVIMIENTOS EN EL PÉNDULO DEL PODER POLÍTICO

JAVIER DUQUE DAZA[1]
Universidad del Valle

INTRODUCCIÓN

En el último cuarto de siglo en América Latina han ganado la Presidencia candidatos de partidos o coaliciones de izquierda. Una primera ola, que pronto fue bautizada como el giro a la izquierda, estuvo conformada por los triunfos de Hugo Chávez Frías (Venezuela, 1999), Luiz Inácio Lula da Silva (Brasil, 2002), Néstor Kirchner (Argentina, 2003), Michelle Bachelet (Chile, 2006), Tabaré Vázquez y José Mujica (Uruguay 2005 y 2010, respectivamente), Fernando Lugo (Paraguay, 2008), Evo Morales (Bolivia, 2005), Rafael Correa (Ecuador, 2006). Después de muchas décadas de gobiernos de partidos tradicionales ubicados en el espectro ideológico como de centroderecha o de derecha que reconfiguraron el mapa político de América Latina. Fue la llegada al poder de una izquierda distinta a la de las viejas izquierdas radicales de las décadas de 1960-1980. Respecto a los idearios de izquierda que se plantearon como alternativas en los 60 y 90. Las victorias electorales de Chávez en Venezuela en 1999 y de Lula da Silva en Brasil en 2002 anticiparon la transformación del mapa político latinoamericano porque significaron una ruptura tan-

1 Doctor en Ciencia Política, Flacso, México. Profesor en la Universidad del Valle. Sus líneas de investigación están centradas en teoría y calidad de la democracia, reforma del Estado, partidos políticos, políticas públicas, instituciones y régimen político, elecciones y partidos políticos y el campo de la ciencia política como disciplina. Correo electrónico: jduqued86@hotmail.com

to con las derechas gobernantes como con las izquierdas marxistas y radicales.

En un segundo momento, con continuidad, pero también con nuevos triunfos electorales se han dado en Chile (Gabriel Boric Font, 2021), México (Andrés Manuel López Obrador en México, en 2018), Argentina (Alberto Fernández, 2019), República Dominicana (Luis Abinader, 2020), Bolivia (Luis Arce, 2020), Perú (Pedro Castillo, 2021), Honduras (Xiomara Castro, 2021), Panamá (Laurentino Cortizo Cohen, 2019). El panorama se amplía con los casos más recientes de Colombia (Gustavo Petro Urrego, 2022) y de nuevo Brasil (Luiz Inácio Lula da Silva, 2022).

En ambas olas o momentos del giro a la izquierda hay una emergencia de nuevos sectores sociales, nuevos electores o redefinición de electores tradicionales, emergencia de líderes, todos confluyen, como lo señala Lissell Quiroz: "los grupos minorizados, que en la historia de Latinoamérica no estaban tan presentes, ahora alzan la voz y salen a hacer sus reivindicaciones de manera pública y dentro de este sistema político". Constituyen nuevas respuestas de las sociedades nacionales al largo predominio de las élites políticas tradicionales y a los múltiples problemas sociales, económicos, ambientales, de violencia, de corrupción y extrema pobreza, que llevan muchas décadas sin solución.

No se trata de casos aislados, por el contrario, hacen parte de dos olas sucesivas de búsquedas, de replanteamientos de la política, de los partidos, de la dominación tradicional, de remoción y surgimiento de nuevos liderazgos. En términos comparados, hay una conjugación de factores que están presentes en los diversos casos, elementos centrales comunes, pero también diferencias que han llevado a hablar de distintas izquierdas[2]. Hay quienes hablan de dos izquierdas:

---

[2] No hay espacio para desplegar este punto. Solo retomamos la consideración según la cual, aunque en América Latina se suele considerar que por la débil orientación ideológica los partidos son más bien populistas, personalistas y clientelistas, el esquema izquierda-derecha tiene validez (Colomer y Escatel, 2005). Hoy las izquierdas se asocian con la defensa del papel regulador del Estado en la economía y en la sociedad; no cuestionan el capitalismo sino su orientación "salvaje" neoliberal; defienden la democracia, pero con reivindicación de procesos participativos; defienden la necesidad de conformar bloques regio-

una izquierda pragmática o "socialdemócrata" (con la precaución del caso, por ello las comillas) y una izquierda populista o radical (Castañeda, 2006; Lanzaro, 2007; Petkoff, 2005)[3]. Otros autores consideran que con la etiqueta o el paraguas ideológico de izquierda se reúne a mandatarios con diferencias, que hacen parte de un amplio y heterogéneo conjunto. Es un llamado a la precaución analítica cuando se incluyen desde la etiqueta e izquierda a líderes, partidos y realidades diferentes en cada país (Schamis, 2006; Ramírez, 2006)[4].

---

nales para mejorar sus economías y la soberanía nacional; defienden políticas distributivas y de calidad de vida para toda la sociedad; también las libertades individuales y el pluralismo, así como derechos de cuarta generación y el laicismo y la secularización y la construcción de estrategias y acciones comunitarias orientadas a la autodeterminación. Las derechas se identifican, en términos generales, con el Estado mínimo; las privatizaciones; la defensa del libre mercado de forma ortodoxa; el asistencialismo focalizado en lugar de una política de redistribución; el apego a valores e instituciones tradicionales como la familia, la religión, valores católicos, la oposición al pluralismo y la liberalización de los hábitos y de las costumbres y asuntos como la eutanasia, las libertades sexuales, los matrimonios del mismo sexo, el aborto (Arditi, 2009). Son pocos los autores que no aceptan la distinción izquierda-derecha para América Latina, entre ellos Alain Touraine, para quien "Las categorías de *izquierda* y *derecha* pierden sentido en América Latina. Lo central en América Latina es si los países logran encontrar una expresión política para sus profundos problemas sociales, si consiguen ubicar las luchas sociales dentro de un marco institucional y democrático" (Touraine, 2007).

3 En el primer grupo se han incluido, por ejemplo, los gobiernos de Lula da Silva y Dilma Rousseff en Brasil, los de Ricardo Lagos y Michelle Bachelet en Chile, y los de Tabaré Vásquez y José Mujica en Uruguay. Estos gobiernos "han puesto énfasis en políticas sociales —educación, programas para la reducción de la pobreza, atención sanitaria, vivienda— pero dentro de un marco más o menos ortodoxo de mercado" (Castañeda, 2006, p. 35; Borsani, 2008). Dentro del segundo grupo se han incluido a los gobiernos de Hugo Chávez y Nicolás Maduro en Venezuela, Néstor Kirchner y Cristina Fernández de Kirchner en Argentina, Evo Morales en Bolivia, Rafael Correa en Ecuador, y Daniel Ortega en Nicaragua. Estos gobiernos han sido calificados de nacer de "la gran tradición del populismo latinoamericano" (Castañeda, 2006, p. 29) y de caracterizarse por vínculos con la ideología comunista de la Cuba de Fidel Castro y por frecuentes ataques al capitalismo y los Estados Unidos. Schamis argumenta que "mayor diferenciación es necesaria para dar cuenta de las varias izquierdas que han emergido en América Latina en el pasado reciente" (Schamis, 2006; Ramírez, 2006).

4 Schamis argumenta que "mayor diferenciación es necesaria para dar cuenta de las varias izquierdas que han emergido en América Latina en el pasado re-

En este contexto, el más reciente caso de este giro es el de Colombia en el que hubo una ruptura en las pautas históricas de dominio de los partidos Liberal y Conservador y de líderes y agrupaciones nuevas surgidas por escisiones y reagrupaciones de sectores de ambos partidos. En 2022, por primera vez, ganó un candidato de izquierda, Gustavo Petro Urrego, apoyado en una coalición de partidos de izquierda y el respaldo de diversas organizaciones sociales, sindicatos, personajes públicos y sectores de otros partidos políticos[5]. En las elecciones para Congreso de finales del mes de marzo del mismo año se había dado un remezón inédito en el que la misma coalición logró posicionarse como la agrupación con mayorías relativas.

Sobre estas elecciones surge una serie de cuestiones: ¿En qué se diferenciaron estas elecciones de las que le antecedieron? ¿Por qué significaron una ruptura y un realineamiento del electorado? ¿En qué sentido representaron un movimiento en el péndulo del poder político? ¿Qué factores incidieron para que se diera este resultado que llevó a un exguerrillero y candidato de izquierda a la Presidencia como ha sucedido en otros países del subcontinente?

Este escrito da cuenta de estas preguntas a partir de tres enunciados:

- E_1: Las elecciones presidenciales de 2022 en Colombia se diferenciaron de las que le antecedieron porque fueron elecciones de discontinuidad y de ruptura. Se dio una reestruc-

---

ciente" (2006, 21). La izquierda ha asumido una forma específica en cada país de acuerdo con las herencias institucionales del neoliberalismo, el lugar de los movimientos sociales y la trayectoria histórica de los partidos progresistas.

5 La ubicación de los partidos como de izquierda se hace con base en su autodefinición y, de forma complementaria, de acuerdo con las mediciones del Barómetro de las Américas sobre auto identificación de quienes se consideran afines a estos partidos. En el espectro izquierda-derecha en el que el valor 1 corresponde a la extrema izquierda y 10 a la extrema derecha, los partidos son considerados de derecha tienen los siguientes valores: Liberal 7,3, Conservador 7,4, Cambio Radical 6,4, Partido de la U, 6,4, Centro Democrático 7.8, MIRA 5.4. En la izquierda el Polo Democrático Alternativo y parte de las agrupaciones integradas en el Pacto Histórico tienen un valor de 4.8, Comunes (la exFARC) y la Unión Patriótica un valor de 3,7 (Barómetro de las Américas. Colombia, 2019).

turación del espacio de la competencia partidista que reflejó los cambios sustanciales en la redistribución del poder político en el país.

- E_2: Como ha ocurrido en otros países de América Latina desde comienzos de la década del 2000, en Colombia se dio también un giro a la izquierda con el ascenso a la Presidencia de Gustavo Petro con el respaldo de una coalición de partidos y organizaciones sociales. En este cambio incidieron factores relacionados con el contexto social y político general en el subcontinente y con otros propios de la coyuntura interna.
- E_3: Como resultado de lo anterior, en Colombia se dio un movimiento en el péndulo del poder de la derecha históricamente dominante a la izquierda emergente que encontró en Petro un líder movilizador de apoyos suficientes para un triunfo electoral que abre una nueva época política en el país.

El texto consta de tres partes que se corresponden con los anteriores enunciados. La primera presenta la reconfiguración del espacio electoral y de la competencia política. La segunda plantea los dos conjuntos de factores que incidieron para que se diera el triunfo de la izquierda. La tercera es un breve cierre de conclusiones.

1. REESTRUCTURACIÓN DEL ESPACIO DE LA COMPETENCIA PARTIDISTA

En las elecciones presidenciales de Colombia de 2022 se reestructuró el espacio de la competencia partidista en cuatro aspectos: por primera vez no hubo candidatos presidenciales por parte de los partidos históricos Liberal y Conservador; fue una elección a tres vueltas que incluyó las consultas internas, la primera vuelta y la segunda vuelta; no fue una competencia entre partidos sino entre coaliciones partidistas; se expresó de forma clara el voto incongruente o cruzado.

Primero, de forma inédita y simultánea, los partidos tradicionales históricos, Liberal y Conservador, no presentaron candidatos. Anteriormente, había renunciado a tener candidato el Partido

Conservador en las elecciones de 2002, 2006 y 2018 en las que prefirió unirse a una coalición (en 2002 y 2006 se unió al candidato Álvaro Uribe Vélez de la coalición Primero Colombia y en 2018 a la coalición encabezada por el Centro Democrático, Iván Duque Márquez) y el Partido Liberal no presentó candidato en las elecciones de 2014 (se sumó a la coalición encabezada por Juan Manuel Santos del Partido Social de Unidad Nacional). Desde las elecciones de 2002, el sistema de partidos en Colombia había transitado del bipartidismo con partidos divididos a un sistema multipartidista y ambos partidos perdieron su lugar de preeminencia y sus mayorías en el Congreso. En su declinar se fueron convirtiendo en partidos minoritarios sin liderazgos nacionales y sin la fuerza suficiente para competir por la Presidencia.

Segundo, fue una elección a tres vueltas que incluyó las consultas interpartidistas y las dos vueltas electorales. En la selección de los candidatos se realizaron tres consultas interpartidistas, lo que derivó en el diseño de un espacio significativo de presentación y posicionamiento de candidatos beneficiados con la exposición mediática y por los recursos que el Estado provee para estos eventos[6]. Realizó consulta interpartidista el Pacto Histórico por Colombia, una coalición que se había conformado en febrero del 2021 mediante la convergencia de 21 movimientos y sectores políticos autoidentificados como de izquierda[7]. Desde su creación tuvo como propósito participar en las elecciones de 2022 como un frente alternativo a los partidos de centro-derecha y derecha. En la consulta participaron los precandidatos Gustavo Petro Urrego, exguerrillero del movimiento M-19,

---

6 Las consultas interpartidistas fueron establecidas por primera vez por el Acto legislativo 01 de 2009. Se determinó que los que participen en las consultas de un partido o movimiento político o en consultas interpartidistas, no podrán inscribirse por otro en el mismo proceso electoral. El resultado de las consultas será obligatorio.

7 Confluyeron en la creación Colombia Humana, Unión Patriótica, Partido Comunista Colombiano, el Polo Democrático Alternativo, Movimiento Alternativo Indígena y Social —MAIS—, Autoridades Indígenas de Colombia —AICO—, Alianza Democrática Amplia —ADA—, Soy porque Somos, Unidad Democrática, Partido del Trabajo de Colombia, Poder Ciudadano, Todos Somos Colombia, Congreso de los Pueblos, Movimiento por la Defensa de los Derechos de los Pueblos, Movimiento por el Agua y la Vida, Movimiento por Constituyente Popular, Ciudadanía Libres.

exrepresentante a la Cámara, senador, exalcalde mayor de Bogotá y quien había sido candidato presidencial en 2010 y 2018; la líder de las comunidades afrocolombianas, Francia Márquez; la integrante de la comunidad étnica Wayuu, Arelis Uriana; el exgobernador de Nariño y exintegrante de Alianza Verde, Camilo Romero; y el cristiano evangélico y exdirector del Área Metropolitana de Valledupar, Alfredo Saade. Ganó Gustavo Petro con el 80,5% de los votos[8].

Hubo otras dos consultas interpartidistas. Una fue la Coalición Equipo Colombia, conformada por los partidos que habían participado de la coalición de gobierno de Iván Duque Márquez (2018-2022) y ubicados en la derecha en el espectro ideológico. Esta coalición surgió en noviembre de 2021 por iniciativa de exgobernantes locales y tomaron parte de ella cinco precandidatos: Federico Gutiérrez, exalcalde de Medellín, sin partido y con el lema "Creemos Colombia"; Alejandro Char, exalcalde de Barranquilla, de Cambio Radical; David Barguil, exsenador del Partido Conservador, Aydee Lizarazo, del Movimiento Independiente de Renovación Absoluta y Enrique Peñalosa, exalcalde de Bogotá, del Partido de la Unión por la Gente. Ganó la consulta Federico Gutiérrez con el 54,2%[9]. La otra coalición se denominó Centro Esperanza y se presentó como una alternativa del centro ideológico frente a los candidatos de izquierda y derecha. Tomaron parte de esta consulta Sergio Fajardo, exalcalde y exgobernador de Antioquia por la Alianza Social Independiente; Juan Manuel Galán, exsenador, por el Nuevo Liberalismo; Carlos Amaya, exgobernador de Boyacá, por Somos Verde Esperanza; Alejandro Gaviria, exministro, por Colombia Tiene Futuro y el exsenador Jorge

---

8 La consulta se realizó el 12 de marzo de 2022. Gustavo Petro se presentó por Colombia Humana y la Unión Patriótica y obtuvo 4.487.551 votos (80,5%), Francia Márquez por el Polo Democrático Alternativo con 783.160 votos (el 14,1%); Camilo Romero con 226.982 (el 4.15), Arelis Uriana con 54.541 (el 1,0%) y Alfredo Saade con 21.660 (el 0,4%). Fuente: Registraduría Nacional del Estado Civil (2022).

9 Federico Gutiérrez obtuvo 2.161.686 (el 54,2%), Alejandro Char con 7007.007 votos (el 17,7%); David Barguil con 629.510 (el 15,8%); Aydee Lizarazo con 259.771 (el 6.55) y Enrique Peñalosa con 331.668 (el 5,8%). Fuente: Registraduría Nacional del Estado Civil (2022).

Enrique Robledo, por el movimiento de izquierda Dignidad. Ganó la consulta Sergio Fajardo con el 33,5% de los votos[10].

Tercero, como se preveía tras las consultas, no fue una competencia entre partidos sino entre coaliciones. Después de la selección de candidatos se decantaron las candidaturas y quedaron seis, cuatro de ellos de coaliciones a través de consultas y con expectativas reales de triunfo, y dos con respaldo de una sola agrupación y marginales. Para la primera vuelta las fuerzas políticas establecieron negociaciones y se articularon en torno a cuatro candidatos principales: Gustavo Petro, del Pacto Histórico Colombia; Rodolfo Hernández, por la Liga de Gobernantes Anticorrupción; Federico Gutiérrez, por Equipo por Colombia y Sergio Fajardo, por Centro Esperanza. Otros dos candidatos se presentaron por la alianza de dos partidos que tienen de base a comunidades religiosas cristianas, el Movimiento Independiente de Renovación, MIRA, y Colombia Justa, ambos postularon al candidato John Milton Rodríguez (Colombia Justa-Libres) y el Movimiento de Salvación Nacional (un partido que había existido hasta las elecciones de 1998 y había perdido su personería jurídica que fue restablecida por la Corte Constitucional)[11].

---

10 Sergio Fajardo obtuvo 723.475 (el 33,5%); Juan Manuel Galán 487.019 (el 22,5%); Carlos Amaya 451.223 8el 20,9%); Alejandro Gaviria 336.504 (el 15,6%) y Jorge Enrique Robledo 161.244 (el 7,5%). Fuente: Registraduría Nacional del Estado Civil (2022).

11 Este partido contrató a dos empresas reconocidas para que hicieran las encuestas (YanHass y Centro Nacional de Consultoría, CNC). Cada uno debió hacer dos encuestas: una a militantes carnetizados con un valor del 25% en el consolidado final y otra abierta al público en general con un peso del 75%. En la encuesta del CNC a militantes Óscar Iván Zuluaga obtuvo el 53%, María Fernanda Cabal el 23%, Paloma Valencia el 11%, Alirio Barrera el 8% y Rafael Nieto Loaiza 5%. En la de YanHass el 52% de los encuestados escogió al exministro Zuluaga, mientras el 27% a favor de Cabal. Los siguientes tres precandidatos fueron Valencia, Barrera y Nieto con el 9%, 7% y 5% de los militantes, respectivamente. En las encuestas al público se mantuvo la tendencia. En la del CNC, Zuluaga recibió el apoyo del 38% de los encuestados; Cabal, del 23%; y, en el tercer lugar, hubo un triple empate entre Valencia, Barrera y Nieto con el 13%. En la de YanHass los candidatos obtuvieron, en el mismo orden, 41%, 19%, 15%, 13% y 12%. En el consolidado Zuluaga ganó con el 43% y María Fernanda Cabal obtuvo el 23%, Valencia se quedó en el tercer puesto, con el 13%. Alirio

Un hecho relevante de la competencia desde la primera vuelta fue la renuncia a presentar candidato por parte del Centro Democrático, el partido de Gobierno. En esta decisión incidieron tres factores. Por una parte, esta agrupación política había elegido, mediante un proceso interno, a Óscar Iván Zuluaga, pero este proceso se hizo en medio de tensiones internas por cuanto un sector liderado por la senadora María Fernanda Cabal (ubicada al extremo de la derecha) no estaba de acuerdo con su postulación y había cuestionado la transparencia de su elección como candidato oficial del partido. Mientras que otro sector, encabezado por la senadora Paloma Valencia, defendió al candidato elegido y la transparencia del procedimiento. El partido estaba dividido y el expresidente Álvaro Uribe Vélez no logró cohesionarlo en la coyuntura (*El Colombiano*, 25 de noviembre de 2021). Por otra parte, el candidato Zuluaga fue rechazado cuando intentó participar en la consulta interpartidista del Equipo por Colombia, lo cual dejaba a este y a su partido sin posibilidades de coaliciones por cuanto todos se habían alineado con alguna de las cuatro existentes. Las posibilidades de un triunfo eran lejanas. A estos dos factores se sumó la muy mala imagen del presidente Iván Duque Márquez, sus bajos índices de favorabilidad y las malas evaluaciones del Gobierno. La candidatura era inviable. El candidato hizo el anuncio de su dimisión el 13 de marzo y declaró que ante la necesidad de unidad había decidido renunciar a la candidatura para acompañar la aspiración de Federico Gutiérrez (*Semana*, 14 de marzo de 2022). Era una decisión previsible que fue celebrada por la coalición Equipo Colombia de Federico Gutiérrez que, en las encuestas, ocupaba el segundo lugar, muy cerca del primero, Gustavo Petro. (En la Tabla 1 se registra la conformación de las coaliciones).

Barrera y Rafael Nieto Loaiza fueron cuarto y quinto con el 12% y el 11%, respectivamente (*El País*, noviembre 27 de 2021).

Tabla 1: Coaliciones partidistas que compitieron en las elecciones presidenciales

Candidato	Coalición primera vuelta (solo partidos)	Coalición segunda vuelta (solo partidos)
Gustavo Petro Urrego "Pacto Histórico"	– Unión Patriótica – Partido Comunes – Fuerza Ciudadana – Colombia Humana – Movimiento Gente Nueva. – Alianza Democrática Amplia – Movimiento Alternativo Indígena y Social —MAIS— – Autoridades Indígenas de Colombia – Partido del Trabajo de Colombia – Polo Democrático Alternativo – Partido Comunista Colombiano – Partido Indígena Colombiano – Unidad Democrática – Todos Somos Colombia – Alianza Verde	– Unión Patriótica – Partido Comunes – Fuerza Ciudadana – Colombia Humana – Movimiento Gente Nueva – Alianza Democrática Amplia – Movimiento Alternativo Indígena y Social —MAIS— – Autoridades Indígenas de Colombia – Partido del Trabajo de Colombia – Polo Democrático Alternativo – Partido Comunista Colombiano – Partido Indígena Colombiano – Unidad Democrática – Alianza Social Independiente —ASI— – Todos Somos Colombia – Colombia Renaciente – Movimiento Gente en Movimiento – Sector de la Alianza Verde – Sector del Nuevo Liberalismo – Un sector del Partido Liberal – Un sector de Centro de Esperanza – Un sector de Colombia Justa-Libres
Rodolfo Hernández "Liga de Gobernantes Anticorrupción"	– Partido Verde Oxígeno – Liga de Gobernantes Anticorrupción	– Partido Verde Oxígeno – Liga de Gobernantes Anticorrupción – Centro Democrático – Partido Conservador Colombiano – Nuevo Liberalismo – Movimiento de Salvación Nacional – Un sector del Partido Liberal – Cambio Radical – Un sector del Partido de la U

Candidato	Coalición primera vuelta (solo partidos)	Coalición segunda vuelta (solo partidos)
Federico Gutiérrez "Equipo por Colombia"	– Partido Conservador Colombiano – Partido de la U – Partido Político MIRA – Centro Democrático – Partido Liberal	
Sergio Fajardo "Centro de Esperanza"	– Partido Dignidad – Nuevo Liberalismo – Colombia Renaciente – Compromiso Ciudadano – Alianza Social Independiente —ASI—	
John Milton Rodríguez	– Colombia Justa-Libres	
Enrique Gómez Martínez	– Movimiento de Salvación Nacional	

Fuente: Elaboración del autor con base en: *El Tiempo*, junio 19 de 2022; *Asuntos legales*, junio 1 de 2022; *El País*, junio 6 de 2022; *El Tiempo*, abril 5 de 2022; *El Espectador*, 23 de mayo de 2022; *Semana*, 23 de mayo de 2022; *Infobae*, 27 de abril de 2022.

Cuarto, en las elecciones previas para Congreso, realizadas el 13 de marzo, el Pacto Histórico obtuvo el mayor número de curules en ambas Cámaras, 20 de los 108 senadores y 28 de los 188 representantes a la Cámara. Este hecho fue significativo por cuanto por primera vez un candidato presidencial de izquierda competía respaldado por una bancada relevante en el Congreso que marcaba un punto de partida del mínimo de sus electores. Esto fue significativo por cuanto se trataba de electores alineados de forma ideológica que probablemente votarían en las elecciones presidenciales por el candidato de la misma coalición.

Quinto, en las tres vueltas de las elecciones se impuso el candidato de coalición de izquierda y centro-izquierda, Gustavo Petro, aunque en la segunda vuelta se dio una situación de alta competencia. Como vimos, en la consulta de la izquierda realizada en marzo de 2022, se impuso Petro. Como lo mostraron todas las encuestas previas, en la primera vuelta ganó el candidato del Pacto Histórico con una votación histórica para la izquierda y con una gran ventaja sobre el segundo lugar (8.541.317 votos, el 41,15%). Contrario a las encuestas y a lo que se esperaba porque no contaba con una bancada en el Congreso ni maquinarias locales que movilizaran votos a su favor, Rodolfo Hernández ocupó el segundo lugar

(9.965.335 votos, el 28,17%). Federico Gutiérrez, el candidato respaldado por la coalición del Gobierno y el partido en el poder, Centro Democrático, quedó relegado al tercer lugar. La cuarta candidatura que parecía viable, la de Sergio Fajardo, que puso todos sus esfuerzos en presentarse como moderado, de centro, en un lugar intermedio entre la izquierda del Pacto Histórico y la derecha de Rodolfo Hernández y de Federico Gutiérrez, fue derrotada sin atenuantes y escasamente sobrepasó por muy poco el umbral mínimo legal para el reconocimiento estatal de gastos de campaña. Los resultados de las otras candidaturas fueron poco relevantes. De los derrotados solo la votación de Sergio Fajardo podía ser relevante para futuras alianzas en la segunda vuelta.

En el balotaje se dio un realineamiento de partidos, movimientos y sectores de unos y otros que se distribuyeron entre los dos candidatos. Fue una segunda ronda muy competitiva en la que la diferencia entre ambos candidatos fue mínima (3,13%) y también aumentaron sustancialmente su electorado, pero en mayores proporciones Rodolfo Hernández[12]. Se movilizaron 7.389.671 electores adicionales, cifra sin precedentes en el país. El candidato de la Liga de Gobernantes Anticorrupción movilizó más electores debido a que a él se adhirieron la mayoría de congresistas de los partidos Liberal y de la U, un sector de la Alianza Verde, todo el Partido Conservador, todo el Centro Democrático. También al candidato Petro se sumaron congresistas de diferente procedencia, como se ilustró anteriormente.

---

12 En las cinco anteriores elecciones la distancia entre los dos candidatos fue sustancialmente mayor en cuatro: en 2002 y 2006 el candidato Álvaro Uribe Vélez de *Primero Colombia* ganó en primera vuelta, en el primer caso por una diferencia de 21,67% sobre Horacio Serpa Uribe, del Partido Liberal, y en el segundo caso por 40,49% sobre Carlos Gaviria, candidato de izquierda del Polo Democrático Alternativo. En 2010 Juan Manuel Santos, del Partido Social de Unidad Nacional en coalición con otros partidos, ganó con una diferencia del 42,12% en segunda vuelta sobre Antanas Mockus del Partido Verde. Las elecciones de 2014 fueron también muy competitivas y la distancia entre Juan Manuel Santos de la coalición de Unidad Nacional y Óscar Iván Zuluaga del Centro Democrático fue del 5,99%. En 2018 de nuevo se amplió la diferencia entre los dos candidatos y, en segunda vuelta, Iván Duque Márquez del Centro Democrático se impuso a Gustavo Petro Urrego de Colombia Humana-Unión Patriótica fue del 12,25% (Registraduría Nacional del Estado Civil (2022).

Tabla 1: Resultados de las elecciones presidenciales

Candidato	Primera Vuelta	%	Segunda vuelta	%	Diferencia entre las dos vueltas	
					Votos	%
Gustavo Petro Urrego Pacto Histórico	8.541.317	40,34	11.291.986	50,44	+ 2.750.669	+10,04
Rodolfo Hernández Liga Anticorrupción	5.965.335	28,17	10.604.337	47,31	+4.639.002	+ 19,14
Federico Gutiérrez Equipo por Colombia	5.069.448	23,94	---	---	---	---
Sergio Fajardo Centro Esperanza	885.268	4.18	---	---	---	---
John Milton Rodríguez Colombia Justa Libres	271.372	1,28	---	---	---	---
Enrique Gómez Martínez Salvación Nacional	48.685	0,23	---	---	---	---
Votación por candidatos	21.441.605	100	---	---	---	---

Fuente: Elaboración propia con base en Registraduría Nacional del Estado Civil.
*Con base en el 99,99

2. EL GIRO A LA IZQUIERDA: CONCURRENCIA DE DOS TIPOS DE FACTORES

- ***Orientaciones y cambios en la izquierda latinoamericana***

Hay una serie de factores que son comunes a las izquierdas del subcontinente y que incidieron de forma clara en el acceso al poder de candidatos y partidos ideológicamente caracterizados como de izquierda.

Por una parte, hay una transformación del pensamiento y la concepción de las izquierdas respecto de la democracia. Se dio el tránsito del rechazo y subvaloración de la democracia liberal, que era calificada como "seudodemocracia", "democracia burguesa" e instrumento de control, disciplinamiento y dominio instrumental de las clases dominantes, se valora la democracia y la defensa de la democratización. La apertura democrática se convierte en reivindicaciones apremiantes, tanto en los países que padecieron de dictaduras como en los que no. A su vez, se reivindican valores liberales como la libertad, la autonomía y se plantean la necesidad de ampliar la democracia representativa con componentes, espacios y mecanismos de deliberación y participación. Sin ambigüedades, se oponen al uso de la violencia para el acceso al poder y recurren a métodos democráticos para hacerlo. Se trata, entonces, de una nueva izquierda y del cambio en el pensamiento de líderes de izquierda con tradición de militancia de varias décadas que toman distancia de otras izquierdas radicales que siguen apelando a la acción armada o a modelos de sociedades basados en el autoritarismo (Garavito, 2004; Barret, 2005; Cleary, 2006; Ellner, 2012).

Por otra parte, no es una izquierda socialista o comunista. En una nueva época y transcurridos varios lustros desde la caída del muro de Berlín, las nuevas izquierdas no enuncian discursos anticapitalistas, se oponen al tipo de capitalismo implementado en estos países, el "capitalismo salvaje" de cuño neoliberal. Así, "a diferencia de las décadas pasadas, las nuevas izquierdas, incluso las que son consideradas como "radicales", cuestionan más al capitalismo en su fase neoliberal que al sistema capitalista *per se*, al igual que lo hacen con los principios democráticos al aceptar la democracia representativa, pero advirtiendo la necesidad de perfeccionarla y combinarla con otros formatos" (Stoessel, 2014, p. 7). Esto hace que se superen las bipolaridades, las concepciones de "enemigos de clase" y se asuman las posibilidades del desarrollo y del avance de la sociedad como una labor conjunta de diversos sectores de la economía y de la sociedad. Asumen posiciones críticas frente a la globalización, el deterioro ambiental e incorporan en sus discursos y acciones nuevos problemas que atraen el apoyo de jóvenes y otros sectores históricamente discriminados como las minorías indígenas, los afrodescendientes, las mujeres. Resultado de lo anterior, incorporan a sus agendas políticas y de gobierno asuntos nuevos como la desigualdad de género, la discriminación racial, libertades individuales y no sólo la clase social (Duterme, 2006, Archila, 2008).

En tercer lugar, las dinámicas sociales y económicas de los modelos de desarrollo adoptados por los sectores dominantes en la mayoría de países entraron en una etapa muy crítica por el deterioro de las condiciones de vida de la población. Esta situación se manifestó en tres aspectos sintetizados por Soledad Stoessel. Primero, el empobrecimiento de las sociedades debido a la implementación de las políticas pro-mercado derivados del modelo neoliberal que, en la mayoría de países latinoamericanos, terminó en la ampliación de la pobreza y la indigencia en términos absolutos (aunque en términos relativos algunos indicadores expresan cierta disminución). Aumentó la informalidad y la exclusión social de amplios sectores del acceso a servicios y bienes que el Estado no provee. Segundo, se expresaron, en la mayoría de países, diversas formas de acción colectiva de contestación frente al Estado y los gobernantes. Se evidenció una repolitización y ampliación de las esferas públicas a través de numerosos y amplios movimientos sociales —indígena, campesinos, derechos humanos, minorías sexuales— que se constituyeron en protagonistas de la inconformidad y del rechazo de los efectos de las políticas de desregulación del neoliberalismo. Emergió una ciudadanía activa, más exigente y reivindicativa. (Stoessel, 2014; De Sousa Santos, 2001; Garavito, 2004; Svampa, 2005; Hershberg, 2022).

En cuarto lugar, aunque este aspecto no suele ser enfatizado en los análisis sobre el giro a la izquierda, en muchos países de América Latina se conformaron nuevos partidos por agregación de diversos sectores políticos democráticos, partidos y movimientos de izquierda o centro izquierda en confluencia con organizaciones sociales de jóvenes, de mujeres, de intelectuales, de ambientalistas y de otro tipo. Se manifestó, de forma drástica, la doble crisis de los partidos y de la clase política, de representación y de movilización. Acosados por sus propias dinámicas, la corrupción, el clientelismo, los nexos con la criminalidad en algunos países, su inoperancia para agregar intereses de la sociedad y sugerir respuestas a las expectativas y exigencias de la gente, los partidos tradicionales e históricos dejaron de ser vistos como actores relevantes de la democracia y se abrió un espacio para nuevas opciones políticas. Así:

> En definitiva, existe un amplio consenso que identifica la aceleración de las desigualdades sociales, la gran asimetría de fuerzas y la concomitante movilización política, como los factores gravitantes que generaron las condiciones de posibilidad para el surgimiento de coaliciones políticas y la renovación de partidos con una clara orientación progresista (Stoessel, 2014, p. 6).

En este proceso han sido importantes los liderazgos políticos con capacidad de movilización, generadores de ideas y de propuestas de ruptura con las políticas y acciones de los anteriores gobernantes que demostraron muy poca eficacia y casi nula respuesta a las expectativas de la sociedad. Las nuevas organizaciones y sus líderes respondieron a las tesis del Estado mínimo, reducido y al margen de la economía y del desarrollo con la reivindicación de un estatismo de nuevo tipo. El retorno del Estado como actor central del desarrollo, cohesionador, coordinador y generador de políticas ubicaron al ciudadano en el centro. Un elemento común de los líderes de izquierda ha sido que le asignan al Estado un rol central en la construcción de un nuevo pacto social y esto constituye una fuerte ruptura con las décadas anteriores y el dogma de la economía neoclásica que ha servido de fundamento a los gobiernos precedentes y sus fracasos (Grugel y Riggirozzi; 2012; Thwaites, 2010).

En suma, en el giro a la izquierda en América Latina incidieron al menos cuatro factores comunes a la mayoría de países: el surgimiento de una izquierda democrática no marxista que revaloró la democracia y la convirtió en un propósito. No es una izquierda marxista o leninista o castrista, ya el ideal no es la lucha contra el capitalismo y la procura de la revolución socialista; la quiebra de las políticas neoliberales y, después, efectos negativos para la sociedad y las economías de estos países; el surgimiento de partidos y de nuevos liderazgos con capacidad de movilización y factibilidad de éxito electoral.

- ***La coyuntura socio-política en Colombia***

La trayectoria electoral de la izquierda en el último medio siglo en Colombia (desde el final del Frente Nacional en 1974 hasta las elecciones de 2022) ha pasado por tres momentos:

(a) Entre 1974-1989 fue una izquierda muy dividida y alineada con las tendencias internacionales, que en su mayoría estaba de acuerdo con la tesis de la combinación de las formas de lucha, era marxista en sus diversas orientaciones y marginal electoralmente. Lentamente fue cambiando y pasó de rechazar y tratar de forma peyorativa a la democracia y a las elecciones a valorarlas. Su mayor intento movilizador fue la Unión Patriótica, la organización creada en 1985 como el resultado del proceso de paz frustrado del gobierno de Belisario Betancur con las Fuerzas Armadas Revolucionarias de Colombia —FARC—. Es conocido que este partido político fue sometido a una política de exterminio que dejó varios miles de muertos entre líderes y militantes. Durante este periodo la izquierda política nunca sobrepasó el cinco por ciento de los votos en ninguna elección.

(b) Entre 1991-2002, la izquierda partidista pasó por un momento de euforia con la Alianza Democrática M-19, partido creado como el resultado de otro proceso de reincorporación de una guerrilla, el M-19, y un proceso impulsado por los gobiernos de Virgilio Barco (1986-1990) y César Gaviria (1990-1994). Esta agrupación también tuvo el carácter de agregación y fue protagonista central en la elección de la Asamblea Nacional Constituyente de 1990-1991 y en su desarrollo. Asimismo, en 1991, obtuvo el mayor número de curules en el Congreso que hasta el momento hubiera alcanzado una agrupación de izquierda (9 senadores y 13 representantes a la Cámara, el 10,3%). Este partido se disolvió en el faccionalismo y hasta las elecciones de 2002 la izquierda se dispersó en pequeños partidos con electorados marginales y pocas curules en el Congreso y en corporaciones locales.

(c) Entre 2006-2022 la izquierda entra en procesos de unidad con el proyecto del Polo Democrático Alternativo creado en 2005, producto de la unión de varios grupos y movimientos previamente agrupados en el Polo Democrático Independiente y Alternativa Democrática y que se mantuvo en medio de tensiones durante las elecciones de 2006, 2010 y 2014, años en que fue creciendo su electorado. Este partido de nuevo se fragmentó y sus principales líderes desertaron y se incorporaron a otras organizaciones. Con todo, la izquierda logró aumentar su votación y sus curules en el Congreso, así como las alcaldías de Bogotá y de otras ciudades.

En estos tres momentos las elecciones presidenciales para la izquierda mantuvieron el mismo ritmo: fueron marginales hasta 1990, presentaron altibajos entre 1994 y 2006 cuando la candidatura del exmagistrado de la Corte Constitucional, Carlos Gaviria, obtuvo la más alta votación de la historia de la izquierda hasta ese momento y desde el 2014 los resultados electorales presentaron un crecimiento sostenido y la figura de Gustavo Petro fue ocupando un lugar central —participó en tres elecciones— (2010, 2018 y 2022. Ver Gráfica 1).

El giro a la que condujo al triunfo electoral de la izquierda corresponde al ciclo electoral 2018-2022 en el que el candidato de izquierda logró aglutinar a la mayoría de agrupaciones de esta ideología y también a líderes de otras tendencias políticas y a organizaciones sociales y sindicales.

Gráfico 1: Evolución de la votación de candidatos presidenciales de izquierda 1994-2022

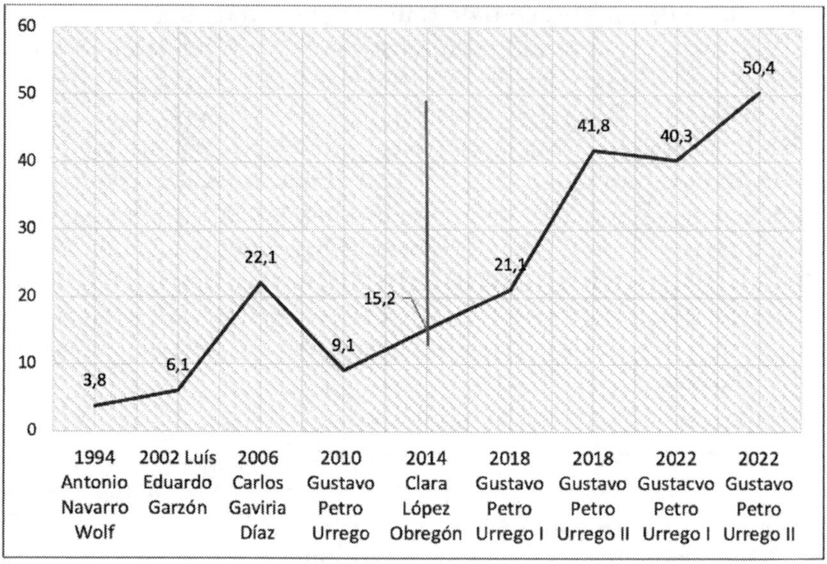

Fuente: Elaboración del autor con base en estadísticas electorales de la Registraduría Nacional del Estado Civil (2022).

Además de los cuatro factores generales mencionados que incidieron para que en América Latina tuvieran éxito electoral candidatos presidenciales de izquierda, hubo al menos cinco razones de la coyuntura social, económica y política entre 2020-2022 que coadyuvaron para que se diera el triunfo en Colombia de Gustavo Petro Urrego.

– *Razón 1. Respuesta a la inconformidad social con un programa de ruptura*

Como en otros países latinoamericanos, Colombia se caracteriza por los altos niveles de pobreza, desigualdad, desempleo e informalidad en su economía que hace que millones de personas no accedan a bienes y servicios básicos, que no son cubiertos por el sistema de seguridad social ni cuentan con la expectativa de obtener una pensión para su vejez. Sin el propósito de ser exhaustivos, algunos datos nos permiten visualizar el cuadro de esta situación. Según los datos oficiales del Departamento Nacional de Estadística (DANE, 2022) la pobreza monetaria en Colombia en los años del ciclo electoral correspondió al 42,5% en 2020 y 39,3% en 2021 y de pobreza monetaria extrema, 15,1% en 2020 y de 12,2% en 2021. Los valores más altos de la última década. El país es el segundo con mayor desigualdad en América Latina y está entre los primeros cinco de todo el planeta: el coeficiente de Gini correspondió a 0,544 en 2020 y al 0,523 en 2021, sin mejoría apreciable en la última década. El desempleo en el país en junio de 2022 fue del 11,0%. La tasa de desempleo para los jóvenes de 15 a 28 años fue mayor, del 18,2%. La población ocupada informal en el país, entre febrero de 2021 y mayo de 2022, osciló entre el 61,7% y el 58,3%[13]. Además, en la historia ha habido una exclusión social, económica y política de amplios sectores en el país, especialmente minorías indígenas y de afrodescendientes, cuyos territorios corresponden a los de mayor pobreza, inequidad y falta de bienes y servicios básicos que no provee ni el Estado central ni las instituciones locales.

El deterioro social y el empobrecimiento, los problemas laborales, de ingreso a la educación media y superior, las limitadas oportunidades para los jóvenes en las ciudades y en el campo, todo agravado por la severa crisis de la pandemia, confluyó en el país en una serie

---

[13] La población ocupada informal está conformada por asalariados o empleados domésticos que no cuentan con cotizaciones de salud ni a pensión por concepto de su vínculo laboral con el empleador que los contrató. De igual forma, se consideran como ocupados informales por definición a todos los trabajadores familiares sin remuneración, los otros, así como los trabajadores por cuenta propia y patrones o empleadores que hayan quedado clasificados en el Sector Informal (DANE, 2022).

de protestas urbanas que se expresaron en contra de las políticas y las acciones del Gobierno de Iván Duque Márquez y de la coalición de partidos del Centro Democrático, Cambio Radical, Partido Conservador, Partido Social de Unidad Nacional o Partido de la U y el Partido Liberal. Primero, fueron las marchas de comienzos de 2019 por escándalos de corrupción, también por las acciones posteriores de las Fuerzas Armadas que produjeron víctimas de la sociedad civil; en noviembre del mismo año hubo protestas indígenas; se dio el paro nacional de noviembre 21, impulsado por sindicatos, estudiantes y organizaciones sociales de diversa índole. La contestación social continuó. Tras la muerte de Javier Ordóñez, en manos de la Policía Nacional, dio pie a nuevas protestas de jóvenes, especialmente en septiembre de 2020. La expresión de la protesta social más fuerte se dio entre finales de abril y mediados de junio. Fue un estallido social sin precedentes en el país. Confluyeron la inconformidad general agravada por una nueva reforma tributaria; los incumplimientos a los Acuerdos de Paz firmados con las guerrillas de las FARC en 2016; la inconformidad por el manejo social de la pandemia; el agravamiento de los problemas sociales mencionados y las cuestionadas actuaciones de la Policía[14]. Diversas encuestas registraron el apoyo mayoritario de los colombianos a la protesta social (Lawradio.com, mayo 11 de 2021; *Semana*, mayo 11 de 2021).

Como en los casos señalados de América Latina, el más reciente en Chile, también en Colombia la gente salió a las calles a expresar sus expectativas, sus necesidades, sus demandas sociales y su inconformidad. Y, como Gabriel Boric, Gustavo Petro leyó el mensaje y orientó su accionar político y su campaña en esta dirección, lo cual no fue difícil por cuanto este había sido su discurso desde que se reintegró a la vida civil y a la política democrática a comienzos de la década de 1990. Después de tres décadas haciendo política electoral, Gustavo Petro se fue puliendo en sus conductas, ya es un político veterano en estas lides, menos hosco que en el pasado, se expresa bien y es claro. En entrevistas, intervenciones y en los debates expresó con

---

14 Hay diversos reportes respecto a estas recientes protestas sociales, entre ellos: Montoya, María Jimena (2019). *Infobae*, 27 de mayo de 2021; *El Espectador*, 20 de noviembre de 2020; *Datos.com*, mayo 14 de 2021; *Publimetro.com*, 28 de junio de 2021.

claridad sus ideas, hizo un llamado a los jóvenes, a las mujeres y a los sectores excluidos. Respondió a las demandas y el llamado tuvo eco.

Aunque suele considerarse que los votantes poco se enteran de las propuestas y tienden a predominar el elector transaccional y de clientela con algunos sectores más pasionales y otros minoritarios ideologizados, en estas elecciones hubo una amplia divulgación de los programas por debates, el uso de las redes sociales y, en el caso de la campaña de Petro, con el regreso a las plazas públicas con numerosa asistencia, organización y movilización.

Gustavo Petro y el programa del Pacto Histórico articularon su campaña en torno a un programa con varias ideas fuertes y claras en la dirección adecuada de los sectores de inconformes:

a) "Colombia potencia mundial de la vida": mensaje que caló en un país signado por la muerte, el conflicto armado, los asesinatos selectivos y con recientes episodios de violencia policial en las protestas, que también fueron violentas en algunas ciudades.
b) La oferta de creación de un Ministerio de la Igualdad: un rediseño pensado para gestionar y proponer políticas orientadas hacia la superación de la desigualdad y la exclusión social muy arraigada y extendida.
c) La necesidad de iniciar una transición energética: un discurso en boga y que motivó especialmente a los jóvenes militantes de causas relacionadas con los problemas de la debacle planetaria por el cambio climático.
d) Pasar de una economía extractivista a una economía productiva: una alternativa frente a los estragos de la minería ilegal y la crisis del sector agrícola y del campo.
e) Hacer una reforma pensional: orientada a remediar la precariedad de la cobertura de las pensiones y las críticas a los fondos privados[15].

---

[15] En Colombia solamente uno de cada cuatro adultos mayores logra una pensión en el país, es decir, el 75% de las personas no se pensiona. Solo hay 1.500.000 pensionados por Colpensiones (estatal) y 251.000 por los fondos de pensiones privados. Gustavo Petro propone un sistema de pilares: Pilar 1: que el Estado asuma un programa de reparto, pasar de dar $80.000 a personas mayores me-

f) La necesidad de diseñar e implementar un ingreso vital mínimo universal para reducir la pobreza como alternativa a los limitados subsidios vigentes[16].

g) Un paquete de propuestas dirigida a los jóvenes: garantizar la educación superior gratuita y reformar al Instituto Colombiano de Crédito Educativo de estudios en el Exterior, Icetex: uno de los reclamos de los jóvenes en las protestas que ven cerradas sus posibilidades de ingreso a la educación superior altamente privatizada[17]. Asimismo, la eliminación del servicio militar obligatorio y garantía a la objeción de conciencia; empleabilidad

---

diante el programa Mayores a $ 500.000 (medio salario mínimo), una especie de pensión mínima personas de la tercera edad que no se pensionan y que son de estratos bajos, tres millones de personas. Está orientado a la reducción de la pobreza y otorga subsidios monetarios focalizados en la población más pobre, que no contó con la capacidad para aportar durante su etapa activa. Pilar 2: para el ahorro individual, usualmente administrado de manera privada, eleva la prestación pensional y la tasa de reemplazo para los trabajadores con mayor capacidad de ahorro, todos los colombianos que ganen hasta cuatro salarios mínimos cotizarían en Colpensiones obligatoriamente; es decir, el 96% de la población, lo cual disminuiría la cotización a los fondos privados que están concentrados en un sistema oligopólico que ofrecen pocos incentivos y muy bajas pensiones, mientras se lucran de los enormes recursos que les llegan a su sistema financiero. Pilar 3: ahorro voluntario, encargado de canalizar los excesos de ahorro de los hogares (*La República*, 14 de septiembre de 2022).

16 El programa Ingreso Vital se daría como una alternativa a las políticas vigentes de subsidios precarios de "Familias en Acción" que no sería eliminado sino modificado y enfocado en las personas mayores sin pensión y las madres cabeza de familia. Sería de medio salario mínimo, es decir, de casi $500.000 mensuales (*Forbes.com*, 7 de marzo de 2022).

17 En la campaña propuso garantizar la educación superior pública gratuita y de calidad en lo tecnológico y lo universitario; crear un sistema nacional de educación superior a través del cual se fortalecerá la red de universidades públicas, el SENA y los colegios de educación media; elevar el presupuesto público para el sistema educativo —principalmente para la educación superior; transformar la lógica bancaria del Icetex y crear un Plan de Salvamento para liberar de las deudas a todos sus usuarios; el Estado financiará la investigación básica y aplicada para potenciar su papel en la innovación tecnológica del sector productivo y del conjunto de la sociedad; el Estado debe garantizar el primer empleo y que incluya las pasantías y el servicio social voluntario en todas las áreas del saber, el cuidado y la protección de la naturaleza como experiencia profesional y ruta de acceso al trabajo (*Pesquisa Javeriana*, 5 de agosto de 2022).

direccionada al cuidado de los recursos naturales y una propuesta de acceso a créditos blandos.

Fue presentado como un programa para estimular el desarrollo del capitalismo en el país, la defensa de la propiedad privada, los derechos y la democracia, pero desde una perspectiva progresista, autodenominada como socialdemócrata y contraria a las orientaciones de todos los gobiernos precedentes asociados con el neoliberalismo.

– *Razón 2. Posicionamiento frente a la crisis de la derecha partidista y los fracasos del gobierno de Iván Duque Márquez*

La propuesta programática proyectada sobre los dos pilares del deterioro social y económico y la protesta social contó con un tercer pilar de crítica al gobierno que terminaba: el debilitamiento del partido de gobierno, la mala imagen de sus líderes y del Presidente y los magros resultados sociales.

Iván Duque Márquez ganó la Presidencia en 2018 en segunda vuelta frente a Gustavo Petro Urrego mediante una macroalianza de todos los grandes partidos que se le unieron en la segunda vuelta tras el fracaso de sus propios candidatos: se juntaron los derrotados Cambio Radical y Partido Liberal y, desde el comienzo, se le había unido al candidato del Centro Democrático el Partido Social de Unidad Nacional, Partido Conservador y las organizaciones religiosas cristianas MIRA y Colombia Justa-Libres. En conjunto, estos partidos contaron también con amplias mayorías en el Congreso y la oposición fue minoritaria y limitada a los partidos de izquierda y la Alianza Verde.

Desde el comienzo, Iván Duque fue percibido como un político joven, sin experiencia y remolcado por el liderazgo del expresidente Álvaro Uribe que ganó la Presidencia más por la agregación de votos multipartidistas que por sus propuestas, programas, carisma o capacidad de movilización y liderazgo. Debió enfrentar la pandemia del Covid-19 con sus múltiples efectos en la economía y en la sociedad y no lo hizo bien. Se adelantó una campaña efectiva de vacunación con amplio alcance, no obstante, no se fortaleció el sistema de salud que sigue presentando una amplia cobertura, pero sin un acceso real y efectivo. El Estado nunca apareció como una fuerza reguladora y protectora de la sociedad, la población más vulnerable no recibió apoyos importantes (solo una transferencia monetaria equivalente a 40 dólares mensuales llamada Ingreso Solidario que cobijó a algunos sectores muy pobres). Tampoco los pequeños y micro empresarios que generan el mayor número de empleo en el país recibieron apoyo, menos aún quienes sobreviven de la economía informal (más del 58% de la población, superior al 48% del comienzo de su mandato). Además, el país debió ser receptor de centenares de miles de venezolanos que huyen de su país, empobrecido por los sucesivos gobiernos del Socialismo del Siglo XXI. Esto agravó la situación social y económica por cuanto el Gobierno asumió la responsabilidad de acogimiento por solidaridad, pero sin contar con los medios para hacerlo. Hubo un claro deterioro en las condiciones de vida de la población y un mayor empobrecimiento[18].

Adicionalmente, tras el acuerdo de Paz del gobierno de Juan Manuel Santos con la guerrilla de las FARC que fue firmada en 2016, el Gobierno no adelantó las medidas de su implementación y no hubo avances significativos, por el contrario, adelantó acciones que frenaron o intentaron frenar sus desarrollos (*El País*, 28 de junio de 2022; *Verdadabierta.com*, 4 de agosto de 2022; Trejos y Badillo, 2022). A su vez, la política de seguridad fue frágil e ineficiente. Se recrudeció la violencia generada por diversos actores ilegales que incluyen a bandas criminales, grupos de reciclaje del paramilitarismo, ejércitos privados de narcotraficantes, las disidencias de la guerrilla que se separaron del proceso, todos alimentados del negocio del narcotráfico desbordado e incontrolado. Hubo más de 950 asesinatos de líderes sociales durante el cuatrienio y 261 firmantes del acuerdo de paz (Instituto de Estudios para el Desarrollo y la Paz, 2022; *CNN en español*, 6 de agosto de 2022).

Colombia continuó siendo uno de los países más corruptos del planeta y hubo algunos casos relevantes durante este Gobierno que tuvieron repercusión nacional e incidieron en la percepción de los ciudadanos sobre el Gobierno, los partidos y políticos asociados con

---

[18] No hay espacio para desarrollar en profundidad estos aspectos. Algunos reportes soportados en cifras al respecto pueden verse en: Galindo, Jorge "Cómo cambió Colombia bajo Iván Duque, en cifras", *El País*, 5 de agosto de 2022; *CNN en español*, 6 de agosto de 2022; *Cambio*, 2 de agosto de 2022; *Lasillavacia.com*, 15 de julio de 2022.

él (Transparencia por Colombia, agosto 2 de 2022; *El País*, 29 de julio de 2022). El Presidente no hizo una elección adecuada de sus ministros y colaboradores. Contrario a lo que había anunciado, desconoció cualquier proceso de meritocracia y se rodeó de personajes cercanos, amigos, allegados, familiares y recomendados de los políticos de su partido Centro Democrático, de su jefe indiscutido al que designa como su "presidente eterno", Álvaro Uribe Vélez, y recomendados de los partidos de la coalición.

Por todos estos hechos, por las críticas de la oposición y de algunos medios y debates en el Congreso, y ante la ausencia de giros o cambios en el Gobierno, el Presidente, sus ministros y altos funcionarios, siempre fueron cuestionados. La imagen de favorabilidad del presidente Duque siempre fue muy baja y solo en una de las encuestas superó el 50,0%. Comenzó con un 40% y terminó con el 20% de opinión a favor (Ver Gráfico 2).

Gráfico 2: Nivel de favorabilidad del presidente Iván Duque Márquez 2028-2022

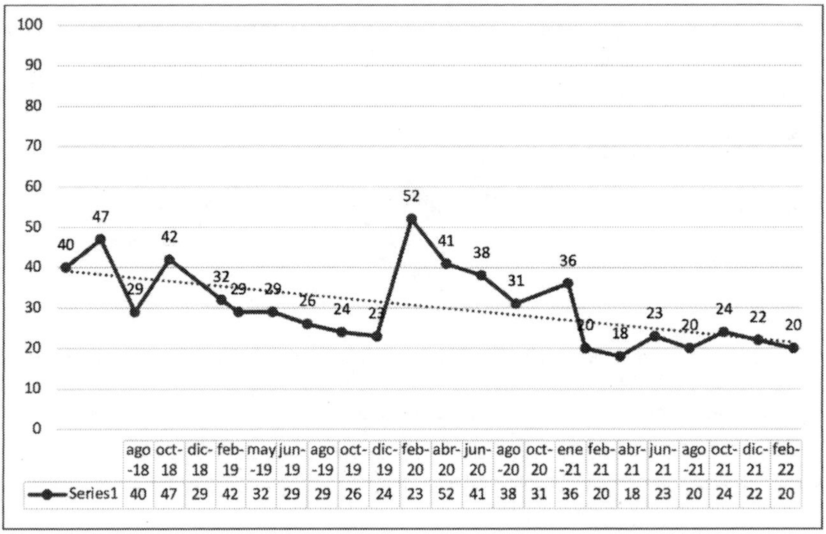

	ago-18	oct-18	dic-18	feb-19	may-19	jun-19	ago-19	oct-19	dic-19	feb-20	abr-20	jun-20	ago-20	oct-20	ene-21	feb-21	abr-21	jun-21	ago-21	oct-21	dic-21	feb-22
Series1	40	47	29	42	32	29	29	26	24	23	52	41	38	31	36	20	18	23	20	24	22	20

Fuente: Elaboración del autor con base en Invamer-Gallup. Febrero de 2022. Medición #147.

De igual forma, la pérdida de credibilidad, los frecuentes cuestionamientos al expresidente Uribe por hechos ocurridos durante toda su trayectoria política y durante su gobierno, terminó por reversar la opinión favorable con que contaba entre los colombianos. Había terminado su mandato con índices de popularidad del 80% y había llegado en su mejor momento al 86 en julio de 2008, pero empezó a descender de forma gradual desde el segundo gobierno de Juan Manuel Santos (2014-2018), especialmente por su oposición radical a los Acuerdos de paz y a la responsabilidad por su incidencia en la selección de Iván Duque como candidato presidencial. Se le atribuyeron sus propias responsabilidades, las del gobierno y las de su partido. Como se observa en el Gráfico 3, el deterioro de la favorabilidad en la imagen de Uribe se aceleró en el último cuatrienio hasta llegar a ser de 22%, tan baja como la del Presidente. La sombra de Uribe que favoreció a Duque terminó por oscurecerlo.

Gráfico 3: Nivel de favorabilidad del expresidente Álvaro Uribe Vélez

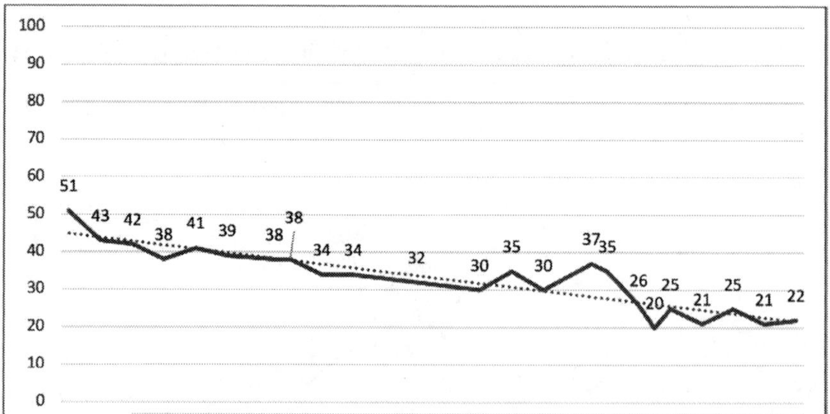

	abr-18	jun-18	ago-18	oct-18	dic-18	feb-19	may-19	jun-19	ago-19	oct-19	feb-20	jun-20	ago-20	oct-20	ene-21	feb-21	abr-21	may-21	jun-21	ago-21	oct-21	dic-21	feb-22
Series1	51	43	42	38	41	39	38	38	34	34	32	30	35	30	37	35	26	20	25	21	25	21	22

Fuente: Elaboración del autor con base en: Invamer-Gallup. Febrero de 2022. Medición #147.

Esta imagen negativa del Presidente, de su gobierno, del expresidente y líder del Centro Democrático, además del rechazo que sufrió el candidato presidencial Óscar Iván Zuluaga por parte de la coalición Equipo Colombia, hicieron que este renunciara. El político que más influencia ha tenido en el país en el último cuarto de siglo quedaba de esta forma por fuera del juego político y sin candidatos. Solo podía optar a adherirse a uno de los candidatos que continuaban en carrera y frente a todos los cuales Gustavo Petro superaba en todas las encuestas.

El senador Gustavo Petro tampoco contaba con una imagen favorable que superara el 50% de los encuestados. Era percibido por un sector de la sociedad de forma negativa debido a su militancia de izquierda, de su condición de excombatiente del M-19, de su proximidad en su momento con la Venezuela de Chávez y de la campaña de sus opositores que lo asociaban con el comunismo, el terrorismo, el ser enemigo de las libertades y de la democracia.

No obstante, Gustavo Petro ha tenido una imagen positiva entre otros sectores de la población. Desde su reintegración a la sociedad civil ha jugado con las reglas de la democracia, sobresalió como congresista por su labor de opositor a la facción liderada por la derecha más radical liderada por Álvaro Uribe Vélez y sus círculos de apoyo, fue uno de los que denunció las relaciones del paramilitarismo con políticos regionales, también el caso de corrupción en Bogotá durante la alcaldía de Samuel Moreno Rojas (2008-2011). En estas elecciones su campaña enfatizó en la moderación y para tranquilizar y aclarar su posición reforzó el mensaje de respeto a las libertades y a la Constitución, la idea de profundización de la democracia, no expropiación y respeto de la propiedad privada. Muy cerca del día de las elecciones lo reiteró en una entrevista que difundió entre sus más de cinco millones de seguidores en Twitter. El titular del diario ayudó: "Colombia no necesita socialismo, necesita democracia y paz" (*El País*, 18 de septiembre de 2021).

Durante el mismo periodo en que se deterioraba la imagen del Presidente y del líder de su partido, la de Gustavo Petro no superó nunca el 50% de favorabilidad, pero no se deterioró de forma drástica y en los meses previos a las elecciones alcanzó el 42%. Frente a los demás candidatos estos índices de favorabilidad fueron suficiente para obtener, en primera vuelta, el 40,34% de los votos y en la segunda el 50,44%. Una victoria ajustada.

Gráfico 4: Favorabilidad de Gustavo Petro 2018-2022

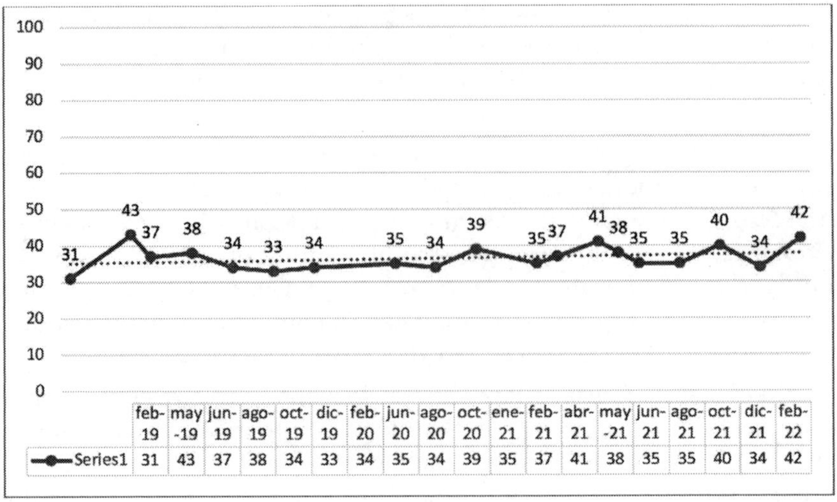

	feb-19	may-19	jun-19	ago-19	oct-19	dic-19	feb-20	jun-20	ago-20	oct-20	ene-21	feb-21	abr-21	may-21	jun-21	ago-21	oct-21	dic-21	feb-22
Series1	31	43	37	38	34	33	34	35	34	39	35	37	41	38	35	35	40	34	42

Fuente. Invamer-Gallup agosto 2021 y Asuntos legales, octubre 20 de 2022.

– *Razón 3. Movilizó mayorías de los votos urbanos, de las minorías indígenas y de los afrodescendientes*

En Colombia hay una alta concentración de la población en las ciudades, especialmente en las capitales de mayor tamaño y obtener mayorías en estas ciudades es fundamental para el triunfo en las elecciones. Gustavo Petro ganó en la mayoría de las ciudades y estas le aportaron cerca del 40% de su votación total. En Bogotá obtuvo la cuarta parte de sus votos. Solo en Medellín (fortín de la campaña de Federico Gutiérrez adherido luego a la de Rodolfo Hernández) y en Bucaramanga (ciudad sede de la campaña de Rodolfo Hernández y de la cual fue alcalde) Petro perdió por amplia distancia. La población urbana es más informada, es menos susceptible del control que ejercen las redes de clientelismo en el campo y en centros poblados menores, es más autónoma y con mayores niveles de educación y en ellas están concentrados los centros de educación superior (Ver Tabla 3).

Tabla 3: Votación de Gustavo Petro en las principales ciudades

Ciudades	Primera vuelta	Segunda vuelta	Diferencia
Bogotá	1.772.001	2.255.941	+483.940
Cali	528.632	659.926	+131.291
Barranquilla	257.337	358.679	+101.342
Medellín*	275.780	371.257	+95.477
Cartagena	200.033	269.318	+68.538
Santa Marta	98.532	125.373	+26.841
Ibagué*	96.620	124.607	+27.987
Popayán	95.455	121.293	+25.838
Pereira*	88.954	114.085	+25.131
Bucaramanga*	68.600	86.226	+17.626
Total **Porcentaje del total**	3.478.944 (40.8%)	4.486.705 (39.7%)	+1.007.761 (-1.1%)

***Ocupó el segundo lugar.**

Fuente: Elaboración propia con base en Registraduría Nacional del Estado Civil.

También fue significativo el apoyo electoral en las regiones del país en las que hay alta población afrocolombiana. En 12 departamentos con alto porcentaje de población afrodescendiente Gustavo Petro obtuvo mayorías en ambas vueltas. Estos corresponden a la región del Pacífico (Chocó, Valle del Cauca y Nariño) y en la región Atlántica (San Andrés, Sucre, Guajira, Córdoba, Cesar, Atlántico y Magdalena). La mayoría de los municipios de estos departamentos presenta indicadores sociales más negativos que los promedios nacionales. La nota predominante ha sido la ausencia o precariedad de la presencia estatal en la provisión de bienes y servicios. Muchos son también zonas de alto conflicto.

En la votación de este segmento de la población a la campaña del Pacto Histórico influyeron algunos líderes afrocolombianos que actuaron como palancas de movilización. Influyó la presencia de Francia Márquez como fórmula vicepresidencial. Tras la consulta interpartidista la votación por Francia Márquez sorprendió. Una mujer afrodescendiente, de origen humilde, lideresa social poco conocida en gran parte del país que obtuvo 785.215. Esto atrajo los reflectores de los medios y despertó más simpatías en algunos sectores de la opinión pública. Con su lenguaje sencillo, Márquez llegó a la gente. Su proyección como alguien del pueblo tuvo éxito y su reivindicación de "los nadies" y "las nadies" y la promesa de que si ganaban en Colombia se "viviría más sabroso" se convirtió en un mensaje efectivo. Su presencia en la campaña ayudó a que Petro obtuviera más votación en los departamentos con mayoría de población afrodescendiente, a la vez los más pobres del país.

A Márquez se adhirieron dos personajes de las negritudes del país simbólicamente importantes: el exministro Luis Gilberto Murillo, exgobernador del Chocó (1998-1999), exministro del Medio Ambiente (2016-2018) y fórmula vicepresidencial de Sergio Fajardo en la primera vuelta de estas elecciones, y Mabel Lara, la periodista que encabezó la lista al Senado del Nuevo Liberalismo. Esto reforzó el mensaje. De igual forma, cinco congresistas afrodescendientes fueron elegidos entre las listas del Pacto Histórico[19].

También contó el Pacto Histórico con el respaldo de las minorías indígenas agrupadas en los partidos Autoridades Indígenas de Colombia —AICO— y el Movimiento Alternativo Indígena y Social —MAIS— que cuentan con tres curules en el Congreso. Mediante diversas comunicaciones y en actos públicos expresaron el respaldo a la campaña de Gustavo Petro y Francia Márquez (*Infobae*, 27 de abril de 2022; *El País*, 16 de junio de 2022).

Tabla 4: Votación de Gustavo Petro en departamentos con alta población afrodescendiente

Departamentos	Porcentajes población afrocolombiana	Primera vuelta	Segunda vuelta
Chocó	73,6	72,4	81.9
Valle del Cauca	26,9	53,3	63,8
Bolívar	26,7	50,0	60,9
Cauca	21,6	69,9	79,1

[19] Fueron elegidos Paulino Riascos, Isabel Zuleta López y Piedad Córdoba al Senado y a la Cámara Cristóbal Caicedo por el Valle del Cauca y Dorina Hernández Palomino por Bolívar (*El Espectador*, 18 de marzo de 2022).

Departamentos	Porcentajes población afrocolombiana	Primera vuelta	Segunda vuelta
Nariño	18,5	70,2	80,9
San Andrés	17,5	40,3	51,3
Sucre	16,0	54,5	64,1
La Guajira	14,0	54,7	64,6
Córdoba	13,1	51,9	61,1
Cesar	12,0	44,0	53,1
Atlántico	10,6	54,7	67,1
Magdalena	9,7	49,4	60,3

Fuente: Registraduría Nacional del Estado Civil; Ministerio de Cultura, 2020.

Fue significativo el aporte de los jóvenes a la campaña de Gustavo Petro quien siempre ganó las encuestas en los segmentos de edades entre 18-25 y 25-34 años[20]. El candidato apeló a la juventud en sus propuestas y en sus entrevistas de campaña. En los momentos en que las encuestas indicaban la posibilidad de un empate técnico: "Si la juventud sale masivamente a votar como pasó en Chile [....] aquí puede pasar lo mismo". France24.com, junio 1 de 2022. Así sucedió.

– *Razón 4. La agregación programática y pragmática de apoyos*

El Pacto Histórico es una coalición por proximidad ideológica de izquierda, pero también una amplia alianza con sentido pragmático que agregó votos de diversa procedencia y no se ubicó de forma rígida en el espectro de la izquierda partidista, aunque se presentó siempre como de izquierda ideológica. Esta coalición se declaró de

[20] En febrero de 2022 las encuestas indicaban que los jóvenes entre 18-25 años, el 35%, indicaba que votaría por Gustavo Petro y el 12% por Rodolfo Hernández y entre los que tenían entre 25-34 años el 31% de los encuestados respondió que votaría por Gustavo Petro y el 14% por Rodolfo Hernández (El Colombiano, febrero 6 de 2022). Para la segunda vuelta la encuesta del Centro Nacional de Consultoría indicó que entre los más jóvenes y hasta los 40 años, Petro era el que tenía mejor intención de votos y entre los votantes más jóvenes, entre 18 y 25 años, tenía el 64% de preferencias. También, los resultados de Invamer-Gallup indicaban las preferencias de Petro entre los jóvenes.

"puertas abiertas" a todo el que quisiera llegar. Faltando un día para las elecciones se enfatizó en que se construiría un acuerdo nacional (*El Espectador*, 17 de junio de 2022).

La campaña del Pacto Histórico recibió el apoyo de los partidos que lo crearon en el 2021: Colombia Humana, Unión Patriótica-Partido Comunista, Polo Democrático Alternativo, Movimiento Alternativo Indígena y Social (MAIS), Partido del Trabajo de Colombia, Unidad Democrática y Todos Somos Colombia. Estos partidos constituyen la mayor bancada del Congreso (20 senadores y 28 representantes). También contó con el respaldo de organizaciones de la sociedad civil: la Federación Nacional de Educadores —Fecode— que agrupa a casi 300.000 afiliados y sus familiares; la gran mayoría de organizaciones sindicales del país; organizaciones sociales, indígenas, de universitarios, de jóvenes; también colectivos culturales. Se sumaron políticos procedentes de partidos del establecimiento, sectores de Alianza Verde, Centro Esperanza, el Partido Liberal, la Alianza Social Independiente y numerosas personalidades de la academia, columnistas, escritores, artistas, exministros y exalcaldes.

Como se observa en la Tabla 2, el llamado tuvo respuestas múltiples y heterogéneas. Esta agregación no solo reflejó más confianza en Petro, también matizó las percepciones negativas sobre el candidato y sumó votos de diversa procedencia.

Tabla 2: Panorama de adhesiones a la candidatura de Gustavo Petro

	Apoyos	
Sectores de partidos	Un sector de Alianza Verde	Autoridades Indígenas de Colombia, AICO
	Un sector del Centro de Esperanza.	Partido Colombia Renaciente
	Un sector del Partido Liberal	Partido Fuerza Ciudadana
	El partido Alianza Social Independiente	Movimiento Gente en Movimiento
	Todos Somos Colombia: organización de izquierda	Partido Polo Democrático Alternativo
	Unidad Democrática: organización de izquierda	Unión Patriótica
	Movimiento Alternativo Indígena y Social (*MAIS*)	Partido Comunes

	Apoyos	
Organizaciones sociedad civil	La Organización Nacional Indígena de Colombia (ONIC)	Sindicato de Trabajadores Universitarios, Sintraunicol
	Federación Colombiana de Educadores, Fecode	La Confederación General de Trabajadores, CGT
	Central Unitaria de Trabajadores, CUT	Unión Sindical Obrera, USO
	Asociación Colombiana de Profesores Universitarios, Aspuv	Sindicato de empleados públicos del SENA, SindiSENA
Personajes públicos	Alfonso Prada: exsecretario general de la Presidencia de Juan Manuel Santos	Clara López Obregón, exalcaldesa de Bogotá
	Camilo Romero: excongresista, excandidato presidencial de Alianza Verde	Antonio Navarro Wolff, excongresista, exalcalde, copresidente de Alianza Verde
	María Ángela Robledo: excandidata vicepresidencial de Petro	Carlos Ramón González
	Angélica Lozano: senadora de Alianza Verde	Antanas Mockus, exalcalde, exsenador, copresidente de Alianza Verde
	Roy Barreras y Armando Benedetti: senadores	Mabel Lara: periodista, candidata Nuevo Liberalismo
	Rudolf Hommes, exministro	Luis G Murillo: excandidato vicepresidencia de Sergio Fajardo
	Álvaro Leyva Durán, excongresista.	Salomón Kalmanovitz
	Luis Garzón, exalcalde de Bogotá	Alejandro Gaviria: excandidato presidencial
	Iván Marulanda Vélez, senador	Juan Fernando Cristo
	Cecilia López: exministra	Antonio Sanguino, senador
	Daniel Samper Pizano, periodista	Olga Behar, escritora
	Gonzalo Sánchez, historiador	José Gregorio Hernández, exmagistrado

Fuente: Elaboración del autor con base en *El Espectador*, 17 de junio de 2022; Asuntos legales, 1 de junio 1 de 2022; *El Tiempo*, 19 de junio de 2022.

CONCLUSIÓN

Con Gustavo Petro se expresó en Colombia el giro a la izquierda que en las dos últimas décadas se ha presentado en América Latina. De forma más tardía que en otros países Colombia se sumó a este cambio en la conducción política y en el péndulo del poder político.

Tras una larga tradición de casi dos siglos de predominio de partidos de derecha y centro derecha, un candidato de izquierda ganó las elecciones mediante la conformación de una coalición heterogénea en su composición, pero con cercanías ideológicas y programáticas.

En el triunfo de esta coalición de partidos, movimientos políticos, organizaciones sociales y personajes de la vida pública del país que se agruparon en torno al liderazgo de Gustavo Petro incidieron dos tipos de factores. Por una parte, factores que han estado presentes en los países en los que ha sido exitosa la izquierda que incluyen a Argentina Chile, Brasil, Uruguay, Paraguay, Bolivia, Ecuador, Perú, Venezuela, Panamá, Honduras, Costa Rica y México. Por otra parte, las condiciones de la coyuntura social, económica y política en Colombia en los años 2020-2022.

El triunfo de la izquierda en Colombia corresponde a unas elecciones de discontinuidad y ruptura, se produjo una reestructuración del espacio y de la competencia electoral y se movió el péndulo del poder de la derecha a la izquierda. Este triunfo expresa una lectura exitosa de la situación del país que se tradujo en mensajes efectivos por parte del candidato, de sus asesores y de su campaña.

Queda la expectativa respecto al gobierno. ¿Corresponderá la gestión, las políticas y los logros del próximo cuatrienio con las propuestas y las promesas del candidato y las esperanzas y expectativas de los electores que depositaron su confianza en el candidato y la coalición que lo respaldó? ¿Se mantendrá el cambio en el péndulo del poder en el siguiente periodo o habrá un retorno al estado de cosas anterior a Gustavo Petro?

REFERENCIAS

Archila, M. (2008). La izquierda hoy. En J. E. Álvarez, *Izquierda y socialismo en América Latina,* (pp. 23-45). Universidad Nacional de Colombia.

Arditi, B. (2009). El giro a la izquierda en América Latina: ¿una política post-liberal? *Ciências Sociais Unisino, 45*(3), 232-246.

Asuntos legales. (1 de junio de 2022). "Miembros de la Alianza Verde y Nuevo Liberalismo se unen a campaña de Gustavo Petro".

Barrett, C. A. (2005). *¿La utopía revivida? Introducción al estudio de la nueva izquierda latinoamericana. La nueva izquierda en América Latina.* (15-165). Norma.

Borsani, H. (2008). Gobiernos de Izquierda, sistemas de partidos y los desafíos para la consolidación de la democracia en América del Sur. *Stockholm Review of Latin American Studies, 3,* 45-55.

Castañeda, J. (2006). Latin America's Left Turn. *Foreign Affairs, 85*(3), 28-43.

CNN en español. (6 de agosto de 2022). *La Colombia que deja Iván Duque: desafíos, fracasos y logros.* https://cnnespanol.cnn.com/2022/08/06/colombia-deja-ivan-duque-violencia-desafios-logros-orix/.

Cambio. (2 de agosto de 2022). *Duquenomics: el balance económico de su gobierno.* https://cambiocolombia.com/articulo/economia/duquenomics-el-balance-economico-de-su-gobierno.

Cleary, M. (2006). Explaining the left's resurgence. *Journal of Democracy, 17*(4), 35-49.

CNN en español. (6 de agosto de 2022). *La Colombia que deja Iván Duque: desafíos, fracasos y logros.* https://cnnespanol.cnn.com/2022/08/06/colombia-deja-ivan-duque-violencia-desafios-logros-orix/.

Colomer, Josep. & Escatel, L. (2005). *La dimensión izquierda-derecha en América Latina.* Desarrollo Económico, *44*(177), 123-136.

Congreso de la república de Colombia. Acto legislativo 01 de 2009. https://www.funcionpublica.gov.co/eva/gestornormativo/norma.php?i=97790.

Datos.com. (14 de mayo de 2021). *Se metieron con la generación que no tiene nada que perder. Los excluidos de Cali.* https://datos-bo.com/mundo/se-metieron-con-la-generacion-que-no-tiene-nada-que-perder-los-excluidos-de-cali/.

Departamento Nacional de Estadística. (2022). *Comunicado de prensa, abril de 2022.* https://www.dane.gov.co/files/investigaciones/condiciones_vida/pobreza/2021/Comunicado-pobreza-monetaria_2021.pdf.

Departamento Nacional de Estadística. (Julio de 2022). Mercado laboral. Nueva medición de informalidad laboral. https://www.dane.gov.co/files/investigaciones/boletines/ech/ech/Nueva_medicion_informalidad.pdf.

De Sousa Santos, B. (2001). Los nuevos movimientos sociales. *OSAL,* 177-188.

Duterme, B. (2006). *Movimientos y poderes de izquierda en América Latina.* Editorial Laboratorio Educativo.

El Colombiano. (25 de noviembre de 2021). *Ruptura entre Cabal y Zuluaga agudizó la fractura en el uribismo.* https://www.elcolombiano.com/colombia/division-entre-maria-fernanda-cabal-y-el-candidato-oscar-ivan-zuluaga-afecta-el-interior-del-centro-democratico-AA16079977.

Ellner, S. (2012). The Distinguishing Features of Latin America's New Left in Power: The Chávez, Morales, and Correa Governments. *Latin America Perspectives, 182* (1), 96-114.

El País. (18 de septiembre de 2021). *Gustavo Petro: Colombia no necesita socialismo, necesita democracia y paz.* https://elpais.com/internacional/2021-09-19/gustavo-petro-colombia-no-necesita-socialismo-necesita-democracia-y-paz.html.

El País. (28 de junio de 2022). *Iván Duque, el presidente que se ausentó de la paz.* https://elpais.com/america-colombia/2022-06-29/ivan-duque-el-presidente-que-se-ausento-de-la-paz.html#?rel=mas.

El País. (27 de noviembre de 2021). *Centro Democrático publicó los resultados de sus encuestas para elegir candidatos únicos.* https://www.elpais.com.co/politica/centro-democratico-publico-los-resultados-de-sus-encuestas-para-escoger-candidato-unico.html.

El País. (6 de junio de 2022). *Nuevo Liberalismo anuncia su apoyo por Rodolfo Hernández en segunda vuelta.*

El País. (29 de julio de 2022). *El dinero destinado a la paz que terminó investigaciones por corrupción.* https://elpais.com/america-colombia/2022-07-29/el-dinero-destinado-a-la-paz-que-termino-en-investigaciones-por-corrupcion.html.

El País. (16 de junio de 2022). *Una minga indígena recorre las calles en busca del voto por Petro.* https://elpais.com/america-colombia/elecciones-presidenciales/2022-06-16/una-minga-indigena-recorre-las-calles-en-busca-del-voto-por-petro.html.

El Tiempo. (19 de junio de 2022). *Rodolfo y Petro: estos son los apoyos y alianzas de poder que sellaron.* https://www.eltiempo.com/unidad-investigativa/rodolfo-hernandez-y-gustavo-petro-alianzas-y-apoyos-en-segunda-vuelta-681278;

El Tiempo. (5 de abril de 2022). *Miembros de la bancada de Alianza Verde adhieren a la campaña de Petro.*

El Tiempo. (29 mayo de 2022). *Gustavo Petro y Rodolfo Hernández ¿Quiénes los apoyan en segunda vuelta?*

El Espectador. (17 de junio de 2022). *Gustavo Petro Comenzó a consolidar su acuerdo nacional.*

El Espectador. (23 de mayo de 2022). *Congresistas de la Alianza Verde se unen a la campaña de Rodolfo Hernández.*

El Espectador. (20 de noviembre de 2020). *Paro nacional de 2019: la protesta social que sacudió a Colombia.*

El Espectador. (18 de marzo de 2022). *Hito de Francia Márquez y 17 congresistas afros.*

El Espectador. (17 de junio de 2022). *Gustavo Petro comenzó a consolidar su acuerdo nacional.*

Forbes.com. (7 de marzo de 202). *Petro propone un ingreso vital para reformar Familias en Acción*. https://forbes.co/2022/03/07/actualidad/petro-propone-un-ingreso-vital-para-reformar-familias-en-accion/.

France24.com. (1 de junio de 2022). *Petro va tras la juventud abstencionista ante el avance de su rival en Colombia*. https://www.france24.com/es/minuto-a-minuto/20220601-petro-va-tras-la-juventud-abstencionista-ante-el-avance-de-su-rival-en-colombia.

Garavito, C. A. (2004). La nueva izquierda colombiana: orígenes, características y perspectivas. P. Barreck, D. Chavez, & C. Rodríguez, *La nueva izquierda en América Latina*, (pp. 191-238). Norma S.A.

Grugel, J. y Riggirozzi, P. (2009). The end of the Embrace? Neoliberalism and Alternatives to Neoliberalism in Latin America. En: J. Grugel, y P. Riggirozzi, (eds). *Governance after Neoliberalism in Latin America*. Palgrave Macmillan.

Hershberg, E. (2022). Entrevista en, Ernesto Londoño, Julie Turkewits y Flávia Milhorance, La izquierda asciende en Latinoamérica en un año electoral clave para Brasil y Colombia, *New York Times*, enero 4 de 2022. https://www.nytimes.com/es/2022/01/04/espanol/latam-izquierda.html.

Infobae. (27 de abril de 2022). *Gustavo Petro recibió el apoyo a su campaña de más de 30 cabildos indígenas y miembros de partido AICO en Nariño*". https://www.infobae.com/america/colombia/2022/04/27/gustavo-petro-sumo-el-apoyo-a-su-campana-de-mas-de-30-cabildos-indigenas-y-miembros-del-partido-aico-en-narino/.

Infobae. (27 de mayo de 2021), *El saldo del paro: van al menos 2.100 heridos y 47 muertos, según Mindefensa*. https://www.infobae.com/america/colombia/2021/05/25/el-saldo-del-paro-van-al-menos-2100-heridos-y-47-muertos-segun-mindefensa.

Infobae. (27 de abril de 2022). *Liberales se dividen: estos son los senadores y representantes a la Cámara que apoyarán a Petro*. https://www.infobae.com/america/colombia/2022/04/27/liberales-se-dividen-estos-son-los-senadores-y-representantes-a-la-camara-que-apoyaran-a-petro/.

Instituto de Estudios para el Desarrollo y la Paz. (2022). *Cifras durante el Gobierno de Iván Duque-Balance de la violencia en cifras*. https://indepaz.org.co/cifras-durante-el-gobierno-de-ivan-duque-balance-de-la-violencia-en-cifras/.

Invamer-Gallup. (Febrero de 2022). *Medición #147*. https://www.eltiempo.com/uploads/files/2022/02/17/2022-02%20Invamer%20Poll.pdf.

La República. (14 de septiembre de 2022). *Abecé de la reforma pensional que propone el presidente Gustavo Petro*. https://www.larepublica.co/finanzas/abece-de-las-reforma-pensional-que-propone-el-presidente-gustavo-petro-3446845.

Quiroz, L. (21 junio de 2022). Con Petro en Colombia ¿Se consolida un nuevo giro a la izquierda en América Latina? France24https://www.france24.com/es/am%C3%A9rica-latina/20220621-petro-colombia-izquierda-america-latina.

Lanzaro, J. (2007). La 'Tercera Ola' de las izquierdas latinoamericanas: entre el populismo y la social-democracia. *Encuentros Latinoamericanos*, 20-57. chrome-extension://efaidnbmnnnibpcajpcglclefindmkaj/http://cecies.org/uploads/pdf/464/1.pdf.

Lawradio.com. (11 de mayo de 2021). *Datexco: más del 70% de los colombianos apoya el paro nacional.* https://www.wradio.com.co/noticias/actualidad/datexco-mas-del-70-de-los-colombianos-apoya-el-paro-nacional/20210511/nota/4133749.aspx.

Petkoff, T. (2005). Las dos izquierdas. *Nueva Sociedad, 197*, 114-128.

Lasillavacia.com. (15 de junio de 2022). *Balance de Duque: un Gobierno de medidas cumplidas a medias.* https://www.lasillavacia.com/historias/silla-nacional/balance-duque-un-gobierno-de-promesas-cumplidas-a-medias/.

Ministerio de Cultura. (2020). *Afrocolombianos, población con huellas de africanía.* https://www.mincultura.gov.co/areas/poblaciones/comunidades-negras-afrocolombianas-raizales.

Montoya, M. (2019). El año del estallido social en Colombia. *Pesquisa Javeriana,*. https://www.javeriana.edu.co/pesquisa/2021-el-ano-del-estallido-social-en-colombia/.

Paramio, L. (2006). Giro a la izquierda y regreso del populismo. *Nueva Sociedad, 205*, 62-74.

Pesquisa Javeriana. (5 de agosto de 2022). *Educación superior gratuita, reforma al Icetex y otras propuestas del presidente electo.* https://www.javeriana.edu.co/pesquisa/23-propuestas-de-gustavo-petro-para-la-educacion/.

Publimetro. Com. (28 de junio de 2021). *Colombia cumplió dos meses de paro nacional con protestas en todo el país.* https://www.publimetro.co/co/noticias/2021/06/28/colombia-cumplio-dos-meses-de-paro-nacional-con-protestas-en-todo-el-pais.html.

Ramírez, F. (2006). Mucho más que dos izquierdas. *Nueva Sociedad, 205*, 30-44.

Registraduría Nacional del Estado Civil.

Stoessel, S. (2015). Giro a la izquierda en la América Latina del siglo XXI. *Polis* (39). http://polis.revues.org/10453.

Schamis, H. (2006). Populism, Socialism, and Democratic Institutions. *Journal of Democracy, 17*(4), 20-34.

Svampa, M y Antonelli, M. (2009). *Minería transnacional, narrativas del desarrollo y resistencias sociales.* Biblios.

Semana. (14 de marzo de 2022). *Óscar Iván Zuluaga renuncia a su candidatura presidencial y anuncia su apoyo a Fico Gutiérrez.*

Semana. (11 de mayo de 2021). *El 75 % de los colombianos apoya las manifestaciones.* https://www.semana.com/nacion/articulo/paro-nacional-el-75-de-los-colombianos-apoya-las-manifestaciones/202122/.

Semana. (23 de mayo de 2022). *Congresistas del Partido Verde se sumaron a la campaña de Rodolfo Hernández.*

Touraine, A. (2006). Entre Bachelet y Morales, ¿Existe una izquierda en América Latina? *Nueva Sociedad, 205*, 46-55.

Transparencia por Colombia. (2 de agosto de 2022). *Finaliza el periodo presidencial, ¿Qué sucedió con la lucha anticorrupción?* https://transparenciacolombia.org.co/2022/08/02/finaliza-un-periodo-presidencial-que-sucedio-con-la-lucha-anticorrupcion/.

Trejos, L. y Badillo, R. (17 de julio de 2022). El Acuerdo de paz bajo Duque... y la paz bajo Petro. *Razón Pública*. https://razonpublica.com/acuerdo-paz-duquey-la-paz-petro/.

Thwaites, R. (2009). Después de la globalización neoliberal: ¿Qué Estado en América Latina? *OSAL*, (27), 19-43.

Verdadabierta.com. (Agosto de 2022). *Duque: el presidente que saboteó la ilusión de la paz.* https://verdadabierta.com/duque-el-presidente-que-saboteo-la-ilusion-de-la-paz/.

Weyland, K. (2009). The rise of Latin America's Two Lefts: insights from Rentier State Theory. *Comparative Politics*, 145-164.

LAS CAMPAÑAS ELECTORALES EN LOS COMICIOS PRESIDENCIALES DEL 2022 EN COLOMBIA. PROFESIONALIZACIÓN, PERSONALIZACIÓN Y METAMORFOSIS DE LOS PARTIDOS POLÍTICOS

LUZ MARGARITA CARDONA ZULETA[1]
Universidad Nacional de Colombia

NÉSTOR JULIÁN RESTREPO ECHAVARRÍA[2]
Universidad Eafit

INTRODUCCIÓN

La Constitución política de 1991 determina que todo ciudadano tiene derecho a "Constituir partidos, movimientos y agrupaciones políticas sin limitación alguna; a formar parte de ellos libremente y difundir sus ideas y programas" (*Constitución Política de Colombia* [C.P.], 1991, art. 40). De este modo, la nueva carta política —y las normas posteriores que la reglamentaron—, permitió el surgimiento de nuevos actores orientados hacia la competencia electoral, de tal forma que el sistema bipartidista del pasado, en razón del predomi-

1 Doctora en Ciencia Política por la Universidad Nacional de Rosario, Argentina. Profesora asociada de la Universidad Nacional de Colombia - Sede Medellín - Facultad de Ciencias Humanas y Económicas - Departamento de Ciencia Política. Integrante del grupo de investigación Procesos políticos, desigualdades y nuevas ciudadanías. Sus áreas de interés son el liderazgo político, las nuevas dinámicas de la política y de la democracia. Correo electrónico: lmcardona@unal.edu.co; https://orcid.org/0000-0003-4749-4012

2 Doctor en Política, Comunicación y Cultura, Universidad Complutense de Madrid; profesor Titular de la Escuela de Artes y Humanidades y Coordinador de la Maestría en Comunicación política de Eafit. Su área de investigación se centra particularmente en la comunicación política. Correo electrónico: nrestr12@eafit.edu.co.

nio de los partidos Liberal y Conservador, a partir de la expedición de la nueva Constitución política, transitó, según Fernando Giraldo, de un "bipartidismo cerrado a un sistema multipartidista ponderado por una relativa vigencia del bipartidismo" (Cardona-Zuleta & Roll, 2019, 7).

En concordancia con el espíritu de la Constitución, la Ley 130 de 1994, establece que, para otorgar personería jurídica a partidos y movimientos políticos, entre otras posibilidades, estos deben "probar su existencia con no menos de 50 mil firmas" (Ley 130, 1994, art. 3). Esta circunstancia facilitó que el sistema de partidos transitara del bipartidismo al multipartidismo en los últimos 30 años. Ahora, respecto a las campañas políticas, la Ley 130 de 1994 define como propaganda electoral la realizada por "[...] partidos, los movimientos políticos y los candidatos a cargos de elección popular y las personas que los apoyen, con fin de obtener apoyo electoral. [...] únicamente podrá realizarse durante los tres (3) meses anteriores a la fecha de las elecciones" (Ley 130, 1994, art. 24). No obstante, en Colombia las campañas electorales comienzan antes del tiempo contemplado en dicha ley, más si se trata de las campañas presidenciales, que captan la mayor atención por parte del electorado y de los medios de comunicación.

En el caso de las elecciones presidenciales del año 2022, se trató de una larga campaña electoral que comenzó con 40 precandidatos (*AS Colombia*, 2022; *Semana*, 2021) que confluyeron en tres coaliciones: una de derecha —Equipo por Colombia—, una de izquierda —Pacto Histórico— y otra de centro izquierda —Centro Esperanza— respectivamente. Las candidaturas —inviables en su mayoría—, después de las consultas interpartidistas del 13 de marzo del 2022, se redujeron a seis candidatos[3], quienes compitieron en Primera Vuelta. Gustavo Petro, del Pacto Histórico, y Rodolfo Hernández, candidato del movimiento político Liga de Gobernantes Anticorrupción[4],

3 Ingrid Betancur y Luis Pérez renunciaron a sus candidaturas, aunque sus nombres aparecieron en el tarjetón electoral.

4 Movimiento político colombiano, creado en octubre de 2019 por el exalcalde de Bucaramanga, Rodolfo Hernández Suárez y por los candidatos al Concejo municipal de 2020-2023 (Congreso Visible, 2021).

obtuvieron la mayor votación que les otorgó las credenciales para pasar a Segunda Vuelta[5].

Pese a que tradicionalmente las campañas electorales en Colombia se desarrollaron en los marcos de lo que podría definirse como campañas premodernas, en las que la comunicación política se centraba en la influencia de los partidos políticos tradicionales, la ideología partidista, el contacto cara a cara, y la decisión de voto de los ciudadanos dependía de la disciplina y la lealtad hacia el partido (Restrepo-Echavarría & Gómez, 2019), en las últimas tres décadas se han registrado cambios en la comunicación de las campañas que dan cuenta de altos niveles de profesionalización y de personalización, lo que permite establecer una nueva relación entre candidatos, partidos y ciudadanía.

En este capítulo nos proponemos describir el fenómeno de la profesionalización de las campañas políticas en Colombia y sus implicaciones en términos de la relación con los diferentes actores antes enunciados, a partir de los casos de Gustavo Petro y Rodolfo Hernández en las elecciones presidenciales del 2022 en Colombia. Se toma como punto de partida el enfoque teórico-metodológico propuesto por autores como Pippa Norris (2002) y Farrell & Webb (2004), quienes analizan la profesionalización de las campañas a través de los cambios técnicos, los recursos y los estilos de campaña. Se trata, entonces, de una investigación descriptiva, que se apoya en información de prensa publicada durante el transcurso de la campaña presidencial y en la entrevista a informantes clave como asesores políticos y personal especializado de las campañas políticas de Gustavo Petro y Rodolfo Hernández. Para el logro de este propósito, la disertación se divide en tres apartados: el primero define la ruta teórico-metodológica que enmarca la comprensión del problema; la segunda presenta

5 El artículo 190 de la Constitución colombiana establece que: "El Presidente de la República será elegido para un período de cuatro años, por la mitad más uno de los votos que, de manera secreta y directa, depositen los ciudadanos en la fecha y con las formalidades que determine la ley. Si ningún candidato obtiene dicha mayoría, se celebrará una nueva votación que tendrá lugar tres semanas más tarde, en la que sólo participarán los dos candidatos que hubieren obtenido las más altas votaciones (C.P., 1991, art. 190).

el análisis de los casos y; en la tercera, se exponen las principales conclusiones de la investigación realizada.

1. LA PROFESIONALIZACIÓN DE LAS CAMPAÑAS ELECTORALES

Las elecciones están en el núcleo de la relación entre partidos y democracia. No es posible imaginar una democracia moderna sin el componente electoral, como tampoco una definición de partido político que no incluya esta dimensión (Farrell & Webb, 2004). En una postura similar a la de Farrell y Webb, autores como Schattschneider tampoco conciben una democracia sin partidos; para él, los partidos son el elemento distintivo del gobierno moderno (Mair, 2019, p. 32). Sin embargo, hoy los partidos ya no cumplen algunas de las funciones que antes realizaban, o al menos, no lo hacen completamente o han entrado a compartir estas tareas con otros actores. Seleccionar al personal político y a los candidatos, autorizarlos a portar el nombre del partido y actuar en su nombre y organizar las campañas electorales, son tareas en las que el protagonismo de los partidos ha venido perdiendo cada vez más peso.

Pero quizás donde más se evidencia la crisis de los partidos políticos es en el distanciamiento de los ciudadanos de estas organizaciones y en el sentimiento antipolítico que expresan los mismos líderes, quienes incluso se esfuerzan por ocultar, ante sus electores, su origen partidario. En palabras de Mair, los partidos políticos han fracasado al menos en dos sentidos relacionados:

> (...) son cada vez más incapaces de atraer a los ciudadanos de a pie, que participan en menor número que nunca en las convocatorias electorales; además, su apoyo a los partidos es cada vez menos consistente y muestran una renuencia creciente a comprometerse con los mismos, ya sea afiliándose o identificándose con ellos. En este sentido los ciudadanos se están retirando de la participación convencional. Segundo, los partidos ya no constituyen una base adecuada para las actividades o estatus de los líderes, que cada vez más dirigen sus ambiciones a instituciones públicas externas de las que extraen sus recursos. (Mair, 2019, p. 34)

Para Mair los partidos están fracasando en cuanto disminuye la zona de interacción entre partidos y ciudadanía, propia de la democracia de partidos. En consecuencia, el fracaso —crisis— de los partidos implica también el empobrecimiento de la democracia no sólo en el componente representativo, también en el participativo. Si bien la investigación de Mair sobre el fracaso de los partidos —y su relación con la crisis de la democracia— toma como base las democracias europeas, distintas expresiones de la crisis señalada se pueden verificar en la democracia colombiana de las tres últimas décadas. En efecto, cada vez menos ciudadanos se identifican con un partido o tienen algún tipo de vinculación orgánica con ellos. Estudios como los de Daza (2014), Pamplona- Piedrahíta (2020) evidencian que los partidos tradicionales presentan un debilitamiento estructural y constante por cuanto han pasado de concentrar el 80% de las curules a tan solo el 34%. Para Daza, dicho fenómeno es un indicador de alta volatilidad electoral e instabilidad de los partidos, que aparecen y desaparecen.

Con respecto a las campañas políticas y al papel que en ella cumplen los partidos, también se han experimentado cambios, por ejemplo, en un mayor grado de profesionalización acompañado de un creciente proceso de personalización. Estos cambios pueden inscribirse en la evolución de la comunicación política que Norris (2002) identifica como fase premoderna, moderna y la posmoderna, con base en los tres estadios[6] propuestos por Farrell y Webb (2004), y que se corresponderían con las tres etapas de profesionalización de las campañas políticas.

Para Norris (2002), las campañas electorales premodernas presentan tres características:

> (...) la organización de la campaña se basa en formas directas de comunicación interpersonal entre los candidatos y los ciudadanos a nivel local, con una planificación a corto plazo y ad hoc por parte de la dirección de partido. En los medios de comunicación, la prensa partidista actúa como intermediario entre los partidos y el público. Y el electorado está atado a fuertes lealtades partidistas. (p. 134)

Contrariamente,

---

6 Premoderno, revolución de la televisión y revolución de las telecomunicaciones.

> Las campañas electorales modernas se definen como aquellas que cuentan con una organización partidista coordinada a nivel central por los líderes políticos, asesorados por consultores profesionales externos como los encuestadores de opinión. En los medios de comunicación, la televisión nacional se convierte en el principal foro de los actos de campaña, completando a otros medios. Y el electorado se desvincula cada vez más de las lealtades de partido y de grupo. (Norris, 2002, p. 134)

En esta evolución,

> (...) se entiende que las campañas posmodernas son aquellas en las que la camarilla de consultores profesionales de publicidad, opinión pública, marketing político y gestión estratégica de noticias se convierten en actores más iguales a los políticos, asumiendo un papel más influyente dentro del gobierno en una "campaña permanente", así como coordinando más estrechamente la actividad local de las bases. (Norris, 2002, p. 134)

Farrell y Webb analizan la profesionalización de las campañas en su relación con los partidos políticos, en estas etapas, a través de tres aspectos o áreas: "cambios de carácter técnico, en los recursos y en los estilos de campaña" (Farrell & Webb, 2004, p. 69). Para los autores, estos cambios afectan a los partidos en su estructura organizativa interna y externa en su relación con el sistema político. Los cambios de carácter técnico más importantes tienen que ver, primero, con la aparición de la televisión y, posteriormente, con el desarrollo de las nuevas tecnologías de comunicaciones: "El indicador más importante de la "era de la televisión, los debates entre líderes, se ha convertido en la actualidad en una práctica común en muchos casos" (Farrell & Webb, 2004, p. 78).

Los autores también señalan que los partidos políticos recurren a sondeos de opinión y a investigaciones a través de encuesta. Si bien, la aparición de la Televisión en la fase moderna —Norris— o etapa dos —Farrell y Webb—, marcó el inicio de las campañas nacionalizadas con mensajes unificados con una coordinación centralizada, "la "era digital", parece estar retrocediendo en el tiempo en lo que se refiere al tipo de campaña, volviendo a las campañas más focalizadas, localizadas y con una comunicación más dirigida" (Farrell & Webb, 2004, p. 80). Es así como las nuevas tecnologías de la información y la comunicación se imbrican de manera compleja: el correo electrónico y la página web son elementos que suscitan mayor atención en el estudio de los procesos de profesionalización de la política (Farrell & Webb, 2004).

Aunque los datos varían de país a país porque dependen del contexto y de la información que aportan los partidos, los cambios tecnológicos también han afectado las finanzas de estas organizaciones desde los años 70: "el desarrollo tecnológico no es barato; las campañas contemporáneas son un negocio caro" (Farrell & Webb, 2004, 84). En tal sentido, otro indicador de profesionalización es el aumento en los costos de las campañas.

En cuanto a los recursos y cambios de personal, la transformación tecnológica ha implicado el arribo a las campañas políticas de nuevos "técnicos y expertos". En Europa occidental los autores registran tres cambios relevantes: la dimensión que han adquirido las organizaciones centrales de los partidos, el advenimiento de los gabinetes de los líderes del partido y la creciente profesionalización del personal encargado de la campaña (Farrell & Webb, 2004).

Cuantitativamente, los cambios más significativos tienen que ver con el aumento del personal, particularmente en los "niveles centrales y parlamentarios", al mismo tiempo que aumenta la dependencia de los partidos de la financiación estatal. Para Farrell y Webb (2004), la mayor capacidad organizativa de los partidos va en contravía de la poca capacidad de conocer e interpretar la sociedad y de generar apoyos duraderos por parte de los ciudadanos. De este modo, y en sintonía con la definición de "partido cartel", que acuñaran Katz y Mair:

> (...) el Estado —que ha sido invadido por los partidos y las reglas de juego de la competición— se han convertido en una fuente de recursos gracias a los cuales estas organizaciones no sólo aseguran su propia supervivencia, sino que también pueden reforzar su capacidad para resistir los retos que les plantean nuevas organizaciones alternativas. (Farrell y Webb citando a Katz y Mair, 2004, p. 94)

Con variaciones particulares para cada país, los cambios cualitativos en los recursos de los partidos y el cambio de personal, en el ámbito europeo y en relación con la organización de las campañas, los autores resaltan los siguientes aspectos: "(...) 1) una creciente confianza en las agencias especializadas en el desarrollo de campañas y en los consultores políticos, 2) la aparición gradual del departamento o gabinete del líder de partido formado por especialistas en campañas, medios y política, cuidadosamente seleccionados, que trabajan directamente para el líder (Farrell y Webb, 2004, p. 96).

En relación con los temas y el estilo de las campañas, los cambios más significativos tienen que ver con la personalización —cambio inducido por la llegada de la televisión—. Es decir, la campaña se centra fundamentalmente en el líder del partido, de tal forma que, tanto en el discurso, como en la imagen y el estilo abandonan "las políticas y los principios". Este acento en la imagen particular del político es descrito por los estudiosos de marketing político como pasar de "vender el producto" a "realizar el marketing de producto". Para Farrell y Webb (2004), "en la actualidad, la estrategia política parece centrarse de modo creciente en encontrar qué es lo que el público quiere oír y adaptar el producto en consecuencia" (p. 99).

El siguiente apartado analiza cómo las campañas de Gustavo Petro y Rodolfo Hernández incorporan los cambios descritos por Norris, Farrell y Webb y en qué medida se puede hablar de profesionalización/modernización de las campañas electorales en Colombia y de las diferentes transformaciones de las instituciones partidistas en la competencia electoral.

2. CAMPAÑA PRESIDENCIAL 2022: GUSTAVO PETRO URREGO Y RODOLFO HERNÁNDEZ

- ***Preparación de campañas electorales***

Tras cuatro años del gobierno impopular de Iván Duque Márquez, y en medio de la crisis de la Covd-19, de las protestas sociales del año 2021, se fue gestando una campaña electoral basada en la inconformidad y la ruptura con las élites políticas y económicas tradicionales que dieron paso a nuevas aspiraciones de corte progresista de izquierda, que se convierten en opciones reales de poder. En este escenario Gustavo Petro y Rodolfo Hernández, candidatos a la Presidencia de Colombia, construyen una campaña de largo aliento, similar a lo que en términos de la literatura especializada se conoce como campaña permanente. Para García, *et al.* (2011), la campaña permanente tiene su origen en el hecho de que, dado que las campañas son un ciclo continuo, los consultores imponen la lógica del marketing de gobierno como herramienta para obtener ventaja en la siguiente campaña y en el uso de agencias por parte de personas y organizaciones electas, tales como el gobierno, los miembros del Congreso o los partidos que conforman el gobierno, para construir y mantener el apoyo popular.

En el caso de Gustavo Petro, se puede decir que su campaña presidencial fue estructurada varios años antes de lo estipulado por la ley, de forma progresiva y permanente. Petro se convirtió en un profesional de la política colombiana en tanto logró mantenerse vigente por más de 20 años según varios perfiles periodísticos (*La Silla Vacía*, 2022b): líder político de la oposición y exmiembro del Movimiento 19 de abril[7] —M-19—, se destacó en la oposición a los gobiernos de Álvaro Uribe e Iván Duque y lideró la figura de las ideas de izquierda. A lo largo de su vida, se ha desempeñado en los espacios políticos nacionales como personero de Zipaquirá (1981-1984), concejal de Zipaquirá (1984-1986), miembro de la Cámara de representantes de Colombia (1998-2006), candidato a la Presidencia por el Polo Democrático Alternativo (2010), fundador de "Colombia Humana" (2011), alcalde Mayor de Bogotá (2014-2015) y candidato, por segunda vez, a la Presidencia de la República (2018). Petro no ganó la contienda presidencial de 2018, por lo que fue nombrado senador de la República (2018-2022), conforme a lo establecido por el estatuto de la Oposición. Finalmente, lanzó su tercera candidatura presidencial (2021) para el periodo 2022-2026 con la coalición del Pacto Histórico (*La Silla Vacía*, 2022b).

Por otro lado, Rodolfo Hernández se constituyó en la sorpresa de la campaña presidencial de 2022: un *outsider* empresario de la construcción, con lo que amasó su fortuna y, tras un paso polémico pero popular por la alcaldía de Bucaramanga, consolidó su carrera política regional con un característico liderazgo autoritario y disruptivo que cautivó a la opinión pública, con fundamento en una narrativa en contra de las casas tradicionales de la política en su territorio (*La Silla Vacía*, 2022a) y se dio a conocer en el contexto nacional con

7 Organización guerrillera urbana de Colombia (1974-1990).

polémicas como el golpe que le dio en la cara a un concejal de Bucaramanga (Ver Foto 1).

Foto 1. Rodolfo Hernández golpea a concejal de Bucaramanga

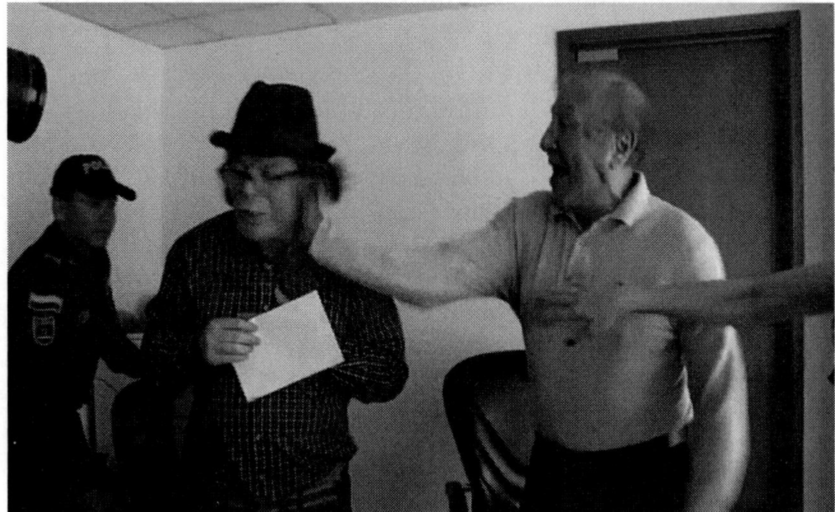

Fuente: Prieto (2018).

Esta imagen le dio la vuelta a la opinión pública del país en tanto denota a un político agresivo que, para múltiples personas, enmarcó un nuevo liderazgo con "carácter", que no se dejaba imponer las órdenes de otros políticos. En cuanto a la estructura de campaña, ambos candidatos conformaron sus grupos con el fin de difundir denuncias de corrupción, atacar los malos manejos administrativos del gobierno de Iván Duque y consolidar una narrativa del cambio con propuestas discursivas que fueron calando en los electores colombianos.

La campaña de Gustavo Petro contó con un amplio grupo de personas que acompañaron todo el proceso de la empresa electoral, entre estos, políticos tradicionales que, sin duda, fueron un gran soporte para la campaña. Figuras como Roy Barreras y Armando Benedetti fueron los jefes políticos que pactaron alianzas con la clase tradicional en las regiones; y barones electorales como Julián Bedoya, del Partido Liberal, y Andrés Trujillo, del Partido Conservador (ver Gráfica 1), apoyaron la campaña de Petro y sumaron a la votación final, lo que hizo evidente que el candidato logró consolidarse a partir de la mezcla del voto de opinión y el voto clientelar. Esto demuestra cómo, en Colombia, las usanzas tradicionales de la política siguen vigentes y se cruzan con las nuevas técnicas de la comunicación política.

Mientras tanto, la campaña de Hernández únicamente contó con el apoyo de unos cuantos colaboradores y personas cercanas a su propuesta política, más algunos políticos regionales que se atrevieron a acompañarlo desde el principio. Sin embargo, fue en la Segunda Vuelta cuando esta campaña se convirtió en el puerto de llegada de un sin número de apoyos políticos, con líderes regionales de derecha y del centro político, además de todo aquel que no quería que el candidato de la izquierda ganara la elección.

En el siguiente apartado se muestra que la narrativa y las propuestas que la acompañaron se convirtieron en una construcción escénica de la campaña presidencial en Colombia y los medios tradicionales como la televisión, radio y prensa, junto con las nuevas tecnologías de la información y las redes sociales, les dieron un espacio significativo a las estrategias de marketing político. Así, los momentos emotivos y llenos de teatralidad se volvieron el pan diario de las campañas presidenciales de 2022 en Colombia.

- ***El uso de los medios de comunicación y aproximación a los votantes en la campaña de comunicación***

Los medios de comunicación son la herramienta para que los ciudadanos se informen sobre los procesos políticos y sus propuestas de gobierno. Dicha función puede incluir la difusión o transmisión de material informativo proporcionado por las instituciones del sistema político y, de manera complementaria o alternativa, los medios de comunicación pueden producir sus propios materiales informativos o educativos sobre la política.

Para Hirmas (1989), los medios de comunicación hacen posible que un candidato y su imagen lleguen a ser conocidos para la mayoría de los ciudadanos, lo que hace que esta herramienta sea fundamental en la política moderna, o nueva política, en la que la forma de hacer la comunicación política se caracteriza por cuatro rasgos: i) la comunicación directa, a través de los medios, entre el candidato y el electorado y el mensaje llega a la población sin pasar por filtros e intermediarios, sin pasar por las instituciones tradicionales como los partidos políticos y las organizaciones de poder político; ii) la incorporación de las nuevas tecnologías de la información al desarrollo y elaboración de las campañas políticas, lo que permite organizar la estructura interna de una campaña a partir de la selección de electores mediante muestras y tendencias y la realización de sondeos de opinión que posibilitan el diseño de estrategias comunicativas para los diferentes grupos sociales; iii) el uso intensivo de la investigación para conocer a los votantes y su patrón de votación, para orientar al candidato con respecto a qué piensa el electorado, cuáles son sus problemas y preocupaciones y para realizar una evaluación constante del proceso; y iv) la aparición de consultores externos, quienes son expertos en la organización y manejo de los medios de comunicación y en efectuar técnicas modernas de investigación para implementar en las campañas políticas y convencer al elector indeciso. Por ello, los medios de comunicación ayudan a formar conductas y puntos de vista en mayor medida, es decir, se han convertido en los reemplazos de la labor que cumplían los partidos políticos.

Con lo anterior, se pudo identificar cómo se construyeron las estrategias de comunicación en la campaña presidencial de 2022, tanto en la campaña de Gustavo Petro como en la de Rodolfo Hernández. En ambas se evidencia un amplio uso de los medios de comunicación y las nuevas tecnologías de información, es decir, las redes sociales, las plataformas audiovisuales y un grupo especializado de *influencers* y líderes de opinión, fueron la constante en la campaña presidencial (ver Tabla 1). Esta es una muestra del declive de los medios de comunicación tradicionales —la televisión, la radio y la prensa— que, a pesar de seguir siendo importantes para el proceso electoral, han perdido espacio ante las audiencias de internet y sus plataformas[8].

---

8 Según los estudios de la firma Edelman Trust Barometer 2023. Los motores de búsqueda con un 66% y los medios propios con un 63% son las únicas fuentes de noticias confiables en Colombia, igualmente este estudio advierte que el Gobierno con un 52% y los medios tradicionales con 48% alimentan el ciclo de desconfianza porque son vistos como fuentes de información engañosa.

Tabla 1: Seguidores en redes sociales de Gustavo Petro y Rodolfo Hernández en la campaña por la Presidencia de Colombia en 2022

Candidatos	Tik-Tok	Facebook	Youtube	Twitter	Instagram
Rodolfo Hernández	592.000	N/A	114.000	350.000	726.000
Gustavo Petro	1.100.000	N/A	155.000	5.000.000	1.136.000

Fuente: Canal Capital (2022). Min. 3:06-4:20.

Gran parte del éxito de Rodolfo Hernández en las urnas se debió al trabajo de campaña en redes sociales como Tik-Tok, en la que logró una gran visibilidad, mientras evitaba varios debates en medios de comunicación. Esto le generó críticas de la opinión pública y dudas sobre su conocimiento de los problemas del país. Una de las frases de sus videos es: "¿Estoy muy viejo para Tik-Tok? ¡No me importa, no me importa, no me importa!"[9].

Para Luisa Olejua, directora de Comunicaciones de Rodolfo Hernández, la clave de la estrategia de comunicación política de Hernández para pasar a Segunda Vuelta fue seguir coherente con la premisa de austeridad y manejo de los recursos públicos. Por lo tanto, la campaña de Hernández se enfocó en las redes sociales, que son más económicas (*El País*, 2022). Olejua también afirmó que el 90% de la campaña fue digital, en especial, con el uso de Tik-Tok y WhatsApp, la difusión de cadenas de información basada en la narrativa del discurso polémico y apolítico, atacó a la clase tradicional, la corrupción y al gobierno de turno para buscar un cambio sin un enfoque claro en contra del uribismo o del petrismo, como estrategia (*El País*, 2022). Por último, Olejua aseveró que la clave de la campaña en redes sociales fue identificar de manera clara las audiencias y buscar la divulgación de contenidos sin importar

---

Mientras, según el más reciente estudio de datareportal.com, en términos más generales, el 97,7 por ciento de la base total de usuarios de Internet de Colombia (sin importar la edad) usó al menos una plataforma de redes sociales en enero de 2023. Ver: Data reportal. En: https://www.edelman.lat/edelman-trust-barometer-colombia-2023 Rev: 2023-09-13.

9 https://www.tiktok.com/@ingrodolfohernandez/video/7032780150957772038?is_from_webapp=v1&item_id=7032780150957772038&lang=es.

la propuesta, incluso llegó a la ridiculización del candidato con el ánimo de entretener y enfocar la atención en Rodolfo Hernández (*El País*, 2022).

Petro y su campaña perdieron el norte, mientras los medios se encantaron con la narrativa simple y tosca de este *outsider* criollo. Hernández, en varias oportunidades, eludió los debates pero sí atendía entrevistas personales con medios específicos, en los que podía decir lo que quisiera, siempre acompañado por su consultor político, Ángel Beccassino, cuya labor fue tratar de esconder sus debilidades y traducir a la opinión pública las propuestas sin sustento del candidato, como, por ejemplo, no saber qué es el Acuerdo de Escazú, o dónde queda el departamento del Vichada, o confundir a Einstein con Hitler y a la OEA con la ONU.

Se puede indicar que Rodolfo encarnó un cambio difícil de explicar. Para los antipetristas y antiizquierda en Colombia, la idea era no evitar que ganara Petro y resulta paradójico que, hasta los grupos más radicales provida y religiosos del país, prefirieron votar por Hernández, a pesar de sus discutibles comportamientos y puntos de vista adversos a dicha ideología, como cuando mencionó que: "Yo recibo a la Virgen Santísima y todas las prostitutas que vivan en el mismo barrio con ella, a todo el mundo lo recibo, pero que no les cambio el discurso" (*Infobae*, 2022a). Por otra parte, esta campaña derivó en una propuesta innovadora, con grandes avances en la técnica y uso de las herramientas comunicativas como Tik-Tok y WhatsApp, en las que se evidenció una notable atención por parte de grupos de jóvenes y personas mayores de 40 años de las grandes ciudades y pequeños poblados, con un mensaje directo y eficiente.

Ahora bien, la campaña de Gustavo Petro se convirtió en un suceso: sus propuestas fueron discutidas, el mensaje de cambio y en contra de la corrupción dejó de lado el discurso del uribismo, de la seguridad y el libre mercado. De igual manera, se distinguió en la competencia por la presencia de consultores externos, la personalización de su imagen, el uso de recursos técnicos para medir las percepciones ciudadanas y la exposición en la plaza pública, como protagonista, con eventos masivos. En materia de asesoría, el equipo de Petro contrató al consultor Antoni Gutiérrez Rubí, quien se encargó de la publicidad. Se advierte también que la campaña se mantuvo constante y personalizada desde que el candidato perdió la elección presidencial en 2018, fue senador de la República y se convirtió en el líder de la oposición en Colombia.

La campaña tuvo un componente fuerte de comunicación: Petro aprovechó los debates para hablar sobre renovación de energías, la reforma a la salud y las pensiones y, progresivamente, logró que la agenda programática en comunicaciones girara alrededor de sus propuestas. En pocas palabras, Petro decía algo y todo el país hablaba del tema, es decir, controló la opinión pública en el proceso electoral e, incluso, doblaba y triplicaba a sus contrincantes en exposición de medios y los cuadruplicaba en el debate en redes.

La imagen de Petro estuvo acompañada de distintos referentes simbólicos (ver Foto 2) que jugaron un papel fundamental a lo largo de la campaña: él se autodenominó como el candidato del "cambio", cuyo programa estaba enfocado en hacer de Colombia una "potencia mundial de la vida". Se debe tener en cuenta que, en esta etiqueta como "candidato del cambio", subyace una intención casi mesiánica en su comunicación, incluso percibida en algunas puestas en escena y productos comunicativos que glorifican su imagen. Además, ambas afirmaciones hacen referencia a un intento simbólico por desmarcarse de las otras dinámicas y estrategias que han sido percibidas como representativas en la política nacional, como la corrupción y la violencia, entre otros (AFP, 2022; Zapata, 2022). A estos temas les fue implementada una estrategia de segmentación de públicos, desde intereses gremiales, territoriales, por edades, sexo, afinidades y realidades políticas, además de la difusión de mensajes por parte de Gustavo Petro y Francia Márquez de manera diferenciada por cuanto le otorgó prioridad al entorno nacional con el primero y a lo local con la segunda (AFP, 2022; Redacción Cambio, 2022).

Foto 2. Publicidad política de la campaña de Gustavo Petro

Fuente: Cronicón (2022).

Se debe precisar que la estrategia de comunicación de esta campaña consistió en la creación de distintos tipos de materiales propagandísticos centralizados y de código abierto. Para el caso de material escrito y físico se utilizaron, en amplia medida, elementos como los periódicos, volantes, pasacalles, vallas, *posters*, entre otros (Gutiérrez, 2022). Por otro lado, esta campaña tuvo una intención de hacer un uso emocional de mensajes electorales, a través de una serie de frases y lemas utilizados por Petro y Márquez, como la propuesta de "vivir sabroso" (AFP, 2022; Gutiérrez, 2022). Esta dinámica está establecida por dos estrategias clave a lo largo de la campaña: la micropolítica y el establecimiento de agenda, cuyo fin es el acercamiento directo del candidato al elector y el planteamiento de mensajes y temas provocadores en medio de los debates (Arenales, 2022; Flórez Arias, 2022). Con lo anterior, tanto desde la estrategia propuesta por Gutiérrez Rubí, como desde el recorrido político del candidato, hay una construcción con dos premisas principales: *rehacer* y *suavizar* la imagen de un candidato en el pasado relacionado con una izquierda dogmática (AFP, 2022; Flórez Arias, 2022; Redacción *Cambio*, 2022; Zapata, 2022).

Finalmente, es oportuno identificar cómo en esta campaña presidencial se evidenció un cambio sustancial en el uso de la televisión, con especial énfasis en los debates. Éstos abundaron sin orden ni estructura en sus contenidos en Primera Vuelta y, en Segunda Vuelta, no se llevó a cabo ninguno, debido a la desconfianza entre campañas y su poco interés por la confrontación electoral en los medios televisivos. Sin embargo, los debates fueron un elemento fuerte en la campaña de Petro: según *CNN* en Español (2022), Petro asistió a 5 de 20 debates oficiales en cadenas de medios e instituciones civiles y académicas, mientras que, para Hernández, éstos no fueron parte de su estrategia, por supuesta falta de garantías en la transparencia de los resultados electorales o por problemas de agenda (Política *El Tiempo*, 2022; *Portafolio*, 2022). Paradójicamente, la disputa se resolvió en términos judiciales, de tal forma que se obligaba a ambos candidatos a debatir, decisión que fue evadida por ellos, lo que demuestra el vaciamiento del componente deliberativo de la democracia —y la puesta en escena de las ideas—, institución clave de este régimen político.

- ***Recursos de campaña: la organización de campañas***

Para Restrepo (2017), el comando de una campaña profesional atiende a dos características fundamentales: la centralización en un núcleo nacional y la presencia de expertos sin vínculo partidista. Así las cosas, los expertos integran ese núcleo directivo en una organización ideal con el propósito de responder al candidato o al liderazgo partidista, y el núcleo debe ser nacional, dirigido por un consultor estrella, que tiene la función de hacer la coordinación estratégica y gerencial y, sobre todo, determinar el rumbo de la candidatura.

Dicha directriz se evidenció en la campaña presidencial de 2022 de Petro, quien contó con un comando centralizado desde Bogotá, tanto en materia programática como comunicacional. Además, tuvo una dinámica de formulación de grupos de voluntarios en las regiones con cierta autonomía comunicacional y con estrategias y técnicas focalizadas en el territorio, que partieron de la cultura y sus necesidades (Gutiérrez, 2022; *Infobae*, 2022b; *Semana*, 2022; Wohlgemuth,

2022). En pocas palabras, esta campaña tuvo una narrativa y relato homologado por un comité central que se preocupó por recoger los mensajes del territorio, sus necesidades y públicos definidos, en especial, en los más alejados del país, a los que la campaña de Petro tuvo la capacidad de llegar y encauzar con una disciplina de imagen, mensaje y formas de acción colectiva.

Por otro lado, la campaña de Hernández intentó construirse de forma centralizada, con un grupo de trabajo definido como las otras campañas y con presencia de asesores externos, aunque con un alto grado de informalidad en la estructura de la campaña y la distribución de los roles. En un inicio, su grupo de colaboradores diseñó estrategias comunicativas intuitivas en las redes sociales para dar a conocer al candidato de región, pero luego, con la llegada del consultores externos que le dieron un giro a su campaña con el fin de cautivar a la opinión pública de los grandes centros urbanos del país, se convierte en una opción para vencer a Petro con la idea de cambio. Se debe tener en cuenta que Hernández contó con muy pocos colaboradores en las ciudades capitales y sus sedes no eran los grandes centros de acopio de personas o grupos políticos de interés en Primera Vuelta.

Como lo retrata *La Silla Vacía*: "Hernández escucha a un círculo amplio, desde amigos hasta recién llegados, pero no confía totalmente en el criterio de nadie. Las decisiones últimas las toma en la intimidad de acuerdo con su instinto" (León y Villalba, 2022). En el mismo artículo, Donaldo Ortiz, columnista de Vanguardia y uno de los contertulios recurrentes de Hernández, dijo al respecto que: "Rodolfo escucha y cuando escucha es una esponja. Lo que pase de ahí en adelante es pura intuición" (León y Villalba, 2022) e identifica a Hernández como un candidato muy natural, muy criollo: "Usted le entrega una guía y no sirve mucho. Va leyendo, pero a veces comete imprudencias" (León y Villalba, 2022). Por lo anterior se puede concluir que el comando de campaña de Rodolfo Hernández fue descentralizado.

- ***Agencias de consultorías***

La participación de consultores políticos en las campañas es un indicador importante para medir la profesionalización. Los consultores políticos han tenido gran trascendencia en la modificación de los estilos y contenidos que los políticos utilizan para comunicarse con el electorado (Becassino, 2003, p. 125). El progresivo conocimiento de las técnicas para convencer, persuadir y vender la imagen de los candidatos políticos con propiedad, dio origen a una nueva generación de profesionales en la comunicación y el marketing político, quienes se han encargado de la definición de campañas con un poder y liderazgo centralizado en su jefe de campaña y en los consultores externos. Además, han dejado de lado la organización del partido y sus comandos centrales. En el caso colombiano, hace unos años se ha incrementado la asesoría en las campañas electorales a partir del auge de los estrategas norteamericanos desde finales de los años 80 hasta el apogeo de los asesores colombianos en la década de los 90.

La estrategia de campaña de Petro estuvo dirigida por el español Antoni Gutiérrez Rubí, un estratega político que ha tenido acercamientos y relaciones con campañas de izquierda en América Latina, como la de Alberto Fernández, en Argentina (Duzán, 2022; Flórez Arias, 2022; Quesada, 2022; Redacción Cambio, 2022). La campaña de Hernández contó con el experimentado asesor argentino Ángel Beccassino —quien había sido asesor de Petro en la campaña presidencial de 2018—, determinante para guiar la campaña en momentos en que el candidato no era el indicado para resolver dudas y subsanar los errores en los medios de comunicación. Además, terminó liderando procesos políticos propios del candidato, como la negociación con otras coaliciones —en este caso la coalición del centro político (ver Foto 4) — que buscaban sumar apoyos para la Segunda Vuelta presidencial. En pocas palabras, se hace manifiesto que, en esta campaña en Colombia, el asesor se convierte en un par, igual al líder y al partido.

Foto 4. Beccassino y su intervención en la negociación con la coalición del centro

Fuente: El Heraldo (2022).

El caso de las elecciones presidenciales del 2022 en Colombia muestra un cambio sustancial en la forma en la que el asesor realiza su trabajo en la campaña. Gutiérrez-Rubí conservó la discreción en campaña, propuso estrategias basadas en desplegar la comunicación desde la periferia al centro, con el retorno a la plaza pública y el fortalecimiento de la figura de "candidato del pueblo". Distinto de Gutiérrez-Rubí, Beccassino tuvo un rol protagónico en la campaña de Hernández: toda la opinión pública lo identificó, se convirtió en el portavoz de su propio candidato y algunos lo llamaron "la mente detrás del éxito de la campaña de Rodolfo" (Doria, 2022). Por ejemplo, tras las declaraciones machistas de Hernández, a Beccassino se le ocurrió hacer un hilo de Twitter con las 10 propuestas que tenía para esa población femenina, buscaron mostrar cómo Rodolfo daba oportunidades a las mujeres. Además, se convirtió en un estratega catalizador y organizador de la campaña: "cuando Rodolfo mete la pata, como con temas como lo de Hitler, lo que tenemos que hacer es control de daños [...] en varias ocasiones ese control de daños ha consistido en salir a traducir y aclarar lo que Rodolfo quería decir" (Doria, 2022).

- ***Estructura y estilos de la campaña electoral***

Esta dimensión comprende los aspectos relacionados con la estructuración interna de la campaña electoral, entendida como una empresa electoral con una organización y áreas funcionales estratégicas, tácticas y técnicas. La dimensión organizacional implica comprender los factores de distinción que describen las estructuras de poder y los flujos de comunicación con sus interacciones y transacciones que llevan a la cristalización o fracaso del proyecto institucional (Múnera y Sánchez, 2003, p. 187).

La campaña de Petro contó con la presencia de Ricardo Roa Barragán, seleccionado como su gerente general, a pesar de no contar con experiencia en campañas políticas. Sin embargo, fue gerente de varias compañías públicas nacionales e internacionales (Quevedo, 2022). Además, el equipo compuesto para la campaña de Petro mostró un alto grado de profesionalización y especialización por temáticas, con 33 grupos de trabajo en educación, vivienda, salud, desarrollo rural integral, entre otros (*Infobae*, 2022b). Esta campaña, además, incluyó el trabajo de personal militante remunerado, como se evidencia en su reporte de gastos administrativos, y un grupo amplio de voluntarios en el contexto nacional coordinados desde la capital (Gutiérrez, 2022).

La campaña de Hernández tuvo una estructura organizacional descentralizada, conformada por Socorro Oliveros, esposa del candidato y gerente de campaña; Óscar Jahir Hernández, hijo del candidato y jefe de su campaña; Víctor López, Luisa Olejua y Gabriela Acevedo, asesores externos de comunicaciones; y los publicistas Anny Chávez y Sebastián Pinto. Otras personas fueron Ángel y Luciana Beccassino, asesores estratégicos externos/internos y mediadores en las crisis que tuvo la polémica campaña de Hernández; Anyela Moreno Ceidi Chávez, mano derecha en manejo administrativo y de orientación del movimiento político "Liga de Gobernantes Anticorrupción"; Claudia Aceros, Érika Sánchez, Juan Manuel Cortés, William Ospina, Carlos Lemus y los voluntarios de la campaña que, sin duda, alimentaron la estrategia en todo el país.

Por otro lado, la campaña de Petro fue un proyecto más allá de las temporalidades específicas de esta elección. Desde su paso por la Alcaldía de Bogotá, con sus proyectos "Bogotá Humana" y "Colombia

Humana", se venía perfilando como presidenciable (Arenales, 2022; Gutiérrez, 2022).

Adicionalmente, ambas campañas tuvieron un alto grado de personalización, evidenciado en la estrategia comunicativa y en la misma dinámica de la campaña. Desde el momento previo a la campaña oficial y la estructuración de la coaliciones y alianzas interpartidistas, los candidatos fueron el foco de toda la estrategia (Arenales, 2022; Gutiérrez, 2022; Redacción Cambio, 2022). Por último, los candidatos y sus equipos de campaña recibieron entrenamiento de medios para posicionar la imagen pública. Esto también se puede ver reflejado en el reporte de gastos de la campaña como "gastos para asesores de imagen pública" con el objetivo de "suavizar la imagen" de los candidatos: Petro, por su pasado, y Hernández, por sus salidas en falso y acusaciones de corrupción (Flórez Arias, 2022; AFP Bogotá, 2022; Zapata, 2022).

- ***Las fuentes de financiación***

La financiación es considerada como la gasolina de las campañas, pues posibilita emprender acciones para alcanzar el objetivo del poder (Ochoa, 2011, p. 28). Para Maarek (2009) y Ochoa (2011) existen dos tipos de recursos, los financieros y los humanos, ambos indispensables durante la contienda electoral.

En las finanzas de las campañas únicamente se reflejan los gastos comprometidos, pero no los costes reales en los que se ha incurrido. Así, por ejemplo, la cantidad de remuneraciones en especie aportadas por personas de negocios y mecenas simpatizantes no figura, lo que hace que las cifras oficiales de las campañas sean escandalosas[10]. Respecto a la información conocida por *Cuestión Pública* (2022) desde el aplicativo *Cuentas Claras*, la campaña de Petro recibió $19.402

[10] La Ley 130 de 1994, en sus artículos 13 y 14, determina un sistema mixto de financiación de las campañas electorales en Colombia, en la que un porcentaje de los gastos de las campañas lo financia el Estado a la luz de la reposición de votos. No obstante, los datos evidencian cómo las campañas son altamente financiadas por el sector privado. La estrategia de consecución de fondos privados, en la mayoría de los casos, es informal, lo que impide la respectiva rendición de cuentas y el debido control ciudadano.

millones de pesos, valores registrados hasta el día 23 de mayo del 2022. De esta cifra, $7.683 millones fueron utilizados para el pago de publicidad en medios de comunicación, además de la contratación de dos firmas encargadas de publicidad. Uno de los movimientos más polémicos de Petro tiene que ver con su inversión en transporte, pues, a pesar de que en el registro del portal Cuentas Claras aparece el rubro, no hay información sobre el uso del avión privado utilizado en su visita al departamento de Córdoba. Por otro lado, la campaña de Petro solicitó al menos tres préstamos a entidades bancarias, una de ellas administrada por el conglomerado de Sarmiento Angulo, la otra por el grupo Gillinski y las Cooperativas Confiar y Coofined. Los créditos revelan valores de $5.000, $2.200, $7.000 y 4.700 millones de pesos. A su vez, el Polo Democrático le prestó $500 millones de pesos a esta campaña.

El caso del ingeniero Rodolfo Hernández puede mostrarse como modelo de austeridad en el gasto de los recursos. Según Cuestión Pública (2022), los ingresos de campaña del santandereano fueron de $4.137 millones de pesos. La inyección monetaria principalmente provino de un préstamo de $4.000 millones de pesos solicitados a una entidad bancaria y el aporte del mismo candidato acompañado de su esposa y gerente de campaña, Socorro Oliveros. Hernández gastó $2.772 millones de pesos en el pago de publicidad para radio y televisión, además de la producción de contenido digital para su presencia en la web. Además, esta campaña contó con un uso de herramientas de monitoreo electoral, tanto públicas como propias, evidenciado en el reporte de gastos en los que hay rubros de capacitación en investigación política dentro de la campaña (*Cuestión Pública*, 2022).

CONCLUSIONES

Este trabajo se propuso analizar las técnicas de profesionalización de las campañas presidenciales de 2022 en Colombia a través de identificar los cambios de carácter técnico, en los recursos y en los estilos de campaña y sus implicaciones en la relación con los actores del sistema político. De esta manera, se muestran los usos de las nuevas formas comunicativas en la política colombiana con el protagonismo de los asesores políticos de alto nivel y su labor hace de la política electoral en Colombia todo un entorno de "política pop" (Amado, 2016), basada en las narrativas y la puesta en escena del héroe, el villano y la princesa.

Los cambios analizados permiten identificar en las dos campañas un avance en el proceso de profesionalización, sin que, como afirma Pippa Norris, se trate de un proceso lineal, de lo premoderno a lo posmoderno, pues en ambas campañas y en distintos momentos se superponen elementos tradicionales, el mitin, la calle, el volante, con elementos modernos como el uso de la Televisión y posmodernos como el uso masivo de Internet. Además, con respecto al uso de los medios de comunicación, el análisis de las dos campañas evidenció el declive de los medios tradicionales como la prensa, la radio y la tv. Prueba de ello es el poco interés de las dos campañas por los debates televisivos —ninguno en Segunda Vuelta—, ya fuera por asuntos de cálculo político[11], desconfianza o por problemas de agenda.

El declive de la televisión se da en favor de medios masivos y de bajo costo como Internet —sobre todo para atraer la población joven a las campañas—, principalmente redes sociales como Tik-Tok, cadenas de WhatsApp y el uso de grupos especializados. Dichos grupos han hecho que las forma de hacer campaña dependa de las audiencias, las emociones e impactos mediáticos que el político produzca a partir de contenidos y relatos, lo que implica dejar de lado la institución partidista, los proyectos y planes de contenido político.

La profesionalización de las campañas también ha implicado la llegada de un significativo grupo de asesores — "gurús" —, oferentes de servicios políticos, sin una vinculación política partidista e ideológica, cuyo papel es construir un producto atractivo para el elector, aunque se trate de un candidato sin trayectoria política, inviable y poco conveniente para la estabilidad de la democracia y para el bienestar de los ciudadanos.

---

11 Tal vez por problemas de preparación o estilo personal que lo llevaron a constantes "metidas de pata", el candidato Hernández eludió los debates. En el caso de Petro, quien mantuvo altos niveles de favorabilidad a lo largo de la campaña, quizás los consideró innecesarios o arriesgados.

En correspondencia con una tendencia creciente en las democracias contemporáneas, las dos campañas políticas fueron personalizadas, es decir, centradas más en los líderes/candidatos que en los partidos, no obstante, los partidos no desaparecieron durante la campaña y resultaron clave a la hora de definir el triunfo de Gustavo Petro, quien logró reunir en torno a su candidatura a un variopinto grupo de líderes ubicados en distintos lugares del espectro ideológico, desde sectores cristianos, cuestionados líderes conservadores y liberales, y, de la mano de su fórmula vicepresidencial, a sectores ambientalistas, afrodescendientes y feministas.

En Colombia se ha profundizado la personalización de la política a partir de la forma de la elección presidencial, donde se concentra en la imagen del candidato con una alta narrativa de líder, héroe y villano personalista (Restrepo *et al.*, 2022), es claro que la elección directa y el sistema electoral posibilita la nominación independiente de la persona a partir de movimientos políticos significativos creados por la recolección de firmas de los ciudadanos o, simplemente, alianzas políticas interpartidistas que dejan a los partidos políticos como simples instituciones informales con capacidad de brindar avales políticos, pero con pocas posibilidades de intervenir en la selección del candidato. (Restrepo *et al.*, 2022)

Aunque los partidos políticos en Colombia también se encuentran en declive, las campañas analizadas dejaron ver cómo estos se reinventan y esconden su filiación ideológica, comportándose como partidos *Atrapatodo*, y como afirmamos antes, resultan clave para facilitar al candidato apoyos en redes clientelares con estructura y capacidad de transacción política en el territorio.

Esto podría sugerir que la ideología partidista está relacionada con el nivel de profesionalización (Gibson y Römmele, 2001). Sin embargo, a diferencia de otros contextos en los que la asociación se encontró en los partidos de derecha (Gibson y Römmele, 2001), aquí fueron las coaliciones de izquierda las que presentaron un ligero matiz en términos organizativos. Ningún candidato ubicado en ese lado del espectro ideológico había alcanzado tales niveles de profesionalización en campañas previas en Colombia. Se puede poner de manifiesto la presencia de una izquierda moderna en lo electoral que se presentó como alternativa política con posibilidad de triunfo —basta ver los resultados de la elección—, en un país tradicionalmente gobernado por partidos de centro-derecha o de derecha.

En el caso de la campaña de Gustavo Petro, se trató del fenómeno de campaña permanente, que comenzó casi tres décadas atrás con el ingreso a la Cámara de representantes, su paso por el Senado de la República en tres ocasiones, la Alcaldía de Bogotá, dos campañas presidenciales antes del 2022, su oposición a los dos gobiernos de Álvaro Uribe y al gobierno de Iván Duque, el apoyo activo a las movilizaciones sociales en contra del gobierno de este último, exposición pública que lo mantuvo vigente como líder de la oposición y la marcación de una agenda en los medios de comunicación durante este periodo.

En cuanto a la centralización, otro indicador de profesionalización, fue la campaña de Gustavo Petro la que más lejos llegó en este aspecto, pues contó con un comando centralizado que permite la unificación de estrategia de campaña y de los mensajes en lo nacional, mientras la campaña de Rodolfo Hernández se caracterizó por la informalidad y la descoordinación, asunto que trató de subsanarse con la llegada del asesor/experto Ángel Beccassino. En principio fue una campaña más regional que nacional.

La candidatura del *outsider* Rodolfo Hernández, mostró otro rasgo de la política contemporánea y de la "crisis" / metamorfosis de los partidos, la tendencia de los políticos por declararse como antipolíticos (Mair, 2019). En el caso de Hernández, no solo antipolítico, sino un indignado más, que culpa a la política de todos los males que le ocurren al país, sobre todo de la corrupción.

En correspondencia con la literatura especializada, este análisis muestra que en la ejecución de las campañas presidenciales en Colombia predomina la lógica de mercado (Plasser y Plasser, 2002), en la que los estrategas vieron al elector como consumidor —y no como militante, simpatizante o partidario—, que llega a este a través de anuncios sofisticados y con *targets* bien definidos discursos emocionales más que informativos o propositivos, más que con propuestas detalladas (Gibson y Römmele, 2001).

Por último, el análisis permite plantear la necesidad de prestar mayor atención al "paradigma de la profesionalización" en las democracias latinoamericanas, en las que dinámicas de competencia, organismos electorales, esquemas de financiación y de promoción en medios, la hacen el caldo de cultivo para estas formas y estilos de la política en democracias recientes (Lisi, 2003, p. 206). Gran parte de literatura anglosajona suele asociar la profesionalización de las campañas con la libertad que disponen partidos y candidatos, por ejemplo, en el momento de recaudar fondos para su campaña o pagar inserciones en televisión, radio, prensa, entre otros. Esta forma de analizar la profesionalización está más vinculada con el fenómeno conocido como "americanización" de las campañas (Plasser, 2000, p. 33). En ese sentido, es necesario revisar la pertinencia de introducir algunas categorías de análisis provenientes de contextos específicos —como el estadounidense—, a países o regiones —como América Latina— con sus propias dinámicas de competencia, organismos electorales, esquemas de financiación y de promoción en medios. Una alternativa al paradigma de la profesionalización es definir y operacionalizar el concepto que considera la planeación de las campañas y no los "factores sistémicos (...) que las campañas por sí mismas no pueden controlar" (Strömbäck, 2007, p. 53). Esto adquiere mayor relevancia cuando se pretende comparar campañas electorales de distintos países.

REFERENCIAS

AFP. (12 de junio de 2022,). Petro-Hernández, *el duelo final por cautivar emociones antes de reñido balotaje en Colombia. France 24.* https://www.france24.com/es/minuto-a-minuto/20220612-petro-hern%C3%A1ndez-el-duelo-final-por-cautivar-emociones-antes-de-re%C3%B1ido-balotaje-en-colombia.

Amado, A. (2016). *Política pop. De líderes populistas a tele presidentes.* Editorial Ariel.

Arenales, J. (17 de junio de 2022). Analizando las campañas de las elecciones presidenciales 2022. *Revista P&M.* https://www.revistapym.com.co/articulos/comunicacion/50265/analizando-las-campanas-de-las-elecciones-presidenciales-2022.

AS Colombia. (14 de marzo de 2022). *Elecciones presidenciales 2022: Todos los candidatos que estarán en primera vuelta.* AS Colombia. https://colombia.as.com/actualidad/elecciones-presidenciales-2022-todos-los-candidatos-que-estaran-en-primera-vuelta-n/.

Becassino, Á. (2003). *El precio del Poder: Cómo se vende la imagen de un político.* Aguilar.

Canal Capital. (16 junio de 2022,). *Marketing Político: Analizamos las campañas de Gustavo Petro y Rodolfo Hernández.* [Video de YouTube]. https://www.youtube.com/watch?v=nbii7uVLmQw.

Cardona-Zuleta, L. M., & Roll, D. (2019). Participación, partidos y liderazgo político. Entre la desafección y la esperanza. *Forum. Revista Departamento de Ciencia Política,* (16). https://doi.org/10.15446/frdcp.n16.82711.

CNN en Español. (16 de junio de 2022). ¿A cuántos debates fueron Gustavo Petro y Rodolfo Hernández en la campaña presidencial? *CNN en Español.* https://cnnespanol.cnn.com/2022/06/16/debates-petro-hernandez-colombia-elecciones-orix/.

Congreso de la República de Colombia. (23 de marzo de 1994). *Por la cual se dicta el estatuto básico de los partidos y movimientos políticos, se dictan normas sobre su financiación y la de las campañas electorales y se dictan otras disposiciones.* [Ley 130 de 1994]. https://www.funcionpublica.gov.co/eva/gestornormativo/norma.php?i=4814.

Congreso Visible. (2021). *Partido Liga de gobernantes anticorrupción. Congreso Visible.* https://congresovisible.uniandes.edu.co/partidos/perfil/liga-de-gobernantes-anticorrupcion/255.

Congreso de la República de Colombia. (1991). *Constitución Política de Colombia* [C.P.]. (2.a ed.). Editorial Legis.

Cronicón. (19 de junio de 2022). *Gustavo Petro y Francia Márquez consolidan bloque político de poder progresista en Colombia.* https://cronicon.net/wp/gustavo-petro-y-francia-marquez-consolidan-bloque-politico-de-poder-progresista-en-colombia/.

Cuestión Pública. (27 de mayo 2022). *Ranking electoral: entre créditos de Gilinski y AVAL a Petro y un vertiginoso gasto publicitario de Fico.* https://cuestionpublica.com/ranking-electoral-entre-creditos-de-gilinski-y-aval-a-petro-y-un-vertiginoso-gasto-publicitario-de-fico/.

Digital 2023 Colombia. https://datareportal.com/reports/digital-2023-colombia.

Doria, P. (14 de junio de 2022). Ángel Becassino, el traductor de Rodolfo Hernández. *La Silla Vacía.* https://www.lasillavacia.com/historias/silla-nacional/angel-becassino-el-traductor-de-rodolfo-hernandez/.

Duzán, M. J. (15 de junio de 2022). El cuarto de guerra de Petro: Variopinto e infiltrado. *El País.* https://elpais.com/america-colombia/elecciones-presidenciales/2022-06-15/el-cuarto-de-guerra-de-petro-variopinto-e-infiltrado.html.

Duque-Daza, J. (2014). Partidos y partidismo. Los partidos políticos colombianos y su enraizamiento en la sociedad. *Revista de Derecho y Ciencias Políticas, 44*(120),311-347. Universidad UPB.

El Espectador. (15 de junio de 2022). Rodolfo Hernández y Gustavo Petro deben asistir a un debate en menos de 48 horas. https://www.elespectador.com/politica/elecciones-colombia-2022/rodolfo-hernandez-y-gustavo-petro-deben-asistir-a-un-debate-en-menos-de-48-horas/.

El Heraldo. (2 de junio de 2022). Las líneas rojas que miembros del centro presentaron a Hernández. https://www.elheraldo.co/politica/las-lineas-rojas-que-miembros-de-la-centro-esperanza-le-presentaron-hernandez-913305.

El País. (6 de junio de 2022). Rodolfo Hernández es un muy buen producto y nosotros lo vendemos. https://elpais.com/america-colombia/elecciones-presidenciales/2022-06-07/rodolfo-hernandez-es-un-muy-buen-producto-y-nosotros-lo-vendemos.html.

El Tiempo. (19 de marzo de 2022) *¿Gustavo Petro estaría evaluando no asistir a más debates presidenciales?* El Tiempo. https://www.eltiempo.com/elecciones-2022/presidencia/gustavo-petro-estaria-evaluando-no-asistir-a-mas-debates-presidenciales-659648.

Edelman Trust Barometer (2023). *El índice de confianza es el porcentaje promedio que confía en las ONG, empresas, gobierno y los medios.* https://www.weforum.org/agenda/2022/01/edelman-trust-barometer-2022-report/?DAG=3&gclid=CjwKCAjw5MOlBhBTEiwAAJ8e1iNks0TByLOzdpFRhkJ-Drd_L24NtDmQcq1RngxJ3j7RGO6TQDIKtlhoCuMcQAvD_BwE.

Farrell, D. M., & Webb, P. (2004). Los partidos políticos como organizadores de campañas. *Zona Abierta*, (108-109), 67-110.

Flórez Arias, J. M. (6 de junio de 2022). El estratega español que bajó a Petro de la tarima y lo puso a jugar fútbol. *La Silla Vacía.* https://www.lasillavacia.com/historias/silla-nacional/el-estratega-espanol-que-bajo-a-petro-de-la-tarima-y-lo-puso-a-jugar-futbol/.

García, V., D'Adamo, O. & Slavisky, G. (2011). Algunos hitos de la historia de la propaganda. En: Propaganda gubernamental: tácticas e iconografías del poder [pp. 37-79]. Buenos Aires: La Crujía.

Gibson, R. & Römmele, A. (2001). Changing Campaing Communication. A party-centered theory of professionalized campaigning. *The Harvard International Journal of Press / Politics, 6*(4), 31-43. https://journals.sagepub.com/doi/10.1177/108118001129172323.

Gutiérrez, H. (11 de mayo de 2022). Los únicos que mandan a Petro: Los muchachos que le manejan sus redes sociales. *Las2orillas.* https://www.las2orillas.co/los-unicos-que-mandan-a-petro-el-combo-de-muchachos-de-las-redes-sociales/.

Hirmas, M. E. (1989). La campaña electoral en la era de la TV. *Nueva Sociedad,* 99, 32-39.

Infobae. (14 de junio de 2022a). Rodolfo Hernández pidió disculpas por la polémica frase sobre la Virgen María y las prostitutas. https://www.infobae.com/america/colombia/2022/06/14/rodolfo-hernandez-pidio-disculpas-por-la-polemica-frase-sobre-la-virgen-maria-y-las-prostitutas/.

Infobae. (19 de junio de 2022b). Estos son los nombres detrás de la exitosa campaña de Gustavo Petro, nuevo presidente de Colombia. https://www.infobae.com/america/colombia/2022/06/20/estos-son-los-nombres-detras-de-la-exitosa-campana-de-gustavo-petro-nuevo-presidente-de-colombia/.

La Silla Vacía. (19 de junio de 2022a). Rodolfo Hernández Suárez. https://www.lasillavacia.com/quien-es-quien/rodolfo-hernandez-suarez.

La Silla Vacía. (12 de agosto de 2022b). Gustavo Francisco Petro Urrego. https://www.lasillavacia.com/quien-es-quien/gustavo-francisco-petro-urrego.

León, A. y Villalba, A. (2 de junio de 2022). Sin círculo cercano: Rodolfo escucha pero toma decisiones solo y por instinto. *La Silla Vacía.* https://www.lasillavacia.com/historias/silla-nacional/sin-circulo-cercano-roldolfo-escucha-pero-toma-decisiones-solo-y-por-instinto/.

Lisi, M. (2013). The Professionalization of Campaigns in Recent Democracies: The Portuguese case. *European Journal of Communication, 28*(3), 259-276.

Maarek, P. (2009). *Marketing Político y Comunicación. Claves para una buena información política* (2da ed.). Paidós Ibérica.

Mair, P. (2019). *Gobernando el vacío. La Banalización de la Democracia occidental.* Alianza Editorial.

Múnera, P. A. & Sánchez, U. H. (2003). *Comunicación Empresarial. Una mirada corporativa. Medellín*: Colección Hermes 5.

Norris, P. (2002). *Campaign Communications.* En Comparing Democracies 2: New Challenges in the Study of Elections and Voting (2nd ed.). SAGE.

Ochoa, M. (2011). *Análisis de la Estrategia de Campaña Presidencial de Juan Manuel Santos: Desde mayo 2009 hasta junio de 2010.* Universidad del Rosario. https://repository.urosario.edu.co/server/api/core/bitstreams/3b566224-7fbf-48fe-a652-8f1a75868b1b/content.

Pamplona, M. J. y Piedrahita, P. (2020): *Radiografía política de Colombia. Fundación Konrad Adenauer y CAEP.* https://www.kas.de/documents/287914/0/LIBRO+Radiograf%C3%ADa+Pol%C3%ADtica+We_opt.pdf/904b3b9a-9034-fc74-d27a-aa6914503ab7?t=1603897633612.

Plasser, F. (2000). American Campaign Techniques Worldwide. *Harvard International Journal of Press/Politics, 5*(4), 33-54.

Plasser, F. y Plasser, G. (2002). *Global Political Campaign.* Westport: Praeger.

Portafolio. (21 de marzo de 2022). Petro no asistirá a debates, tras anuncio de reconteo de votos. https://www.portafolio.co/elecciones-2022/petro-no-asistira-a-debates-ante-anuncio-de-reconteo-de-votos-563139.

Prieto, J. (29 de noviembre de 2018). Lo que revela el ataque de ira de Rodolfo Hernández contra el concejal. *La Silla Vacía*. https://www.lasillavacia.com/historias/silla-nacional/lo-que-revela-el-ataque-de-ira-de-rodolfo-hernandez-contra-el-concejal/.

Quesada, J. D. (25 de junio de 2022). El estratega tranquilo que aupó a Petro al poder. *El País*. https://elpais.com/america-colombia/2022-06-26/el-asesor-tranquilo-que-aupo-a-petro-al-poder.html.

Quevedo, N. (24 de enero de 2022). *De mano derecha de financiador de Álvaro Uribe a nuevo gerente de campaña presidencial de Gustavo Petro*. API. https://www.agenciapi.co/investigacion/politica/de-mano-derecha-de-financiador-de-alvaro-uribe-nuevo-gerente-de-campana-presidencial-de-gustavo-petro.

Redacción Cambio. (14 de junio de 2022). Táctica y estrategias finales de Gustavo Petro y Rodolfo Hernández. *Cambio*. https://cambiocolombia.com/articulo/poder/tactica-y-estrategias-finales-de-gustavo-petro-y-rodolfo-hernandez.

Restrepo-Echavarría, N. J. (2017). *La profesionalización de las campañas electorales en Colombia: elecciones presidenciales 1994-2014*. [Tesis doctoral]. Universidad Complutense de Madrid. http://eprints.ucm.es/47843/1/T39975.pdf.

Restrepo-Echavarría, N. J., y Gómez, Á. M. (2019). Las estrategias de profesionalización de las campañas presidenciales en Colombia desde 1994-2014. *Signo y Pensamiento, 38*(74). https://doi.org/10.11144/Javeriana.syp38-74.epcp.

Restrepo N. J., Piedrahíta, P. y Juárez, J. (2022). La personalización de la política y el declive de los partidos tradicionales en la campaña presidencial en Colombia 2018. *Revista Convergencia*, 19, 28-56.

Semana. (21 de agosto de 2021). ¡Ya son 30 precandidatos presidenciales para las elecciones de 2022! https://www.semana.com/nacion/articulo/la-proliferacion-de-candidatos-presidenciables-de-cara-al-2022/202100/.

Semana. (30 de mayo de 2022). El ajedrez de Petro: Así está conformado su equipo de campaña. https://www.semana.com/nacion/articulo/el-ajedrez-de-petro-asi-esta-conformado-su-equipo-de-campana/202220/.

Strömbäck, J. (2007). Political Marketing and Professionalized Campaigning. A Conceptual Analysis. J*ournal of Political Marketing, (6)*, 49-67.

Wohlgemuth, P. (2022, abril 10). Así es el anillo de máxima confianza que mueve los hilos de la campaña de Gustavo Petro. *El Colombiano*. https://www.elcolombiano.com/colombia/politica/estas-son-las-personasclave-de-la-campana-de-gustavo-petro-candidato-del-pacto-historico-HH17235323.

Zapata, J. C. (18 de junio de 2022). Gustavo Petro, una campaña presidencial desde la persistencia. *El País*. https://elpais.com/america-colombia/elecciones-presidenciales/2022-06-18/gustavo-petro-una-campana-presidencial-desde-la-persistencia.html.

ELECCIONES: ANÁLISIS DEL DISCURSO PRESIDENCIAL DE GUSTAVO PETRO EN COLOMBIA Y GABRIEL BORIC EN CHILE

Dora A. Ramírez-Vallejo[1]
Universidad Eafit y Universidad Pontificia Bolivariana

Freddy Santamaría-Velasco[2]
Universidad Pontificia Bolivariana

"Un discurso convincente es aquel cuyas premisas y argumentos son universalizables, es decir, aceptables, en principio, por todos los miembros del auditorio general" (Perelman, 2007, p. 39).

"Toda palabra política es, evidentemente, por definición, un hecho social" (Charaudeau, 2021, p. 39).

INTRODUCCIÓN

Los discursos que dan los presidentes electos son fundamentales para comprender sus deseos, creencias, intenciones y emociones,

---

1 Doctorado en Ciencias Humanas y Sociales (en curso) de la Universidad Nacional de Colombia. Docente de la Universidad Pontificia Bolivariana y de la Universidad Eafit. Integrante del Grupo de investigación en Comunicación y Estudios Culturales, Categoría A, Escuela de Artes y Humanidades, Universidad Eafit. Sus áreas de investigación son el lenguaje, comunicación y discurso y análisis del discurso político. Correo electrónico: daramirezv@eafit.edu.co

2 Doctor en Filosofía y Letras de la Universidad Pontificia de Salamanca. Director de la Facultad de Ciencias Políticas de la Universidad Pontificia Bolivariana y coordinador de la Maestría en Estudios Políticos en la misma Universidad. Sus áreas de investigación son filosofía analítica, análisis del discurso y pragmatismo social. Correo electrónico: freddy.santamariave@upb.edu.co

puesto que deben hablar en público con la reciente noticia de haber ganado en las elecciones democráticas de sus países; aunque tengan puntos preparados, también implica improvisación puesto que deben actuar según los recientes resultados. A los pocos minutos de anunciarse su triunfo, estos líderes políticos deben prepararse, junto con su equipo de campaña, para asumir el nuevo cargo como máximos representantes del país, además de dar un pronto discurso en el lugar en el que se encuentren, que será transmitido por los medios de comunicación masivos. En esta comunicación deben reconocer, o no, el éxito en las urnas que les otorgaría el *estatus* colectivo de Presidente del país, así como sus demás funciones. Para Cavarozzi, como se citó en Restrepo (2022), los discursos inaugurales o de victoria de Petro y Boric fueron clave para considerar la hoja de ruta y objetivos prioritarios. En el caso de Petro, por ejemplo, hablar sobre la modernización de la economía. Petro y Boric asumieron diversas posturas en cuanto a los problemas del capitalismo entre los cuales están: la desigualdad económica, la inestabilidad social y las repetitivas crisis económicas.

Lo cierto es que previo a ese momento, el candidato presidencial no tiene la certeza de tener un triunfo asegurado, por lo que, a diferencia de un discurso de posesión, cada Presidente electo puede tener preparado un discurso completo o tener algunos puntos relevantes con el fin de improvisar o parecer más auténtico, lo que dependerá de sus habilidades comunicativas tanto verbales como no verbales, además de carisma. En un discurso de posesión presidencial sí se tiene la claridad de la victoria y, por lo mismo, se habla como el vencedor y debe responder a un protocolo medido por el tiempo.

Ahora bien, Petro y Boric son líderes que se caracterizan por ser representantes de la izquierda progresista latinoamericana. Ambos asumieron las funciones de presidentes después de una carrera política en la que se encuentra, como puntos comunes, una crítica al *statu quo*, a las inequitativas condiciones de sus países y a la inestabilidad que enfrenta su población. De igual forma, llegaron en un contexto de malestar ciudadano con las instituciones del país, lo que se hizo explícito con las manifestaciones sociales que se han presentado en los últimos años.

De manera particular, Petro, en el momento de la victoria en el 2022, contaba con 62 años, de los cuales la mayoría los ha vivido del y en el establecimiento. Es economista de la Universidad Externado, Máster de Economía de la Universidad Javeriana, Especialista en Medio Ambiente y Desarrollo Poblacional en la Universidad Católica de Lovaina y Doctorado en Nuevas Tendencias en Administración de Empresas en la Universidad de Salamanca. Fue miembro del movimiento guerrillero M-19 y fundó el partido político Alianza Democrática M-19, junto a destacados líderes como Carlos Pizarro y Navarro Wolff, posteriormente desmovilizados, que logró un gran respaldo popular y que participó en la redacción de la Constitución de 1991.

Ha participado de manera activa en la política de Colombia como representante a la Cámara en el 1991, fue senador en el 2006 (periodo en el que fue elegido el mejor congresista tanto por sus colegas como por la prensa nacional debido a sus denuncias sobre corrupción y sus debates de control político) y fue alcalde de Bogotá entre 2012 y 2015, además de haber sido candidato presidencial en tres ocasiones. Entre otros cargos, en 1994 fue nombrado en la embajada de Colombia en Bélgica como agregado diplomático para los Derechos Humanos de 1994 a 1996. Fue candidato presidencial en las elecciones presidenciales de 2010 (quedó en cuarto lugar, ganó Juan Manuel Santos), en el 2018 (obtuvo el segundo lugar, ganó Iván Duque). En 2022, Petro ganó con 11.280.925 votos, con un 50,4%, 3 puntos por encima (700.767 mil votos por encima) de su rival Rodolfo Hernández. Su contradictor sacó la no despreciable suma de 10.580.158 millones de votos (La República, 19 de junio de 2022). No obstante, su margen de victoria no fue tan alto como se esperaba.

Por su parte, en Chile, para el momento en el que Boric ganó las elecciones en 2021, tenía 35 años. Nació en el sur del país de Chile, en Punta de Arenas en una familia educada de clase media. Estudió Derecho en la Universidad de Chile y fue ayudante de algunas cátedras de esta misma universidad como *Historia institucional de Chile*, *Teoría de la justicia* y *Derecho internacional de los derechos humanos*. En su periodo como estudiante fue un líder estudiantil que participó en el colectivo Izquierda Autónoma:

> En 2008 resultó electo consejero de la Federación de Estudiantes de la Universidad de Chile. Al año siguiente, en 2009, fue elegido presidente del Centro de Estudiantes de Derecho de la Universidad de Chile. Entre los años 2010 y 2011, se desempeñó como senador universitario de la Universidad de Chile. (Biblioteca del Congreso Nacional de Chile, s.f., párr. 7)

Su experiencia, hasta entonces, fue como líder estudiantil, etapa en la que lideró las movilizaciones del 2011 y que le valieron para postularse al Congreso como candidato independiente en 2013, por el periodo de 2014-2018. Con menos de 30 años fue nombrado Diputado en la Cámara. Tras el estallido social chileno del 2019, participó en la firma del "Acuerdo por la Paz Social y la Nueva Constitución", fundamental para el proceso constituyente del país. En el 2021, el Partido Convergencia Social y distintos partidos del Frente Amplio lo asignaron como candidato a la Presidencia en las elecciones primarias, proceso en el que ganó frente al candidato del Partido Comunista de Chile, Daniel Jadue y que le permitió ser nombrado candidato oficial del pacto "Apruebo dignidad" para las elecciones de noviembre de 2021. En estas elecciones presidenciales pasó a Segunda Vuelta con 1.814.809 votos, correspondientes al 25,83% del total de los sufragios. Ya en Segunda Vuelta, realizada el 19 de diciembre de 2021, "obtuvo la primera mayoría con 4.620.671 votos, equivalente al 55,87% del total de sufragios válidamente emitidos, siendo electo como el Presidente de la República más joven y con el mayor número de votos desde el retorno a la democracia" (Biblioteca del Congreso Nacional de Chile, s.f., párr. 16). Cifra con la que triunfó frente al 44%, del conservador José Antonio Kast, quien había sido el ganador en la Primera Vuelta el 21 de noviembre de 2021. Se puede decir que no tiene una gran experiencia en la arena política, pero le sobra liderazgo y buena fortuna por estar en el momento oportuno.

Ahora bien, un contexto relevante para la llegada al poder de ambos líderes políticos es el estallido social, que se manifestó de manera acérrima en 2019 y en 2021, tanto en Chile como en Colombia, con protestas que solicitaban cambios sociales para el país. Colombia y Chile son países que adaptaron una política promercado, a diferencia del tránsito que en el pasado hicieron países como Venezuela, Ecuador, Argentina, Bolivia y Brasil. Estos últimos cinco países se han caracterizado por la llegada al poder de líderes personalistas o populistas que propiciaron políticas públicas anti mercado y distributivas. No obstante, estos éxitos fueron efímeros ya que, con las crisis económicas de la década del 2000, en muchos casos llevó a la caída de estas mismas políticas estatistas y distributivas. En algunos países con consecuencias para la democracia, como en Venezuela con Chávez y ahora con Maduro.

> En menos de un año, la izquierda ha vuelto a poner en el mapa de América Latina a cuatro Gobiernos: Perú, Honduras, Chile y Colombia, que se suman a otros seis que vienen de años o décadas anteriores: México, Argentina, Bolivia, Nicaragua, Venezuela y Cuba, y a los cuales se puede unir Brasil, este segundo semestre, si las proyecciones de las encuestas se hacen realidad. (Restrepo, 2022, párr. 1)

Ahora, a diferencia de estos cinco países mencionados (Venezuela, Ecuador, Argentina, Bolivia y Brasil), Colombia, Chile y Perú hicieron sus apuestas por políticas neoliberales. De ahí que las protestas sociales de 2019 son un rechazo a este modelo económico, que, aun así, causó índices de crecimiento económico considerables. Para efectos de este análisis, la descripción se centra en el contexto de Colombia y de Chile.

Como elemento común en ambos países es que no hay confianza en los mecanismos democráticos. Según los datos presentados por Latinobarómetro para 2020, la satisfacción de la democracia de los chilenos es: Nada satisfecho 29,4%, No muy satisfecho, 51,4%, Más bien satisfecho 17,8% y Muy satisfecho 1,3%. Es decir, quienes no están satisfechos con la democracia en Chile representan un 80,8% de la población. En el caso de Colombia, Nada satisfecho tiene un 32,6%, No muy satisfecho 49,5%, Más bien satisfecho 11,0% y Muy satisfecho 7%. Con un total de 82,1% nada o no muy satisfechos con la democracia, cifra muy cercana a Chile.

Gráfico 1: Satisfacción con la democracia de Chile y Colombia

Fuente: Latinobarómetro, 2022, Chile y Colombia.

Esta política democrática de Chile y de Colombia se venía llevando a cabo con partidos políticos que no estaban respondiendo a la sociedad, además de estar desbordados por las crisis del contexto. Hecho que se recrudeció con la pandemia por SARS-CoV-2 (Covid-19) en 2020. Esto indica que lo que estaba fracasando era la respuesta de los gobiernos y de los partidos políticos frente a los reclamos de cambio de los ciudadanos, no la democracia. Alcántara (2023) describe esta situación como el cansancio societal y la fatiga de la política:

> En medicina, la astenia es el estado que sigue a la fatiga cuando las cosas no van a mejor porque la ausencia de aire, la sensación de ahogo, invade a quien la padecía. La cuestión, por consiguiente, es si la democracia de los países de América Latina está al borde de caer en esa situación crónica que pone en riesgo el indudable avance que ha habido en la mayoría durante las últimas cuatro décadas. (párr. 10)

En este ahogo que invade a la sociedad sobre sus gobiernos, sus partidos y sus representantes, quienes difícilmente logran solucionar o tratar sus enfermedades o síntomas, los líderes tanto de izquierda como de derecha aprovechan la situación para ofrecer curas milagrosas.

> El populismo considerado como estrategia política o estilo de hacer política que se materializa a través de un discurso, y no como una especie particular de estadio de desarrollo, sistema ideológico o económico, es lo que permite comprender por qué han sido llamados populistas tantos movimientos y líderes en el contexto internacional, a pesar de sus marcadas diferencias. Este discurso se instaura sin dificultad en diversas sociedades, tradiciones políticas, culturas y regímenes políticos, gracias a sus promesas de hacer posible el sueño de igualdad, felicidad y bienestar. (Patiño Aristizábal y Cardona Restrepo, 2009, p. 180)

Tan solo son tratamientos retóricos que, de forma práctica, son difíciles de aplicar o de curar una enfermedad que lleva décadas. "Por eso un rasgo del populismo es la demagogia, es decir, identificar las preocupaciones de muchos ciudadanos para proponer soluciones fáciles de entender, pero casi imposibles de aplicar. Sus promesas no se pueden cumplir" (Calderón González y Santamaría-Velasco, 2022, p. 164). El reto está en que los ciudadanos aprendan a analizar los discursos de estos políticos para identificar las posibilidades de realización o no de lo que les prometen, esto significa apostarle a una cultura política democrática de la revisión de los discursos del escenario político.

Por lo tanto, se usa como método el análisis del discurso, desde un enfoque de la filosofía analítica, al dividir un discurso en partes más pequeñas para identificar elementos sintácticos, semánticos y pragmáticos. En particular, para la construcción del instrumento se parte de un análisis al encuadre discursivo de contenidos, relaciones y sujetos, propuesto por Fairclough (1996), desde el marco de una perspectiva multimodal (Pardo, 2008, 2012; Menéndez, 2012; O'Halloran, 2012; Ramírez-Vallejo y Santamaría-Velasco, 2022). Con lo que se evidencia que los discursos se componen de diversos códigos: verbales, pictóricos, kinésicos, gráficos, sonoros, entre otros (Pardo, 2008).

1. METODOLOGÍA: ANÁLISIS AL DISCURSO COMO PRESIDENTES ELECTOS

Para realizar el análisis del discurso de Petro y Boric se seleccionó como muestra el discurso que dieron al poco tiempo de ser elegidos popularmente como presidentes. La selección de este video se realizó en YouTube y tuvo en cuenta el momento de su llegada a la tarima, previo a sus palabras y con cubrimiento a todo su discurso.

El discurso de Gabriel Boric fue el 19 de diciembre de 2021, el audiovisual elegido se tomó de su canal oficial https://youtu.be/Pr2t-7gg20Nc y del cubrimiento de un medio de comunicación debido a que con este último se tiene una perspectiva frontal del inicio https://www.youtube.com/watch?v=hxJ0kR4-T4E&t=1s, mientras que el primer video tiene grabaciones desde el escenario mismo. El discurso de Gustavo Petro corresponde a la fecha del 19 de junio de 2022, https://youtu.be/5pr_oiYzTLw En este video se evidencia todo el acto comunicativo, así como el discurso previo de Francia Márquez; aunque este último no sea objeto de análisis de esta investigación.

Las categorías para este tipo de análisis se toman de una perspectiva multimodal (O'Halloran, 2011), desde la cohesión composicional de los recursos semióticos (Martinec y Salway, 2005). Esto debido a la necesidad de establecer nexos entre el texto y la imagen (Barthes, 1977), en este caso, la oralidad, lo gestual, lo sonoro y lo visual (relaciones lógico-semánticas). Ya que, en la interacción verbal, como afirma Renkema (1999) hay una situación compartida por el hablante y el oyente en la que la información se transmite por medios distintos a la palabra oral, sino con la postura, los gestos, la entonación.

Por consiguiente, para complementar esta perspectiva multimodal de las palabras enunciadas por ambos líderes, resulta fundamental relacionar una teoría de los actos de habla (Searle, 2001, 2005a, 2005b, 2017; Van Dijk, 2006, 2008; Ramírez-Vallejo y Santamaría-Velasco, 2022). También, Fairclough (1996) con su análisis al encuadre desde el contenido, las relaciones y las posiciones de los sujetos "contenido, sobre lo dicho o hecho; relaciones, las relaciones que las personas establecen en un discurso; sujetos, o las "posiciones de sujetos" que las personas pueden ocupar" (p. 46). Análisis que para este texto se denominará como "Encuadre de contenido, relaciones y posiciones de los sujetos". Por tanto, la matriz propuesta para el análisis fue la siguiente:

Tabla 1: Matriz propuesta para el análisis discursivo de Boric y Petro

		Categoría de análisis discursivo
Líder político	División temática	Encuadre discursivo (contenido, relaciones y sujetos)
Gabriel Boric	Tema 1	
	Tema 2	
	Tema 3...	
Gustavo Petro	Tema 1	
	Tema 2	
	Tema 3...	

Fuente: Realización propia.

2. RESULTADO: ENCUADRE DE CONTENIDO, RELACIONES Y SUJETOS ENUNCIADOS EN DISCURSO DE BORIC Y PETRO

En los elementos discursivos orales del acto comunicativo se realizó una división temática. De manera comparada, ambos nombraron y desarrollaron temáticas muy similares, por supuesto desde su contexto de país propio pero que los relaciona no solo como líderes de una izquierda progresista sino como los que quieren: 1. Procurar una unidad política, 2. Enfrentar y resistir a las consecuencias sociales, 3. Respetar lo que uno llama la justicia social o el otro respeto por los derechos humanos, así como la justicia ambiental o cuidado del medio ambiente, 4. Exaltar emociones y sentimientos como el miedo, la felicidad o el amor para vivir sabroso, 5. Y hacer un llamado de la defensa de la democracia.

Tabla 2: Comparación al encuadre discursivo utilizado

Boric	Petro
Llamado a conformar una unidad política	Enunciar que había llegado un cambio que se ubica desde la política del amor y la unidad con un acuerdo nacional
Enfrentar las consecuencias sociales y económicas desde un desarrollo sostenido	Reiterar la resistencia histórica y actual
Defensa de las instituciones democráticas	Enunciar modelo de su gobierno y económico, desde la democracia y el capitalismo
Respeto por los derechos humanos y el cuidado del medio ambiente	Evidenciar sus ejes transversales de gobierno (paz, justicia social y justicia ambiental)
Emociones: La felicidad, la esperanza, el miedo a la crisis	Emociones: El amor, sin odio, con esperanza, el miedo a la crisis
	Sueño de la integración de América Latina

Fuente: realización propia con base en los resultados del análisis.

El discurso de Boric se enfocó en la justicia, la unidad y el respeto, mientras que el de Petro en la paz, la justicia social y la justicia ambiental. A continuación, el detalle del análisis al encuadre que cada uno realizó al contenido, a las relaciones y a los sujetos.

- ***Discurso de Boric: justicia, unidad y respeto***

El discurso de Boric se dividió en seis temáticas. Primero: saludos y agradecimientos. Segundo: invitación a conformar una unidad política. Tercero: hacer frente a consecuencias sociales y económicas con un desarrollo sostenido. Cuarto: respeto por los derechos humanos. Quinto elemento: defensa de las instituciones democráticas. Sexto: cuidado del medio ambiente.

En la primera temática están los saludos y agradecimientos, los cuales realiza en mapuche, rapanui y aimara, como una forma de reconocer a los pueblos originarios. Usa actos de habla expresivos de agradecimiento a todas las personas y pueblos que habitan el territorio chileno y que participaron en las elecciones. Extiende estas palabras emotivas a independientes, organizaciones sociales, partidos políticos, ciudadanos voluntarios, jefe de campaña, candidatos que participaron en la elección, familia, mujeres, niños y niñas. Sobre estos últimos los utiliza como un elemento emotivo, trae a colación el sentimiento de la esperanza a partir de recrear una imagen mental de niños que dibujan un Chile con sus propuestas de cuidado por el medio ambiente y de justicia social:

> Y quiero agradecer a alguien que ha estado o que en general está ausente de los discursos de los políticos, quiero agradecerles especialmente a los niños y a las niñas que nos llenaron de cariño en este viaje, que nos llenaron de dibujos hermosos, que expresaban con inocencia el Chile y la esperanza del Chile que aspiran. Un Chile verde y un Chile de amor, un Chile que cuida la naturaleza y también los animales, un Chile que recupere las plazas de los barrios para poder jugar, un Chile donde padres y madres tengan más tiempo para estar con sus hijos y los abuelos y abuelas no estén solos en sus vidas. Hemos mirado a lo largo de nuestro país los ojos de los niños y niñas y sé que no podemos fallarles. (24 Horas TVN Chile, 19 de diciembre de 2021, min. 4:53- 5:53).

En un discurso se deben describir los elementos para que el(los) oyente(s) realice un proceso mental en el que vaya imaginando según lo que va narrando el hablante. El hablante vincula un signo con un referente, por lo mismo, con un significado. Por ejemplo, Boric relaciona a Chile con varios hechos: 1. Cuidado de la naturaleza y de los animales. 2. Con plazas de barrios recuperados para poder jugar. 3. Como un espacio en el que los padres y las madres tienen más tiempo para estar con sus hijos, un lugar verde y de amor; enunciados que tendría como significado que Chile será un espacio verde en el que se construyen relaciones desde el amor. Esta descripción generaría en los oyentes emociones como alegría y calma que, de acuerdo con los recuerdos e historias de cada persona, conectaría con sentimientos de esperanza.

Por último, afirma que “hemos visto a lo largo de nuestro país los ojos de los niños y niñas”, con lo que busca conmover a la audiencia con el uso de una imagen como la de los niños y las niñas, cuyo referente generalizado suele asociarse con la inocencia. Al revisar la intención, el acto de habla de esta primera parte sería directivo, en la medida que quiere que los ciudadanos hagan algo, lo escuchen, imaginen un mejor Chile y confíen en él, además de comprometerse a no fallarle a los niños y niñas. También usa un acto de habla compromisorio cuando expresa su intención de comprometerse él mismo para no fallar. Además, invita a todos los ciudadanos a los que agradeció e invitó para que continúen con ese mismo compromiso durante su gobierno:

> Y este mismo compromiso que han demostrado durante estos meses les quiero decir que no se debe agotar en una elección. Ese mismo compromiso y entusiasmo será necesario durante todos los años de nuestro gobierno para que todos y todas podamos sostener el proceso de cambios que hemos empezado a recorrer paso a paso. (24 Horas TVN Chile, 19 de diciembre de 2021, min. 3:40-4:06).

Con este fragmento, Boric evidencia la intención de extender el compromiso a su mandato y liderazgo, ya no solo por las pasadas elecciones sino en los siguientes años. De hecho, cede la responsabilidad a los ciudadanos, "este mismo compromiso y entusiasmo será necesario durante todos los años de nuestro gobierno para que todos y todas podamos sostener el proceso de cambios...". El "para que" nos da un conector de que las personas deben hacer algo, "comprometerse", para que "haya un cambio". Esto es, el cambio no solo depende de él sino de los ciudadanos.

Como segundo elemento temático de su discurso, realiza una invitación a conformar una unidad política, hace un llamado a todos los políticos de Chile, hasta a su oposición misma como José Antonio Kast:

> ...el futuro de Chile nos necesita a todos del lado de la gente, y espero, espero que tengamos la madurez de contar con sus ideas y propuestas para comenzar mi gobierno. Sé que más allá de las diferencias que tenemos, en particular con José Antonio Kast, sabremos construir puentes para que nuestros compatriotas podamos vivir mejor, porque eso es lo que nos exige hoy día el pueblo de Chile. (24 Horas TVN Chile, 19 de diciembre de 2021, min. 8:26-8:54).

Por medio de un acto de habla directivo invita a José Antonio Kast a unirse en su labor presidencial. Pero esta intención no solo se la manifiesta a él sino a otros sectores. En el desarrollo de su discurso mismo reconoce que para poder gobernar y poder llevar a cabo las propuestas para su cambio necesita de la unidad:

> En nuestro gobierno va a ser una necesidad y también una convicción avanzar en equipo con todos los sectores que estén dispuestos a ello. Porque los desafíos que tenemos, chilenos y chilenas, son demasiado relevantes para quedarnos encerrados en las trincheras o hablándonos solamente al espejo. (24 Horas TVN Chile, 19 de diciembre de 2021, min. 24:51-25:11)

Invita al Congreso a dialogar como una oportunidad de encuentro y de unidad por el bienestar de la patria. En este sentido, vuelve a transferir la responsabilidad de esta unidad a los demás, a sus opositores o a los otros, de que si no se unen con él pondrían en riesgo la calidad de vida de los chilenos. Si no responden a este acto de habla directivo, la responsabilidad es de ellos. Afirma tener la confianza en la responsabilidad de todas las fuerzas políticas para que en el marco de las ideas pongan por delante el bien común y rechacen la violencia política.

Complementa que llegó a la Presidencia no para conversar consigo mismo sino con los demás que no piensan como él. Además, a esta unidad nacional invita a los empresarios, con el fin de construir alianzas y acercar miradas:

> Si estamos aquí es para asegurar que de una vez por todas, en este país rico en donde hay recursos, pero como se dice coloquialmente, y todos lo sabemos, el chancho está mal pelado, el recurso alcance para que todos los chilenos y chilenas puedan tener una vida digna. (24 Horas TVN Chile, 19 de diciembre de 2021, min. 25:39-25:55)

Pero el llamado a la unidad nacional no solo lo enunció con referencia los demás políticos y partidos políticos de su país, sino a la gente misma ya que una de las dificultades que su gobierno enfrentaría serían las mismas protestas sociales.

> Hoy, como decía, es un día de mucha felicidad, pero sobre todo de responsabilidad. El trabajo que tenemos por delante es enorme y nos vamos a necesitar todos y todas. Tenemos que seguir siendo uno. Tenemos que seguir encontrándonos para llevar adelante los cambios que el país

> tanto necesita y no vamos a recular nunca en nuestras convicciones, en nuestros principios, para defender que la dignidad llegue a todos lados y no solamente a los que tienen más recursos. Así lo haremos gobernando con todas las personas, sumando ideas, abriendo puertas y tendiendo puentes (...) así iremos paso a paso construyendo la patria justa, día tras día con ustedes. (24 Horas TVN Chile, 19 de diciembre de 2021, min. 28:23-29:24)

En sus palabras, queda claro que su intención será conversar con el pueblo para avanzar en conjunto.

El tercer elemento consistió en hablar de desarrollo sostenido, al hacer frente a las consecuencias sociales y económicas. En este punto se describe que el crecimiento económico debe realizarse desde la cohesión social para que sea sostenible. Por el contrario, si este se asienta en la desigualdad, Boric usa la metáfora del barro, esto significaría que sería algo blando. Algunos de los puntos que soportan esta idea son: que el crecimiento y la distribución justa de la riqueza van de la mano, por eso habría que defender un sistema público y autónomo; que el drama de Chile es la falta de vivienda y de educación pública; garantizar los derechos de los trabajadores; dejar atrás la herencia patriarcal de la sociedad; hacer mayor fuerza a la seguridad de espacios públicos para tener barrios libres de narcotráfico; justicias para ricos y justicias para pobres. Situaciones que se quedarían atrás porque al haber sido elegido Presidente de Chile, dice: “La esperanza le ganó al miedo” (24 Horas TVN Chile, 19 de diciembre de 2021, min. 22:46-22:49). Describe que su proyecto de gobierno será:

> Chilenos y chilenas hemos llegado hasta acá en un gobierno que puede sintetizarse en pocas palabras. Avanzar con responsabilidad en los cambios estructurales que Chile viene demandando sin dejar a nadie atrás. Esto significa crecer económicamente, convertir lo que algunos entienden como bienes de consumo, de manera equivocada, en derechos sociales garantizados para todos y todas sin importar el tamaño de la billetera. Y garantizar una vida más tranquila y segura, una vida más feliz. Profundizar las libertades de todos, y especialmente de todas, porque en nuestro gobierno las mujeres no retrocederán en los derechos y libertades que han logrado luchando a lo largo de la historia (24 Horas TVN Chile, 19 de diciembre de 2021, min. 22:54-23:49)

Además, como mandatario electo le da prioridad a la felicidad de su pueblo. Cambios que hará cuidando la macroeconomía. Esto implica un compromiso para expandir los derechos sociales con responsabilidad social.

Por esta razón se refiere a la pandemia y al estallido social de 2019. Hechos de los cuales afirma aún siguen presentes y vigentes: "Algunos no lo vieron venir, algunos dicen que aquí no ha pasado nada. Nosotros sabemos que las demandas por justicia y dignidad siguen presentes en el corazón de la gente" (24 Horas TVN Chile, 19 de diciembre de 2021, min. 11:16-11:27). En fin, sustenta que estos avances deben ser sólidos, que requieren acuerdos amplios y tienen que lograrse poco a poco "peldaño a peldaño. "Para no desbarrancarnos y no arriesgar lo que cada familia ha luchado con su esfuerzo". (24 Horas TVN Chile, 19 de diciembre de 2021, min. 14:09-14:16).

El cuarto tema es su "compromiso inclaudicable" con el respeto por los derechos humanos. A partir de una serie de actos de habla, tendría la intención de comprometerse con los chilenos, a respetarlos y a "no declararles la guerra". También se comprometió a seguir buscando la verdad, la justicia, la reparación y la no repetición a quienes han sido víctimas de violaciones de derechos humanos. Frente a este compromiso, los asistentes comenzaron a gritar "Justicia, verdad, no a la impunidad", lo que deja entrever su reconocimiento de la intención de Boric y una efusiva respuesta a lo que dice.

> Y cuatro, tremendamente importante y que se escuche en todo el mundo, el respeto a los derechos humanos es siempre y en todo lugar un compromiso inclaudicable. Y que nunca por ningún motivo podemos volver a tener un presidente que le declare la guerra a su propio pueblo. Chilenos y chilenas, a las víctimas de violaciones de derechos humanos, de todo tiempo, de todo tiempo, no nos cansaremos de buscar verdad, justicia, reparación y no repetición. (24 Horas TVN Chile, 19 de diciembre de 2021, min. 14:17-15:01)

Y volvió a usar algunos de sus gestos como las manos que alientan al público y su mano en el corazón con una gran sonrisa, como agradecimiento con el público. A este elemento también se le agrega su defensa a una salud como oportunidad para todos y al alegato de pensiones dignas en todas las regiones de Chile.

El quinto elemento temático fue la defensa de las instituciones democráticas ya que enunció, desde actos de habla asertivos, que la desestabilización de instituciones democráticas conduce de forma directa al abuso, a la ley de la selva, al sufrimiento y al desamparo de los más débiles. Con este enunciado comunicaría su creencia en las instituciones democráticas. Los actos de habla asertivos evidencian la creencia de sus hablantes debido a que el hablante se compromete con la verdad de lo que está afirmando. En este caso, que la desestabilización de las instituciones democráticas podría desembocar en abusos y desamparos a los más débiles. Por lo mismo, de manera indirecta, dio su definición de democracia: protección de las instituciones democráticas, pero también como una democracia sustantiva (que funciona de acuerdo con los intereses de quienes lo eligieron), que no solo involucra el acto del voto sino de una sociedad civil con protagonismo; además, agrega que "avances sustantivos requieren de acuerdos amplios": Así, con un acto de habla compromisorio confirma que se compromete a cuidarla porque "mi compromiso es cuidar la democracia" y minutos más adelante, "nuestro proyecto significa avanzar en más democracia".

Aquí también relaciona la democracia chilena del momento como la defensa y el cuidado del proceso constituyente:

> Nuestro proyecto significa avanzar en más democracia, y por supuesto como ya lo hemos dicho acá, como lo hemos peleado y trabajado juntos con ustedes que están en las calle, defender y cuidar el proceso constituyente, motivo de orgullo mundial, en donde por primera vez en nuestra historia, por primera vez en nuestra historia republicana estamos escribiendo una constitución de forma democrática, paritaria, con participación de nuestros pueblos originarios Cuidemos entre todos este proceso para tener una carta magna que sea de encuentro y no división, como es la que impusieron a sangre y fuego mediante un plebiscito fraudulento en 1980 y que tanto nos costó cambiar. (24 Horas TVN Chile, 19 de diciembre de 2021, min. 23:52-24:47)

Así, con un acto de habla directivo, invita a los ciudadanos a cuidar este proceso para que la Carta magna sea un punto de encuentro y de no división, a diferencia de quienes la impusieron a sangre y fuego en un plebiscito fraudulento en 1980.

Por último, el sexto elemento discursivo fue el cuidado del medio ambiente. Lo enuncia como una tarea que requiere una atención especial. Para esto, dirige las siguientes palabras a un público más amplio, diferente al pueblo chileno:

> Hay una cosa importante que me parece que lo tiene que escuchar el mundo entero (…) Destruir el mundo es destruirnos a nosotros mismos, no queremos más zonas de sacrificio, no queremos proyectos que destruyan nuestro Chile, que compren, que destruyen a las comunidades y lo ejemplificamos en un caso que ha sido simbólico: no a Dominga. (24 Horas TVN Chile, 19 de diciembre de 2021, min. 20:08-20:59)

Con un acto de habla asertivo describe el cambio climático como una crisis climática, que no es una invención y que tiene efectos directos sobre las vidas de los que están presentes y de las futuras generaciones. Nombra a las jóvenes defensoras del medio ambiente, a la sueca Greta Thunberg y a la chilena Julieta Martínez. Con esto, relaciona que esta crisis climática que afecta al mundo de igual forma implicaría la destrucción de Chile con proyectos que destruyen a las comunidades, puntualiza en el ejemplo del proyecto minero portuario de Dominga.

Complementa con más actos de habla asertivos, al enunciar que esta destrucción ocurriría por la avaricia de unos pocos o “por un mal concepto de desarrollo”. Por eso dice que será una prioridad del gobierno “evitar esa destrucción y tener un desarrollo que sea compatible con el respeto al medio ambiente. Y desde acá se lo exigiremos también al mundo entero” (24 Horas TVN Chile, 19 de diciembre de 2021, min. 21:29-21:39). Con este argumento refuerza el tercer elemento temático de este discurso, a saber, que debe haber un desarrollo sostenido.

- ***Discurso Petro: paz, justicia social y justicia ambiental***

Los elementos más significativos que se identifican del discurso de Gustavo Petro son, primero: un cambio ha llegado. Segundo: agradecimientos y la política del amor. Tercero: resistencia histórica y actual. Cuarto: los ejes fundamentales del gobierno por la vida: la paz, la justicia social y la justicia ambiental. Quinto: invitación a ser parte del gran acuerdo nacional. Sexto: modelo de gobierno y económico: democracia y capitalismo. Cierre: sueño de la integración de América Latina y ¡Yo soy su Presidente!

La primera parte del discurso de Petro tiene que ver con el cambio, de hecho, llama a este día como histórico tanto para Colombia como para América Latina por cuanto 11 millones de electores y electoras votaron y les permiten estar en esa tarima. Esta propuesta la reafirma con un acto de habla compromisorio:

> Aquí, lo que viene es un cambio de verdad, un cambio real. En ello, comprometemos la existencia, la vida misma, no vamos a traicionar ese electorado que lo que le ha gritado al país, lo que le ha gritado precisamente a la historia es que a partir de hoy Colombia cambia. (Canal T13, 19 de junio de 2022, min. 11:26-12:02)

Además, se estaría comprometiendo con hacer este cambio desde la política del amor, sin venganzas y para dejar atrás el odio que anteriores generaciones vivieron "Nuestros padres, nuestros abuelos, en su propia vida nos enseñaron qué significa el sectarismo, qué significa el odio en la historia de Colombia". (Canal T13, 19 de junio de 2022, min. 12:49-13:01). Usa los sentimientos como el amor y el odio. Describe el odio como algo que han vivido padres y abuelos en Colombia por el sectarismo, por lo mismo, el cambio no puede ser desde el odio, "no es un cambio para construir más odios", "el cambio consiste precisamente en dejar el odio atrás". Mientras que habla del amor como una forma de hacer política "La política del amor", como una necesidad frente a la diversidad multicolor colombiana, para buscar el diálogo y la comprensión. Otro sentimiento que nombra es la esperanza, como:

> ...la posibilidad de abrir un futuro, el cambio significa abrir las oportunidades para todos y todas las colombianas en la esperanza, el cambio significa que esa esperanza pueda ser y llenar todos los rincones del territorio nacional. Que la esperanza reine en el corazón. (Canal T13, 19 de junio de 2022, min. 14:27-15:00)

De hecho, denomina que con estos resultados de las elecciones llegó el gobierno de la esperanza.

Un segundo elemento son los agradecimientos que realiza a todos los ciudadanos que votaron, pero que también:

> Por eso, tengo que agradecerles, primero, a ustedes, las miles y miles de personas que, a lo largo y ancho del país durante días, durante meses, bajo el sol, bajo la lluvia, fueron a seducir el voto, fueron a dialogar con los otros y con las otras, le tendieron la mano a aquel que no creía todavía, a aquella que era escéptica. (Canal T13, 19 de junio de 2022, min. 15:12-15:53)

Personas que establecieron los puentes para construir una mayoría. Con esto se refiere al triunfo en Segunda Vuelta que logró, a pesar de que las cuentas en las encuestas daban como ganador a Rodolfo Hernández o un empate técnico. Como en el punto anterior, nombra que todo esto fue gracias a "la política del amor" y a "la fuerza del cambio, la fuerza del amor, la fuerza de la esperanza".

También le agradece a su familia. En particular, el público interactúa con su hija Sofía, quien en la campaña por la Presidencia de su padre participó y se expresó en constantes ocasiones. Las personas mismas terminaron aclamando el nombre de Sofía. Finaliza agradeciéndole a su vicepresidenta Francia Márquez.

Un tercer elemento es la resistencia histórica y actual, es decir, la llegada de la izquierda al poder. Hecho que viene gestándose desde generaciones atrás. Incluso cita a su vicepresidente Francia y dice que esta resistencia se estaría dando desde hace cinco siglos, esto sería, desde la conquista de América. Describe que este esfuerzo de llegar a la Presidencia sería el resultado de un "pasado de luchas", "de resistencias contra la injusticia y contra un mundo que no debería ser porque involucra discriminación y desigualdad.

Ahí usa un acto de habla asertivo al describir hechos pasados. Recurre a la memoria de las personas por nombrar hechos de desaparición y de personas que murieron. También alude, como hecho más cercano, a las protestas sociales del 2019, con los jóvenes que participaron. Los describe como víctimas que tenían esperanza y solo tenían amor, pero terminaron "encadenados, esposados, tratados como bandoleros" (Canal T13, 19 de junio de 2022, min. 20:04-20:12). Como es un acontecimiento cercano a los recuerdos del público y que todavía causaba diversas opiniones, los asistentes del auditorio aclamaron y ovacionaron con la palabra "libertad".

Con este aliento del público, Petro usará dos actos de habla directivos en los que les solicitará a funcionarios del Estado, como la Fiscalía y la Procuraduría, hacer algo. Esto es clave porque Petro haría uso de su reciente *estatus* obtenido en las votaciones, de Presidente electo, para hacer sus primeros requerimientos. Por eso, le solicitó al Fiscal general de la Nación que liberara a la juventud. En este momento Francia Márquez aplaude y sueltan serpentinas en el lugar, a lo que el público aclamaba "libertad". En este caso, estos elementos festivos derivan en una euforia colectiva y emociones de alegría y sorpresa.

Además, le solicitó a la Procuradora General de la Nación que restituyera en sus puestos a los alcaldes de elección popular, debido a los recientes hechos en los que se suspendieron a alcaldes por su presunta participación electoral. Hace un llamado a que "Ya no es el momento de los odios". Veamos "Yo le solicito a la Procuradora General de la Nación que restituya en sus puestos a los alcaldes de elección popular. Ya no es el momento de los odios" (Canal T13, 19 de junio de 2022, min. 21:09-21:23). Estas directrices las da en medio del mandato colectivo del público que aclama libertad. Sus solicitudes se enmarcan en un momento con euforia y de elementos preparados como las serpentinas que caen al escenario.

Un cuarto elemento es su proclama de ser el gobierno de la vida, esto es, de la paz, de la justicia social y de la justicia ambiental. Aquí enuncia su deseo de que este sea el gobierno que quiere construir a Colombia como una potencia mundial de la vida. Para esto, describe a lo que se refiere con un gobierno de la vida: de la paz, de la justicia social y de la justicia ambiental. En este momento llega el exalcalde de Bogotá y exsenador Antanas Mockus, se dan un abrazo y ambos alzan la mano. Petro le da las gracias. Retoma su discurso y añade que la paz será el eje de su gobierno.

> La paz como eje de un gobierno de la vida. La paz. No tendría razón el cambio, no tendría razón el amor, no tendría razón la esperanza, no tendría razón este esfuerzo mayúsculo que hoy se sintetiza en las urnas, no tendría sentido un gobierno de la vida si no llevamos a la sociedad colombiana a la paz. (Canal T13, 19 de junio de 2022, min. 22:59-23:33)

El público interactúa, aplaude y avala. También llama a que esta paz significa unirse con los otros más de 10 millones de colombianos que votaron por Rodolfo Hernández.

Un quinto elemento es la invitación a ser parte del gran acuerdo nacional. "Significa que Rodolfo Hernández que hizo una campaña interesante...puede dialogar con nosotros cuando quiera. Significa que no vamos a partir de este gobierno a utilizar el poder en función de destruir al oponente. Significa que nos perdonamossssssss" (Canal T13, 19 de junio de 2022, min. 23:59-24:39). De este enunciado llama la atención "nos perdonamos", en vez de decir "los perdonamos", lo cual significaría que así como Petro estaría ofreciendo un acuerdo nacional y perdón para ellos, también es una forma de pedir que lo dejen gobernar. Aquí nombra a sus opositores: Uribe, Gutiérrez, Hernández, para darles la bienvenida en el Palacio de Nariño para dialogar sobre los problemas de Colombia. En este quinto elemento se escucha a Petro agotado, tose y se disculpa porque su voz lleva siete meses de desgaste.

Retoma su mensaje desde los sentimientos, en este caso desde el odio, al afirmar que el clima político que ha acompañado a los colombianos este siglo ha sido el del odio, con confrontaciones, muertes, persecuciones y aislamientos. No desconoce que le tocará hacer frente a la oposición en su gobierno, lo que nombra como férrea, tenaz, y que quizás no la entenderían muchas veces. Por eso repite su compromiso de que no habrá persecuciones políticas o judiciales, sino que se construirá desde el respeto y el diálogo (no perseguiré política o judicialmente, siempre y cuando me dejen gobernar).

Nombra que este gran acuerdo nacional se construye desde el diálogo regional vinculante. Es decir, diálogos que lleguen a las regiones de Colombia, desde la mayoría de campesinos, indígenas, mujeres y jóvenes; describe todos estos roles como una marea que se tomó las urnas. A esto complementa que será la base para construir las reformas que necesita el país. De hecho, afirma que este acuerdo nacional tiene que ver con los derechos fundamentales, los cuales:

> Tiene que ver con los derechos fundamentales que no pueden ser más letra muerta en la Constitución, sino que tiene que ser la vida cotidiana, la existencia real, la garantía plena de una Constitución viva, que se pueda palpar, que se pueda vivir todos los días, una Constitución viva en la plenitud de los derechos de la gente. (Canal T13, 19 de junio de 2022, min. 29:29- 30:06).

Así pues, describe un futuro para los colombianos con imágenes como:

> Que allí el viejo y la vieja puedan tener una pensión, que allí el joven, la joven, puedan tener una universidad, que allí el niño y la niña puedan tener la leche y el pan, y la carne no sea un artículo de lujo, que allí la familia pueda construirse más unida, más fuerte, más poderosa, porque sus derechos fundamentales como personas humanas se pueden garantizar, se pueden cumplir. (Canal T13, 19 de junio de 2022, min. 30:26-31:15)

Esta previsión discursiva que realiza permite que cada uno de estos roles pueda imaginar que con este gobierno que busca el gran acuerdo nacional, se podrá conseguir la situación descrita. En otras palabras, este acuerdo nacional lo describe como la forma en la que se podrían construir consensos para hacer reformas que busquen una "vida mejor", y para construir la paz desde "la garantía de los derechos de la gente". Paz en la que las personas dejen de matarse los unos a los otros, para que "las armas dejen de disparar, que las armas dejen de usarse, que las armas dejen de existir por fuera del Estado colombiano" (Canal T13, 19 de junio de 2022, min. 32:22-32:34). Y, finaliza con su mensaje de la búsqueda del amor y el rechazo del odio: "No es matarnos los unos a los otros, es amarnos los unos a los otros" (Canal T13, 19 de junio de 2022, min. 32:34-32:43).

Y, está su declaración sobre el modelo de gobierno y económico, enfocado en la democracia y en el capitalismo. En este apartado complementa que este gobierno de la vida no solo es de la paz sino de la justicia social. De hecho, aprovecha para decir "nosotros vamos a desarrollar el capitalismo en Colombia" (Canal T13, 19 de junio de 2022, min. 33:30-33:34). Como una respuesta a las campañas que por años enmarcaron a Petro con la expropiación a los bienes de los colombianos. Añade que lo hace para superar la premodernidad en Colombia. Por eso comprende la democracia como la existencia de "pluralismo de conciencias, un pluralismo ideológico, un pluralismo de colores, un pluralismo económico" (Canal T13, 19 de junio de 2022, min. 34:35-34:47).

Esta economía se fundamenta desde el capitalismo democrático y se desarrolla como una economía popular que se pueda fortalecer a través de la colectividad, de la educación, del crédito barato. Habla de este capitalismo democrático como productivo, pero no especulador. Al mismo tiempo, alude a que se debe transitar de la vieja economía extractivista que mata el agua y la vida, a una economía productiva para tener más puestos de trabajo, de producción, asalariados, desde bases solidarias y colaborativas. Solo de esta manera tendrá el respaldo del nuevo gobierno. Un argumento que da para sostener esta idea es que para redistribuir la riqueza debe haber producción en el campo, en la industria, en el turismo, sin afectar la dignidad humana y la naturaleza "que no se afecte el agua, el páramo, que no se afecte el pájaro" (Canal T13, 19 de junio de 2022, min. 37:54-38:04). Esto es lo que comprende como justicia ambiental.

Incluso, más adelante expresa su deseo de que Colombia se ponga al frente en el mundo en la lucha contra el cambio climático. Nombra a la ciencia como soporte para sustentar que la especie humana puede perecer en el corto plazo; se desmarca de la izquierda o la derecha en este mensaje. "Si la ciencia nos lo dice, toca actuar ya" (Canal T13, 19 de junio de 2022, min. 41:45-41:52). Sin embargo, parece otorgarles la culpa a las prácticas de acumulación, al mercado desaforado, a la codicia y a las ganancias desaforadas. De hecho, ofrece a la selva amazónica para salvar a la humanidad de los efectos de los gases de efecto invernadero que otros países arrojan "Hoy se impone que Colombia trate de salvar la selva amazónica en función de salvar la humanidad". (Canal T13, 19 de junio de 2022, min. 42:28-42:39). Después lo ratificar y propone sentarse con Estados Unidos para hacer acuerdos:

> Si allá se emite y acá absorbemos, ¿por qué no dialogamos? ¿Por qué no establecemos otra manera de entendernos, por qué no dejar de emitir más allá y por qué no ayudarnos aquí a que las esponjas de la absorción de los gases de la muerte de la humanidad puedan ser más eficaces. (Canal T13, 19 de junio de 2022, min. 44:23-44.52)

Desde este momento no solo le habla al mundo sino a Estados Unidos para sentarse a dialogar sobre la transición energética, con una economía descarbonizada y con una economía de la vida en América Latina. Aquí el público de Petro se amplía, ya no solo son sus asistentes colombianos en el auditorio sino los demás líderes del mundo, de Estados Unidos y de América.

Desde la justicia social afirma que el gobierno de la vida es uno en el que "las madres que no tengan que venir aquí a mostrar los rostros de sus hijos asesinados". (Canal T13, 19 de junio de 2022, min. 38:49-38:56). Enunciado que sustenta en hechos cercanos por el asesinato del manifestante Dilan Cruz[3], en las protestas del 2019,

---

3 ""Homicidio": así murió Dilan Cruz, el joven manifestante símbolo de las protestas en Colombia" (BBC, 28 de noviembre de 2019, Titular).

y que representa con la mamá de este joven en el escenario. Hecho que aprovecha para darle la palabra a ella[4].

Así pues, el discurso de Petro finaliza y resalta su figura como la del líder unificador de América Latina. En este punto propone hacer una revisión de los colombianos como latinoamericanos, con sangre latina, afro e indígena ancestral. En varias ocasiones realiza la propuesta general de integrar a América Latina, a que los colombianos se miren como latinoamericanos. También les pide a los demás líderes progresistas latinoamericanos buscar la justicia social y la redistribución de la riqueza sin tener como base al petróleo, al carbón y al gas.

> A los progresismos de América Latina le propongo pensar que América Latina puede construirse alrededor de la agricultura y las reformas agrarias, de la agro industrialización, de la industria bajo las nuevas tecnologías que todas significan la producción sobre la base del conocimiento y del reencuentro con la naturaleza. (Canal T13, 19 de junio de 2022, min. 47:32- 47:55)

Con esta invitación Petro otorgar razones para la acción a los líderes. Finaliza con la famosa frase de su vicepresidenta, Francia Márquez: "Una América Latina junta que le pueda gritar a la humanidad que llegó el momento de cambiar para poder vivir... (gente grita sabroso) Para poder vivir sabroso" (Canal T13, 19 de junio de 2022, min. 48:30-48:44). La definición de vivir sabroso fue usada en repetidas ocasiones en la campaña electoral.

En su despedida lo hace de manera muy efusiva, agradece a sus electores, exalta la libertad y una democracia multicolor. También, usa un acto de habla expresivo "¡Me llamo Gustavo Petro y soy su Presidente! Los quiero mucho. Te quiero mucho Colombia. Gracias" (Canal T13, 19 de junio de 2022, min. 51:27-51:52).

---

4 La división que se hizo del discurso de Petro y Boric no coincide con la secuencia de su discurso. Esta fragmentación se realizó de forma temática para comprender mejor el encuadre a sus contenidos, personajes y sus posiciones.

CONCLUSIONES

Los líderes que ganaron las elecciones presidenciales en Chile y Colombia tienen el reto de responder al ahogo y a la fatiga de la política que manifiestan tener sus ciudadanos. De acuerdo con Alcántara (2019, 2023), los gobernantes y los integrantes de los partidos tendrían que lidiar con los frecuentes reclamos de cambios que han venido realizando los ciudadanos en las manifestaciones sociales. En el caso de los presidentes Gabriel Boric (Chile) y Gustavo Petro (Colombia), ambos son representantes de la izquierda progresista y usan un discurso del cambio para intentar solucionar o tratar las dificultades sociales, económicas y políticas que enfrentan sus países. La pregunta fundamental es si estos gobernantes tienen la capacidad burocrática, estatal, temporal y política para cumplir con sus promesas realizadas en campaña y en sus constantes discursos públicos porque, de lo contrario, le estarían dando un tratamiento retórico a una enfermedad más difícil de solucionar de lo pensado y que podría tener incluso décadas.

Con este análisis al discurso como presidentes electos que dieron Boric y Petro, se conocieron, desde sus muchos compromisos discursivos, los deseos, las creencias, las intenciones y las emociones que manifestaron de forma explícita con sus palabras, cuerpo o gestos, el día que ganaron como presidentes de sus países. Tampoco está la formalidad y la preparación que debe tener un acto de posesión presidencial. Lo interesante de este tipo de discurso político, como Presidente electo, está en que no se tiene la claridad del triunfo, por lo que se pueden tener elementos discursivos preparados, además de un alto grado de improvisación por los resultados obtenidos, a pesar de las previsiones de las firmas encuestadoras.

Según el análisis realizado, tanto Petro como Boric, hacen uso de un discurso que motiva y emociona a la masa, interactúan con sus seguidores, los señalan y los interpelan. Por eso la importancia de expresarse con un lenguaje inclusivo, de ellos y ellas, chilenos y chilenas, colombianos y colombianas, con el fin de que se sientan cómodos. Los dos reivindican un proyecto o pacto que convoque una unidad nacional, al menos desde la ficción discursiva (Ramírez-Vallejo, 2021) de un pacto nacional.

Por ejemplo, ambos usan la estrategia de generalizar y describir para que el público se imagine y sueñe con un mundo mejor. Boric lo hizo al nombrar a los niños y niñas con la protección y el tiempo que deben tener sus padres para cuidarlos, mientras que Petro lo hizo con el viejo y la vieja, el joven y la joven, el niño y la niña, para que puedan comer al tener leche, pan y carne. Estas descripciones son muy cercanas al público pues enuncian niños y niñas, viejos y viejas, población que necesita del cuidado de todos. Busca tocar nuestras emociones de antaño.

Pues esta retórica popular[5], para ellos progresismo de izquierda, parece ser una construcción ideológica que surge en el contexto de formación de una crisis de sus países y que arremete contra la forma de poder vigente, esto es, en oposición a las instituciones democráticas vigentes que pueden ejercer algún tipo de control. Ahora bien, ¿el uso de esta retórica popular los convierte en populistas? No necesariamente, ya que una cosa es utilizar un discurso popular, que mueva a la ciudadanía y ofrezca soluciones retóricas, mientras que otra es usar el rango de gobernante para tener más poder como Ejecutivo, incluso por encima de los otros contrapesos que pueda tener un régimen democrático como el Legislativo, el Judicial, los medios de comunicación, entre otros. En este orden de ideas, el populismo sería el triunfo de la democracia sobre el liberalismo (Walzer, 29 de agosto de 2020). Pues Vallespín y Martínez- Bascuñán (2017) explican que el populismo implica una amenaza para las instituciones de la democracia. Así como Ronsanvallon (2020) considera que el populista se apoya en la democracia directa, en la soberanía del pueblo, al rechazar cualquier forma de control. Por lo que el populista afirma tener una comunicación directa con el pueblo, es el salvador de la

---

[5] El libro Patiño Aristizábal (2007) *Del populismo al neopopulismo en América Latina,* advierte que "El neopopulismo es un fenómeno de primer orden en el escenario político de América Latina. Se instaura como una "nueva" forma de representación e identificación política gracias a la paulatina deslegitimación de las instituciones políticas tradicionales. La crisis de la representación, la debilidad del régimen democrático y el desmonte del modelo del Estado-protector, posibilitó el "resurgimiento" de líderes populistas que, apoyados en su carisma personal, se presentaron como salvadores de la nación y hombres providenciales restituidores del orden perdido" (p. 9).

crisis y es quien reconoce muy bien a quienes no les interesa su voluntad "ellos".

De otro lado, se puede inferir que el discurso de Boric se dividió en la conformación de una unidad política, en enfrentar las consecuencias sociales y económicas desde un desarrollo sostenido, respetar los derechos humanos, defender las instituciones democráticas y cuidar el medio ambiente. Mientras que para Petro, los elementos más importantes fueron enunciar que había llegado un cambio que se ubica desde la política del amor y la unidad con un acuerdo nacional, reiterar la resistencia histórica y actual, nombrar sus ejes transversales de gobierno (paz, justicia social y justicia ambiental), su modelo de gobierno y económico (democracia y capitalismo) y su sueño de la integración de América Latina desde su liderazgo como Presidente colombiano.

Petro y Boric son portadores del cambio que, aunque enuncien de forma explícita la felicidad y el amor, así como la unidad nacional, también de manera implícita, levantaron las emociones del miedo y la esperanza; miedo y esperanza son las emociones más valiosas y estratégicas en la contienda política. Esto debido a su llamado constante a que, si no confían en ellos y en su gobierno (esperanza), las consecuencias sociales, económicas, humanas y medio ambientales podrían ser más desastrosas (miedo). Pues siguiendo a Castells (2012) ambos realizaron un proceso de enmarcado en el que seleccionaron y resaltaron algunos acontecimientos o asuntos, además de establecer relación entre estos, con el fin de interpretarlos, evaluarlos y presentar una solución, pues el miedo es estimulante y se retiene en la memoria a largo plazo.

El miedo se aprovecha y sirve para los fines del poder; el miedo es una estrategia política (Cardona Zuleta, 2016). Por ejemplo, Todorov (2012) describe que algunos líderes recurren al miedo frente a sus oyentes: "su público habitual forma parte no de la clase más pobre, sino de la que teme acercarse a ella y unirse al grupo de los rechazados, los excluidos y los vencidos" (p. 151). Pues no basta con alcanzar el poder, hay que mantenerlo.

Por eso, suelen denunciar, con gran generalidad, como lo hacen Petro y Boric, la crisis ambiental, moral, política y económica e identifican, por su parte, con gran facilidad responsables de dicha crisis;

así se motiva el miedo. Después presentan soluciones que se sostienen desde el orden y la protección del espacio y de los ideales nacionales. Tanto Petro como Boric llaman a la unidad nacional no solo a sectores políticos sino a los ciudadanos, debido al contexto de las protestas sociales.

Se evidencia que tanto Boric como Petro transfieren la responsabilidad a sus opositores en el caso de no poder cumplir sus metas o promesas hechas. Depende de otros esta unidad y acuerdo nacional. De ahí que Patrick Charaudeau (2009) advierta:

> El discurso populista sólo puede ser visto como una transformación del contrato político, como una estrategia de manipulación, en la medida en que maneja las mismas categorías que el discurso político, pero en exceso, un exceso que juega sobre la emoción en detrimento de la razón política, emoción capaz de engañar al pueblo sin que éste sospeche, (p. 264)

El éxito consiste en ganar y cumplir el anhelado cambio, pero en el caso de no lograrlo, es necesario transferir responsabilidades a los otros.

No obstante, sus promesas no se pueden cumplir con facilidad y, es más, son casi imposibles de aplicar y eso lo saben, de ahí que el rasgo presente es la demagogia como arma para denunciar o advertir lo que tiene que venir. Identificar las preocupaciones o los llamados de muchos ciudadanos y luego proponer soluciones sencillas para entender, con apariencia de ser fáciles de cumplir siguiendo unos pasos y saltándose otros son muestra fehaciente de la tarea difícil de ser líderes más allá de su partido, líderes para todo el país que los eligió.

En sus discursos, la crisis climática es protagónica, hablan no solo como recientes presidentes electos de los pueblos chileno y colombiano, sino que se dirigen al mundo entero. Buscan hacerles solicitudes, un acto de habla directivo, a sus homólogos en otros países. No obstante, ambos dirigentes parecen olvidar que la función de *estatus* de Presidente que les han otorgado, solo aplicaría para hacer demandas al pueblo que lo ha elegido, no a los ciudadanos de otros lugares.

Se evidencia que la diferencia discursiva más significativa es lo que ambos líderes comprenden por democracia. Para Boric hay que defender las instituciones democráticas y mantiene su poder como Ejecutivo en su respeto, mientras que Petro, por lo que demostró en su discurso, defendió la democracia, pero como el seguimiento y el llamado constante a la voluntad del pueblo (porque es quien más tiene la razón), una democracia directa. Por el contrario a Boric, Petro hizo uso de actos de habla directivos al solicitarle a la Fiscalía y a la Procuraduría hacer algo, en este caso, liberar a los jóvenes apresados en las manifestaciones sociales y a restituir en sus puestos a los alcaldes debido a su presunto relacionamiento en participación electoral. Mientras que el público aclama "libertad". Estos son los peligros del presidencialismo que bien enunció Linz (1996).

Así pues, frente a todas estas conclusiones que deja el análisis al discurso como presidentes electos de ambos líderes latinoamericanos, el reto está en que los ciudadanos aprendan a analizar los discursos de sus políticos para que identifiquen las posibilidades de realización o no de los compromisos discursivos que asumen, que aprendan este tipo de herramientas de análisis discursivo con el fin de conocer las implicaciones reales de las palabras (intención) y qué es lo que en realidad están haciendo o quieren hacer con sus palabras (acción). Esto significa apostarle a una cultura política democrática que involucre la revisión de los discursos del escenario político.

REFERENCIAS

Alcántara Sáez, M. (2019). Los partidos y la fatiga de la democracia: especial referencia al caso de América Latina. *Revista latinoamericana de política comparada,* (15), 11-30.

Alcántara Sáez, M. (27 de enero de 2023). Sociedades cansadas y democracias fatigadas. *Latinoamérica 21.* https://latinoamerica21.com/es/sociedades-cansadas-y-democracias-fatigadas/.

Barthes, R. (1977). The Rhetoric of the Image. En S. Heath (ed.), *Image-Music-Text* (pp. 32-51). London: Fontana.

Biblioteca del Congreso Nacional de Chile. (s.f.). *Reseña Biográfica Gabriel Boric Font.* https://www.bcn.cl/historiapolitica/resenas_biograficas/wiki/Gabriel_Boric_Font.

Calderón González, J. H. y Santamaría-Velasco, F. (2022). Pueblo, poder y liderazgo: el discurso populista en tiempos de crisis. *Revista de filosofía, 39* (101), 155-173.

Canal T13. (19 de junio de 2022). *Gustavo Petro da primer discurso como presidente electo de Colombia.* [Video]. *Youtube.* https://www.youtube.com/watch?v=5pr_oiYzTLw.

Cardona Zuleta, L. M. (2016). *La culebra sigue viva: miedo y política. El ascenso de Álvaro Uribe al poder presidencial en Colombia (2002-2010).* Universidad Nacional de Colombia.

Castells, M. (2012). *Comunicación y poder.* Siglo XXI.

Charaudeau, P. (2021). *El discurso político. Las máscaras del poder.* Prometeo libros.

Charaudeau, P. (2009). Reflexiones para el análisis del discurso populista. *Discurso & Sociedad,* 3(2), 253-279.

Link discurso Petro: https://www.youtube.com/watch?v=5pr_oiYzTLw.

Díaz, A. (2015). *La argumentación escrita.* Editorial Universidad de Antioquia.

Fairclough, N. (1996). *Language and power.* Longman.

Gabriel Boric Font. (27 de diciembre de 2021). Primer discurso como Presidente electo de Gabriel Boric. [Video]. *Youtube.* https://www.youtube.com/watch?v=Pr2t7gg20Nc.

La República. (19 de junio de 2022). #Boletín 44: Con 99,99% escrutado, Petro supera los 11,28 millones de votos. *La República.* https://www.larepublica.co/especiales/especial-elecciones-presidenciales-2022/minuto-a-minuto-de-los-resultados-de-las-elecciones-presidenciales-3387354.

Linz, J. J. (1996). Los peligros del presidencialismo. En L. Diamond y M. F. Plattner. (Ed.), *El surgimiento global de la democracia.* Universidad Nacional Autónoma de México.

Martinec, R., & Salway, A. (2005). A system for image-text relations in new (and old) media. *Visual communication, 4*(3), 337-371.

Menéndez, S. M. (2012). Multimodalidad y estrategias discursivas: un abordaje metodológico. *ALED, 12*(1), 57-73.

O'Halloran, K. (2011). Multimodal Discourse Analysis. En K. Hyland y B. Paltridge. (Eds.), *Companion to Discourse.* Continuum.

O'Halloran, K. L. (2012). *Análisis del discurso multimodal. ALED, 12*(1), 75-97.

Pardo, N. G. (2008). El discurso multimodal en Youtube. *ALED, 8*(1), 77-107.

Pardo, N. G. (2012). Exploraciones sobre la pobreza y el racismo en Colombia. Estudio Multimodal. *ALED, 1* (1), 99-117.

Patiño Aristizábal, L. G. (2007). *Del populismo al neopopulismo en América Latina.* Editorial Universidad Pontificia Bolivariana.

Patiño Aristizábal, L. y Cardona Restrepo, P. (2009). El neopopulismo: una aproximación al caso colombiano y venezolano. *Estudios Políticos,* (34), 163-184.

Perelman, C. (2007). *El imperio retórico: Retórica y argumentación.* Norma.

Ramírez-Vallejo, D. A. (2021). La construcción lingüística del Estado moderno: el concepto de democracia como una descripción abreviada de promesas por cumplir. *Analecta Política, 11*(20), 133-151.

Ramírez-Vallejo, D. A., y Santamaría-Velasco, F. (2022). Actos de habla de la izquierda y de la derecha colombiana en el Paro Nacional de Colombia 2021: análisis de las publicaciones en Twitter de Álvaro Uribe Vélez y Gustavo Petro. *Revista Latinoamericana de Estudios del Discurso, 22*(2), 103-131.

Renkema, J. (1999). *Introducción a los estudios sobre el discurso.* Gedisa.

Restrepo, C. O. (5 de agosto de 2022). La izquierda se reconfigura en América Latina. UdeA noticias. https://acortar.link/m385YZ.

Rosanvallon, P. (2020). *El siglo del populismo.* Manantial.

Searle, J. (2001). *Actos de habla.* Cátedra.

Searle, J. (2005[a]). ¿Qué es un acto de habla? En L. Valdés Villanueva. (Ed.), *La búsqueda del significado: lecturas de Filosofía del lenguaje,* (pp. 431-448. Madrid: Tecnos.

Searle, J. (2005b). Una taxonomía de los actos ilocucionarios. En L. Valdés Villanueva. (Ed.), *La búsqueda del significado: lecturas de Filosofía del lenguaje* (pp. 449-476). Tecnos.

Searle, J. (2017). *Creando el mundo social: La estructura de la civilización humana.* Paidós.

Todorov, T. (2012). *Los enemigos íntimos de la democracia.* Galaxia Gutenberg.

Tomasello, Michael. (2013). *Los orígenes de la comunicación humana.* Madrid: Katz editores.

Vallespín, F. y Martínez-Bascuñán, M. (2017). *Populismos.* Alianza.

Van Dijk, T. A. (2006). El estudio del discurso. En T. A. Van Dijk. (Comp.), *El discurso como estructura y proceso: Estudios sobre el discurso I. Una introducción multidisciplinaria* (pp. 21-66). Gedisa Editorial.

Van Dijk, T. A. (2008). El discurso como interacción social. En T. A. Van Dijk. (comp.). *El discurso como interacción social: Estudios sobre el discurso II. Una introducción multidisciplinaria* (pp. 19-66). Gedisa Editorial.

Walzer, M. (29 de agosto de 2020). A lo mejor eres liberal y ni siquiera lo sabes. *El País.* https://elpais.com/ideas/2020-08-30/a-lo-mejor-eres-liberal-y-ni-siquiera-lo-sabes.html?event_log=oklogin.

24 Horas TVN Chile (19 de diciembre de 2021). *Primer discurso del presidente electo Gabriel Boric Font* | Chile Elige - 24 Horas TVN Chile. [Video]. *Youtube.* https://youtu.be/hxJ0kR4-T4E.

Este libro se terminó de imprimir ....